다문화가정의 이해

결혼이민가정의 가정폭력,
자녀왕따, 학습부진

다문화가정의 이해

결혼이민가정의 가정폭력,
자녀왕따, 학습부진

문성식 · 김이진 · 김연경 · 김민주 지음

이 주 노 동 자
결 혼 이 민 자
그 들 의 자 녀
그 리 고 ... 한 국 인

이담
Books

현재 한국사회는 급증하고 있는 이민자와 관련된 사회적 이슈들을 해결하기 위한 다각적 관심과 지원이 필요한 시점에 있다. 특히, 사회복지사는 일선에서 이민자들을 위한 전문적이고 실질적인 도움을 제공한다는 측면에서 빼놓을 수 없는 중요한 사회적 자원 중 하나이다. 이민자와 그 가족들이 가지고 있는 욕구들을 해결함에 있어, 사회복지사는 일반 클라이언트를 대할 때와는 차별화된 다차원적인 이해 및 기술이 요구된다. 이는 다른 문화권에서 유입된 이민자가 새로운 환경과 문화에 적응해 가는 과정에서 주체적으로 해결할 수 없는 다양한 문제들이 발생할 수 있기 때문이다. 최근 이민자들을 돕기 위한 여러 가지 프로그램과 서비스가 제공되고 있지만 이러한 서비스들이 단편적이고 이벤트적이며 검증된 이론에 근거하지 못하는 경우가 많다. 따라서 체계적이고 전문성을 갖춘 통합적인 서비스가 고려되어야 한다.

아울러, 다수의 다문화가정 관련 연구와 책들이 소개되었지만 다음과 같은 세 가지 제한점들을 가지고 있다. 첫째, 기존의 책들은 다문화가정과 관련된 전반적인 이론들을 포괄적으로 다루지 못했고 각 이론들의 제한점들을 분석하거나 그에 대한 보완책을 적절히 제시하지 못했다. 둘째, 기존의 책들은 이론에 근거한 사례연구 및 분석, 그리고 다문화 관련 사회복지실천에 대한 구체적인 방향을 제시해 주지 못했다. 셋째, 기존의 책들은 주로 미시적 (micro) 접근법, 즉 상담 및 심리치료에 치중하는 경향이 두드러졌다.

이에 본서는 이민자들의 문제 해결을 위해 문화, 정신보건, 사회지원체계를 아우르는 통합적 접근 방법인 Multi-CMS(다중문화적, 다중정신보건적, 다중 사회지원체계적 접근)를 소개하고, Multi-CMS를 적용한 실질적인 사례연구 및 분석을 구체적으로 다루었다. 또한 사회복지사는 물론 일반인들도 쉽게 활용할 수 있는 다문화 관련 온라인·오프라인 정보들을 충분히 제시하였다. 마지막으로 다문화가정의 문제 중 중요한 세 가지 영역인 가정폭력, 자녀 왕따 문제, 자녀 학습부진에 대한 심층 사례연구를 제시함으로써 통합이론의 원리와 실제를 응용 및 적용할 수 있도록 하였다.

CONTENTS

들어가는 말 · 4

01 다문화가정의 현황 및 문제점

제1장 다문화가정의 현황 · 11
제2장 다문화가정을 위한 지원정책 및 서비스 · 18
제3장 다문화가족을 위한 지원서비스의 문제점 · 24

02 다문화가정을 위한 사회복지 이론 및 접근

제1장 문화적 접근 · 33
제2장 정신보건적 접근 · 42
제3장 사회지원체계적 접근 · 52

03 통합적 사회복지 접근: Multi-CMS

제1장 Multi-CMS에 대한 일반적 고찰 · 75
제2장 Multi-CMS 단계 · 79

04 Multi-CMS의 실제

제1장 다문화가족을 지원할 때 고려해야 할 사항들 · 103
제2장 다문화가정의 가정폭력과 Multi-CMS · 112
제3장 다문화가정 자녀의 왕따 문제와 Multi-CMS · 157
제4장 다문화가정 자녀의 학습부진과 Multi-CMS · 209

01

다문화가정의 현황 및
문제점

최근 한국사회는 다문화·다인종 사회로의 이행이 매우 가속화되고 있다. 국경을 넘나드는 이주의 자유화와 함께 1990년대 중반부터 증가하기 시작한 국제결혼은 2000년대 이후 그 수가 더욱 급증하기 시작하였다. 이는 주로 한국인 남성과 외국인 여성과의 혼인으로, 결혼 후 대부분이 한국에 정착하여 살아가는 경향을 나타내고 있다.

　　2003년에 제정된 「다문화가족지원법」에 의하면 다문화가족이란 결혼이민자와 한국인으로 이루어진 가족과 국적법에 의해 귀화 허가를 받은 한국인으로 이루어진 가족을 의미한다. 「다문화가족지원법」에서 사용하는 용어의 뜻을 구체적으로 살펴보면 다음과 같다. 다문화가족이란 「재한외국인 처우 기본법」 제2조 제3호의 결혼이민자와 「국적법」 제2조에 따라 출생 시부터 대한민국 국적을 취득한 자로 이루어진 가족이나 「국적법」 제4조에 따라 귀화 허가를 받은 자와 같은 법 제2조에 따라 출생 시부터 대한민국 국적을 취득한 자로 이루어진 가족을 말한다. 여기에서 결혼이민자란 말은 다문화가족을 이루는 구성원으로서 「재한외국인 처우 기본법」의 제2조 제3호에 언급된 결혼이민자와 「국적법」 제4조에 따라 귀화 허가를 받은 자를 일컫는다. 지속적으로 증가되고 있는 다문화가족에 대한 사회적 관심이 높아지고 있는 가운데 국내 다문화가족에 대한 현황과 서비스 지원 체계 및 문제점들을 살펴보면 다음과 같다.

 # 제1장 다문화가정의 현황

1. 다문화가정의 기본 현황

1) 결혼이민자 현황

　현재 한국은 10년간 국제결혼이 큰 폭으로 증가하여 결혼하는 10쌍 중 1쌍이 국제결혼 부부이다(통계청, 2010). 2010년 현재 한국 국적 미취득자 및 국적 취득자를 모두 포함한 결혼이민자 수는 총 181,671명이며, 2009년 167,090명 대비 8.7% 증가하였다(행정안전부, 2010). 이는 2008년 13.7%, 2009년 15.7% 증가한 것보다 조금 둔화되긴 했지만, 한국으로 이주하는 결혼이민자는 꾸준한 증가를 보이고 있다(행정안전부, 2010).

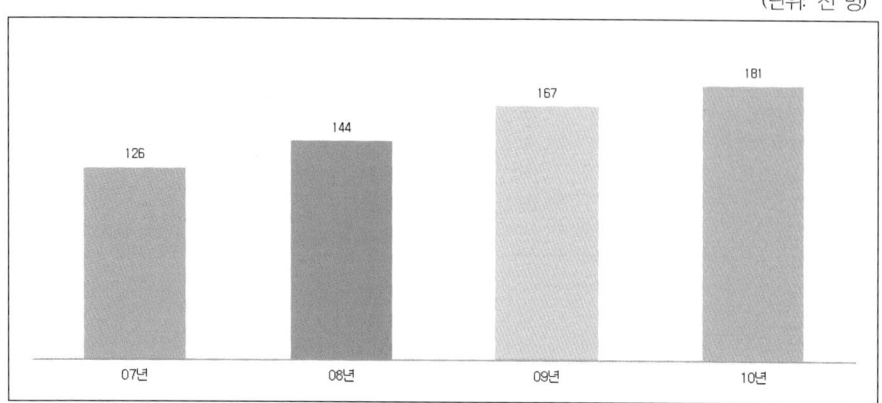

(단위: 천 명)

출처: 행정안전부, 「2010년 지방자치단체 외국계주민 현황」.

〈그림 1-1〉 결혼이민자 및 혼인 귀화자 변동추이

〈표 1-1〉 결혼이민자 및 혼인 귀화자 현황

(단위: 명)

구분	국적 미취득자	국적 취득자	계
남성	15,876	3,796	19,672
여성	109,211	52,788	161,999
계	125,087	56,584	181,671

출처: 행정안전부, 「2010년 지방자치단체 외국계주민 현황」.

2) 결혼이민자 국적별 현황

2010년 전체 결혼이민자 수는 181,671명이며, 이 중 여성결혼이민자는 161,999명을 차지한다. 그중 한국계 중국인을 포함한 중국 국적자 수(97,659명)가 가장 많고, 그 뒤를 이어 베트남 국적의 여성결혼이민자(34,461명), 필리핀 국적의 여성결혼이민자(10,370명), 일본 국적의 여성결혼이민자(4,769명) 등의 순이다. 남성결혼이민자 역시 중국 국적자의 수(13,035명)가 가장 많으며, 남부아시아(1,707)와 미국 국적의 남성결혼이민자(1,153명)의 수도 상당히 높은 비중을 차지하고 있다.

<표 1-2> 결혼이민자의 국적별 현황

(단위: 명)

구분	전체	남성	여성
출신국 전체	181,671	19,672	161,999
중국(조선족)	59,346	8,785	50,561
중국	51,348	4,250	47,098
베트남	34,640	179	34,461
필리핀	10,610	240	10,370
일본	5,326	557	4,769
동남아(기타)	4,204	139	4,065
몽골	2,602	44	2,558
태국	2,272	59	2,213
중앙아시아	2,145	79	2,066
남부 아시아	2,355	1,707	648
미국	1,678	1,153	525
기타	5,145	2,480	2,665

출처: 행정안전부, 「2010년 지방자치단체 외국계주민 현황」.

3) 결혼이민자의 지역별 현황

혼인 귀화자를 포함한 결혼이민자들의 지역별 분포를 살펴보면, 경기도가 49,855명(27.4%), 서울지역이 41,123명(22.6%), 인천지역이 11,344명(6.2%) 등의 순이며, 전체 결혼이민자들 중 총 102,322명(56.3%)이 수도권지역에 분포하고 있다(행정안전부, 2010). 여성결혼이민자의 경우는 경기도지역이 43,436명(26,8%), 서울지역이 33,515명(20.7%), 경남지역이 10,287명(6.4%), 인천지역이 10,138명(6.3%)으로 수도권 지역의 분포가 매우 높게 나타나고 있다(행정안전부, 2010).

〈표 1-3〉 전국 지역별 결혼이민자 현황

(단위: 명)

구분	전체	남성	여성
전국	181,671	19,672	161,999
서울	41,123	7,608	33,515
부산	7,875	567	7,308
대구	5,321	437	4,884
인천	11,344	1,206	10,138
광주	3,538	186	3,352
대전	3,900	313	3,587
울산	3,416	210	3,206
경기	49,855	6,419	43,436
강원	4,504	175	4,329
충북	5,664	300	5,364
충남	8,781	404	8,377
전북	7,051	219	6,832
전남	7,945	668	7,277
경북	8,906	318	8,588
경남	10,834	547	10,287
제주	1,614	95	1,519

출처: 행정안전부. 「2010년 지방자치단체 외국계주민 현황」.

2. 결혼이민자의 혼인 현황

1) 여성결혼이민자와 한국인 남성과의 평균 혼인 연령차

한국남자와 외국여자와의 평균혼인연령 차이는 매해 현격히 늘어나고 있다. 2000년에 평균혼인연령 차이가 6.9세였던 것이 2005년에는 9.1세, 그리고 2009년은 평균혼인연령 차가 무려 11.1세로 매우 커졌다. 이는 2009년도의 한국여자와 외국남자와의 평균혼인연령 차가 3.7세이고, 한국여자와 한국남자와의 평균혼인연령 차가 2.2세임을 고려했을 때, 그 연령차가 매우 높음을 알 수 있다.

(단위: 건)

구 분	2000	2001	2002	2003	2004	2005	2006	2007	2008	2009
한국남자+외국여자	6.9	7.5	7.9	8.3	8.4	9.1	11.6	11.5	11.8	11.1
한국여자+외국남자	6.6	6.5	5.2	4	3.1	2.7	4.1	4.3	4.1	3.7
한국여자+한국남자	2.7	2.6	2.6	2.6	2.6	2.5	2.4	2.4	2.3	2.2

출처: 통계청 「2009년 혼인통계 결과」.

2) 다문화가정 이혼현황

다문화가족의 급속한 증가와 함께 이들의 이혼 또한 크게 급증하고 있다. 2002년도 외국인과의 총 이혼 건수는 1,744건(1.2%) 정도였으나, 2009년도 현재 외국인과의 총 이혼 건수는 11,692건으로, 국제결혼 커플 중 대략 10쌍 중에 한 쌍(9.4%)이 이혼하고 있다.

〈표 1-5〉 다문화가정의 이혼추이

(단위: 건)

구 분	2002	2003	2004	2005	2006	2007	2008	2009
총 이혼 건수	144,910	166,617	138,932	128,035	124,524	124,072	116,535	123,999
외국인과의 총 이혼	1,744	2,012	3,300	4,171	6,136	8,671	11,255	11,692
총 이혼대비 구성비	1.20%	1.20%	2.40%	3.30%	4.90%	7.00%	9.70%	9.40%

출처: 통계청 「2009년 이혼통계 결과」.

3. 다문화가정의 자녀현황

1) 다문화가정 자녀의 연령별 현황

국제결혼을 통해 한국으로 이주해 오는 결혼이민자들의 증가와 함께 이들이 형성하는 다문화가정의 자녀수 또한 급증하고 있다. 다문화가정 자녀들의 연령별 분포를 살펴보면, 만 6세 이하의 자녀가 75,776명으로 절반 이상 (62.1%)을 차지하고 있다. 또한, 만 7세에서 12세까지의 초등학생 연령의 자녀는 30,587명(25.1%), 만 13세에서 15세까지의 중학교 연령의 자녀는 8,688 명(7.1%), 만 16세에서 18세의 고등학교 연령의 자녀는 6,884명(5.6%)이다. 다문화가정의 높은 취학 전 아동의 분포를 감안할 때, 조만간 초등학생 수가 매우 늘어날 것임을 예측할 수 있다.

〈표 1-6〉 다문화가정 자녀의 연령별 분포

(단위: 명, %)

구 분	계	만 6세 이하	만 7~12세	만 13~15세	만 16~18세
인 원	121,935	75,776	30,587	8,688	6,884
비 율	100	62.1	25.1	7.1	5.6

출처: 행정안전부. 「2010년 지방자치단체 외국계주민 현황」.

2) 다문화가정의 학생 현황

교육과학기술부에 따르면, 2010년 초등학교 이상의 다문화가족 자녀는 모두 30,040명으로 2009년 대비 21.4%가 증가했다. <표 1-7>의 학교 급별 비율을 살펴보면, 초등학생은 78.6%, 중학생은 16.0%, 고등학생은 5.4%로 초등학교 재학생 비율이 중·고등학교 재학생 비율보다 월등히 높다. 또한 취학 중인 다문화가정 자녀의 대부분은 모(母)가 외국인인 경우(89.8%)이다.

〈표 1-7〉 전국 다문화가정 학생 증가 현황(2006~2010)

(단위: 명, %)

구분	초		중		고		계	
	인원	증감(%)	인원	증감(%)	인원	증감(%)	인원	증감(%)
2006	6,795		924		279		7,998	
2007	11,444	68.4	1,588	71.9	413	48.0	13,445	68.1
2008	15,804	38.1	2,213	38.9	761	84.0	18,778	39.6
2009	20,632	30.5	2,987	35.0	1,126	48.0	24,745	31.8
2010	23,602	14.4	4,814	61.2	1,624	44.2	30,040	21.4

출처: 교육과학기술부, 「2010 다문화가정 자녀현황」.

 제2장 다문화가정을 위한
지원정책 및 서비스

1. 다문화가정을 위한 관련 법

　　결혼이민자의 법적 지위와 관련하여 보건복지가족부와 법무부에서 제정된
주요 관련법과 제도는 <표 1-8>과 같다. 이러한 현행법들은 다문화가정의
형성단계에 따른 제도적 장치들로 다문화가정의 사회통합을 목적으로 하고
있다. 첫째, 「출입국관리법」과 「국적법」에서는 결혼이민자의 출입국 및 대한
민국의 국적을 취득한 과정과 자격에 관한 기준을 제시하고 있으며, 둘째,
「재한외국인 처우 기본법」, 「다문화가족지원법」, 「결혼중개업의 관리에 관한
법률」에서는 실제로 결혼이민자가 대한민국 국민으로서 사회로부터 어떠한
보호를 받을 수 있는지, 지역사회는 이들을 어떻게 지원해야 하는가에 대한
방향을 제시하고 있다. 셋째, 「결혼중개업의 관리에 관한 법률」과 같이 결혼
이민자들의 인권과 합법성을 어떻게 보장해야 할 것인가에 대한 사회적 합의
를 제시하기 위한 법률도 있다(김명성, 2009).

관련제도	해당부처	제정일시(시행일시)	제도 목적
다문화가족지원법	보건복지부	2008. 3. 21. (2008. 9. 22.)	다문화가정 구성원의 안정적인 가족생활을 통해 삶의 질 향상과 사회통합에 기여
결혼중개업의 관리에 관한 법률	보건복지부	2007. 12. 14. (2008. 6. 15.)	결혼중개업의 건전한 지도, 육성과 이용보호를 통한 건전한 결혼문화 형성
재한외국인처우 기본법	법무부	2007. 5. 17. (2007. 7. 18.)	재한외국인이 대한민국에 적응하여 개인능력을 최대한 발휘하도록 하고 대한민국 국민과 재한외국인이 상호 이해하고 존중함으로써 대한민국의 발전과 사회통합에 기여
국적법	법무부	2007. 7. 5. 개정	대한민국의 국민이 되는 요건을 정함.
출입국관리법	법무부	2005. 8. 4. 개정	대한민국에 입국하거나 대한민국으로부터 출국하는 모든 국민 및 외국인의 출입국관리와 대한민국에 체류하는 외국인이 체류관리 및 난민의 인정절차 등에 관한 사항 규정

출처: 김일곤, 2009.

2. 다문화가족을 위한 서비스 전달체계 현황

1) 중앙정부의 다문화지원 서비스

한국의 다문화가정에 대한 정부의 서비스는 8개 부처와 산하기관의 지원 하에 이루어지고 있다. 중앙정부의 다문화지원서비스는 <표 1-9>와 같이, 여성가족부에서는 다문화가족지원, 결혼이민자 현지 사전정보제공 및 국제결혼중개업 관리, 다문화가족지원센터 운영지원, 다문화가족 언어 및 교육지원, 글로벌다문화센터 건립, 폭력피해 이주여성지원 및 다문화 농촌정착지원 등의 주요 사업을 총괄하고 있다. 또한 교육과학기술부에서는 주요 사업으로 학교다문화교육 역량강화, 대학생 근로장학금 지원 및 시·도교육청 맞춤형 교육지원 등을 지원하고 있다. 보건복지부는 영유아보육지원을 담당하고 있으며, 행정안전부는 외국인 주민의 사회적응 및 자립지원을 돕고 있다. 법무

부는 외국인 사회통합 지원 및 사회통합이수제 등이 주요 사업이다. 문화체육
관광부는 다문화가족 한국어교원 양성지원, 다문화가정을 위한 도서관 서비
스 개선, 디브러리포털 다문화지식정보 구축, 다문화사회 문화환경 조성, 다
문화교육 및 공연프로그램 운영, 다문화가족 생활체육지원, 다문화사회 문화
다양성 조사, 다문화가정대상 초청 축제 및 공연 등의 사업을 하고 있다. 그
외에도 고용노동부는 여성결혼이민자 취업지원 프로그램 개발연구 및 취업
지원 민간위탁 등을 맡고 있고, 농림수산식품부는 이주여성농업인 교육, 방송
통신위원회는 다문화가족 프로그램 제작 사업을 담당한다.

〈표 1-9〉 정부부처별 다문화가족지원사업 소관 업무

구분	대상	주요 업무
여성가족부	다문화가족 결혼이민자	다문화가족지원 총괄, 폭력피해 이주여성 지원
보건복지부	다문화가족	다문화가족 사회보장 지원
법무부	외국인	외국인 정책 총괄
교육과학기술부	다문화가정자녀 일반학생	다문화가정자녀 교육지원
고용노동부	외국인노동자와 결혼이민자	취업지원, 직업상담 및 훈련
행정안전부	외국인	외국인주민 지역사회생활 정착지원
문화체육관광부	외국인 일반국민	다문화 인식 개선 및 한국어 교재 개발
농림수산식품	결혼이민자	영농교육

출처: 이혜승. 2010.

2) 기초지방자치단체 다문화가정 지원서비스

기초자치단체의 다문화정책 사업은 총 881개이고, 그중 반수가 넘는 483개
(54.8%)의 사업이 한글교육과 한국문화 적응교육과 관련된 것들이다. 그 외에도
경제적·금전적인 직접지원 사업은 32개(3.6%), 이주여성 본인뿐만 아니라 남편
과 다문화가정 자녀를 위한 교육 지원 사업은 168개(19.1%), 보건복지, 센터조성
및 제도마련과 실태조사 등이 120개(12.5%)가 있다. 반면, 모국문화에 대한 교육
또는 모국문화나 언어를 활용하는 사업은 21건으로 전체의 2.4%에 불과하다.

<표 1-10> 기초자치단체의 다문화 사업

광역별 \ 사업분야		합계	적응		교육			지원		제도마련			네트워크		모국문화	기타
			한글	한국문화	인적자원개발	남편	자녀	경제지원	보건복지	센터운영	제도마련	실태조사	결연	행사		
서울		19	3	7	2	0	0	11	6	0	0	0	0	0	0	0
부산		78	12	31	1	1	5	0	11	0	1	2	1	0	2	0
대구		14	5	5	1	1	0	0	0	0	0	0	0	0	0	0
인천		17	5	6	2	1	0	0	2	0	0	0	0	0	1	0
광주		4	0	1	1	1	1	0	0	0	0	0	0	0	0	0
울산		14	4	7	1	1	0	0	1	0	0	0	0	0	0	0
경기도		132	34	50	9	6	10	2	13	3	1	1	3	2	0	0
강원도		112	22	37	6	9	10	8	11	3	0	0	2	7	1	2
충청도		117	21	42	12	5	12	3	5	2	0	0	2	5	3	0
전라도		146	30	43	19	6	11	7	13	0	0	1	2	6	9	1
경상도		211	54	56	10	5	15	0	21	2	2	2	27	5	4	1
제주도		17	2	6	1	1	2	32	1	1	0	1	1	0	1	0
사업별	수	881	192	291	65	37	66	3.6	84	15	4	7	38	25	21	4
	%	100	21.8	33.0	7.4	4.2	7.5	32	9.5	1.7	0.5	0.8	4.3	2.8	2.4	0.5
분야별	수	881	483		168			3.6		120			63		21	4
	%	100	54.8		19.1					12.5			7.2		2.4	0.5

출처: 대한민국국회, 2007년 국회국정감사 자료.

3) 다문화가족지원센터

다문화가족지원센터는 다문화가족의 안정적인 정착과 가족생활을 지원하기 위해 한국어, 문화교육, 가족교육·상담, 자녀지원, 직업교육 및 다문화인식개선 등 다양한 프로그램을 통합적으로 제공 및 연계하는 One Stop 서비스 기관이다(www.mogef.go.kr, 2011). 다문화지원센터는 2008년 2월에 제정된 「다문화가족지원법」에 의거하여 '다문화가족지원센터'의 설립이 가능해졌다(최현미 외, 2008).

다문화가족지원센터로 지정 가능한 법인·단체로는 「고등교육법」 제2조의 규정에 의한 학교, 법률에 의한 비영리법인·단체로 「사회복지사업법」에 의한 사회복지법인, 「민법」제32조에 의한 비영리법인, 「공익법인의 설립·운영에 관한 법률」에 의한 비영리법인, 「비영리민간단체지원법」에 의한 민간단체 등이 있으며, 기타 다문화가족을 위한 지원시설 및 전문 인력을 갖춘 법인·단체 중에서 다문화가족지원센터를 지정할 수 있다(보건복지부, 2010).

다문화가족지원센터는 다문화가족 지원 세부계획의 수립, 다문화가족 지원 프로그램의 개발, 교육 및 훈련, 다문화가족 지원 프로그램의 실시, 다문화가족 지원사업 실적보고, 그리고 기타 다문화가족 지원과 관련된 연구·조사 등의 활동이 주요 업무이다(최현미 외, 2008). 다문화가족지원센터의 사업으로는 결혼이민자 등에 대한 한국어교육, 가족통합 및 다문화사회 이해 교육, 취·창업지원, 자조모임, 상담 등과 같은 기본사업과 이중언어교실, 언어발달 지원사업, 결혼이민자 통·번역 서비스 등의 특성화사업이 있다. 다문화가족 지원센터는 2007년 37개소, 2008년 80개소, 2010년 159개소에서, 2011년 1월을 기준으로 200개소로 확대되었다.

4) 다문화가족 지원을 위한 공공기관, 민간단체 및 종교단체

아래의 <표 1-11>의 다문화가족 지원기관 및 단체 현황은 2009년도 행정안전부의 외국인지원기관 및 단체현황 자료를 기초로 하여 다문화가족을 위한 서비스를 제공하는 전국의 공공 및 민간단체와 종교단체를 모두 파악하여 정리한 내용이다. 이번 집계에서는 외국인근로자에게만 편중된 서비스를 제공하는 지원기관 및 단체는 제외하고, 다문화가족이나 결혼이민자를 포함한 모든 외국인들을 대상으로 서비스를 제공하는 곳은 포함시켰다. 전국의 다문화가족 지원기관 및 단체는 모두 682개소이며, 이 중 공공기관은 301개소, 종교단체는 76개소, 민간단체는 304개소로 집계되었다. 다문화가족에 대한 사회적 관심이 증가되고 있는 가운데 이들을 돕는 지원기관 및 단체의 지역별 격차들이 다소 나타났으며, 공공기관과 종교단체보다 민간단체의 서비스 지원이 좀 더 높은 비중을 차지하고 있다.

〈표 1-11〉 다문화가족 지원기관 및 단체 현황

(단위: 개소)

구분	공공기관	종교	민간단체
서울	31	5	19
부산	30	1	8
대구광역시	17	1	10
인천광역시	9	4	13
광주광역시	9	5	14
대전광역시	15	2	32
울산광역시	4	3	10
경기도	36	37	79
강원도	13	2	17
충청북도	15	2	15
충청남도	25	1	24
전라북도	32	4	33
전라남도	19	5	11
경상북도	18	4	14
경상남도	24	6	24
제주도	4		8
합계	301	76	304

출처: 행정안전부의 2009년도 외국인지원기관·단체현황을 기초로 주로 결혼이민자 가족에게 서비스를 제공하는 기관이나 단체를 선별하여 필자가 구성함.

 제3장 다문화가족을 위한
　　　　　지원서비스의 문제점

1. 찾아가는 서비스의 부족

　여성결혼이민자들의 안정적인 조기정착 및 적응은 물론 다문화가정의 신
속한 문제해결을 위해 찾아가는 능동적 서비스가 확대되어야 한다. 대부분의
다문화가족들은 지리적 접근성의 문제나 서비스 정보의 부족으로 인해 쉽게
사각지대에 놓여 소외되는 경우가 많다. 현실에 맞는 다양한 맞춤형 프로그램
으로 찾아가는 서비스를 확대해야 한다는 필요성은 이미 NGO 및 정부기관
을 중심으로 많이 제기되고 있다. 하지만 대부분의 다문화가족 지원서비스들
이 접근성이 용이하거나 서비스 이용경험이 있는 특정 사람들에게만 혜택을
주고 있는 것이 현실이다. 다문화가족을 위한 정부 주도의 지원사업들이 '다
문화쇼핑객(김선미, 2009)'이라 표현되는 것도 이러한 이유 때문이다. 다문화
가족을 위한 찾아가는 서비스의 제공은 다양한 다문화가족을 대상으로 이들이
새로운 문화를 받아들이고 적응하는 데 있어 실질적인 도움을 제공할 것이다.

2. 단편적 서비스의 중복

현재 결혼이민자들을 위한 실무자들이 기획하는 서비스들은 매우 상식적인 수준에만 그칠 때가 많다(오경석 외, 2007). 이러한 단편적인 프로그램들은 대부분의 지원단체들 간에 중복되어 제공되고 있다. 최근 결혼이민자들을 위한 사업내용들을 살펴보면, 한국어 교육과 한국문화체험 등 결혼이민여성의 한국생활에 대한 적응력과 문화에 대한 이해를 높이는 사업 중심으로 운영되거나, 내국인과 거주 외국인이 함께 화합의 장을 마련한다는 명목하에 이주민 문화축제 등의 전시성, 이벤트성 행사를 하는 경향도 많다(장은선, 장은애, 2010).

<표 1-12>와 같은 고흥지역의 다문화 관련 서비스들이 이러한 사례의 대표적인 예이다. 고흥지역의 서비스기관들은 결혼이민자들을 위해 주로 한글교육이나 문화교육에만 치중하고 있음을 알 수 있다. 이는 고흥이라는 한 지역에만 국한되지 않고, 다른 대부분의 지역에서 안고 있는 문제점이기도 하다. 이러한 단편적인 서비스의 중복지원은 다문화서비스 이용자들에게 혼란을 초래하거나 재원 낭비의 문제를 초래할 수도 있다. 따라서 서비스 지원단체들 사이에 상시적인 서비스 조율이나 결혼이민자와 그 가족들을 위한 단기 및 중·장기 프로그램들로 구분된 좀 더 세분화되고 특성화된 서비스 개발이 요구된다.

〈표 1-12〉 고흥지역 서비스기관 현황

서비스기관명	서비스내용	기관위치	수량	서비스횟수	실행기관
고흥다문화 지원센터	한글교육, 방문교사, 예절교육, 기타	고흥읍	1	수시	행정기관
고흥문화원	문화교육, 방문교사	고흥읍	1	수시	민간
평생교육관	한글교육	고흥읍	1	주 2회	교육청
여성회관	한글교육	고흥읍	1	필요시	민간
재향군인회	다문화축제	고흥읍	1	연 1~2회	민간
농업기술센터	음식, 예절, 한글	고흥읍	1	필요시	행정기관
종교단체	기타	면소재지	1	필요시	민간

출처: 김기현, 「다문화가정 이주여성의 서비스기관 이용률에 관한 연구」, 2008.

3. 실무자들의 전문성 결여

다문화가정을 위한 서비스를 제공하는 주체인 실무자들의 전문성 향상 및 역량 강화가 필요한 시점이다. 다문화사업을 담당하는 실무자들은 이주여성들의 문화적 다양성을 인식하고 수용하며, 다문화가정 내 문화적 차이로 인해 발생되는 가치관의 상충과 갈등, 생활습관과 방식의 차이, 자녀양육 등의 다양한 당면 문제들을 전문적으로 개입할 수 있어야 한다(양옥경 외, 2007). 하지만 현재 다문화가정을 지원하는 실무자들의 이러한 전문성에 대한 문제점이 많이 지적되고 있다. 2010년 서울시 자치구 다문화가족 업무담당자들을 대상으로 한 다문화가족지원 실태 조사에서 응답자의 20%가 다문화가족지원에 있어 자신의 전문성이 '낮다'고 응답하였으며, 특히, 사회복지관 종사자의 경우는 30.8%가 자신의 전문성이 낮다고 평가하여 전문성을 제고하기 위한 교육 및 훈련 프로그램이 제공되어야 할 필요가 있음을 시사해 주었다(장명선·장은애, 2010).

〈표 1-13〉 담당자의 전문성

(단위: %)

| 구분 | | N | 매우 낮음 | 약간 낮음 | 보통 | 약간 높음 | 매우 높음 | 종합 | | 5점 평균 |
								낮음	높음	
전체		60	5.0	15.0	65.0	11.7	3.3	20.0	15.0	2.93
기관 구분	센터	20	0.0	0.0	81.0	9.5	9.5	0.0	19.0	3.29
	복지관	39	7.7	23.1	56.4	0.0	0.0	30.8	12.8	2.74

출처: 장명선, 장은애, 「다문화가족지원 서비스 전달체계의 효율화 방안 연구」, 2010.

현재 정부에서는 다문화전문인력 양성을 위해 여성가족부, 문화체육관광부, 법무부, 행정안전부 4개 부처에서 전문인력을 독자적으로 양성하고 있으나, 다문화 전문인력의 효율적인 운영이 매우 절실한 상황이다(국회예산정책처, 2010). 다문화 교육을 전담할 수 있는 중앙기관이나 센터 등을 구축하고 전문인력을 양성함으로써, 전문 자격을 갖춘 전문가 풀(pool)을 구성하고(양옥경, 2007) 전문인력에 의한 효율적이고 효과적인 서비스를 실시할 수 있어야 한다. 또한 「다문화가족지원법」에도 다문화전문인력 양성에 관한 법적 근거가 없으므로 현행법을 개정하여 국가적 차원에서 다문화 전문인력을 양성할 수 있는 근거 마련이 필요하다(국회예산정책처, 2010).

4. 시민단체와 정부 간 유기적 협력 부족

한국의 다문화 정책은 주로 중앙부처와 지방자치단체들이 주도하는 관주도형 다문화정책, 혹은 관과 NGO연대가 주된 흐름이라고 할 수 있다. 관주도형 다문화 정책의 경우는 다문화가정의 구체적인 생활현장으로 체화되지 못하는 문제점을 가질 수 있다(양계민·조혜영·이수정, 2009). 이는 이주민들이나 이들이 거주하는 지역사회가 정책을 마련하는 데 주체가 되지 못하기 때문이다. 관주도형 다문화정책에 의한 각 부처별, 지원센터별 경쟁적·중복적 정책 시행은(양계민·조혜영·이수정, 2009) 다문화가정을 위한 효과적이면서 효율적인 지원을 어렵게 할 것이다.

결혼이민자들의 사회통합 정책이 체계적으로 지속되기 위해서는 정부와 시민사회의 유기적 협력이 촉구된다. 정부의 기획력과 예산지원 등이 시민사회의 정열과 인력 지원 등과 결합하여 정부 – 민간 파트너십을 적절히 구축하는 방향이 바람직할 수 있다(설동훈 외, 2006). 그리고 민간단체가 운영해 온 결혼이민자 가족지원 서비스나 노하우 등을 소중한 자원으로 활용하여 협력하는 방안을 마련하는 것도 또 다른 좋은 방안이 될 것이다(설동훈 외, 2006). 중앙정부와 지방정부가 주도하여 경쟁적으로 다문화관련 사업을 수행하는 관주도형 다문화 지원정책들보다 중앙, 지자체, 시민단체 등이 역할을 분담하

여 실제 이주민들의 실질적 욕구가 반영될 수 있는 다문화정책을 실현해야
할 것이다.

5. 서비스 내실화의 부족

최근 다문화가족에 대한 사회적 관심이 집중되면서 이들을 위한 서비스나
프로그램들이 급격히 증가하고 있다. 우후죽순처럼 생겨나는 다문화서비스의
양적 증가와 함께 서비스의 내실화 문제도 함께 제고되어야 한다. 다문화가족
을 위한 서비스 내실화와 관련된 문제점을 네 가지로 요약하면 다음과 같다.
첫째, 개별 다문화가족의 욕구나 수준을 고려하지 못한다는 점과, 둘째, 프로
그램이 표준화되어 있지 못하다는 점(이성규, 2009), 셋째, 프로그램들의 지속
성에 관한 관심이 부족하다는 사실이다. 마지막으로, 축적된 실험에 의해 도
출된 이론에 근거한 프로그램 및 서비스가 부족하다. 이 중 서비스 프로그램
의 표준화를 위해서는 모든 프로그램들마다 기본 메뉴얼을 개발하고 시행하
게 함으로써 프로그램의 타당성을 증가시키려는 노력이 필요하다. 지속성 측
면에 있어서도, 기본적으로 새로운 것에 대한 관심이 많은 한국문화의 영향으
로 정부나 사회복지 기관들이 새로운 프로그램 개발에만 관심을 갖는 경향이
많다. 새로운 프로그램 개발이 중요한 부분이긴 하지만, 기존의 효과적인 프
로그램들을 평가하고 그 우수성을 확대시키는 노력 또한 기울여야 할 것이다.

6. 다문화가족을 위한 통합적 One Stop 서비스의 필요

다문화가족 지원사업의 통합적인 One Stop 서비스 시스템을 구축하는 것이

요구된다(김선미, 2009). 다문화가족을 위해 시행되고 있는 대부분의 민·관 서비스들은 파편화되고 분리되어 있다. 서비스를 지원받기 위해 필요한 서비스를 일일이 찾아다녀야 하는 수고스러움을 겪어야 하고 효과적으로 접근하는 것 또한 어려운 현실이다. 따라서 한곳에서 한 번에 통합적인 서비스를 체계적으로 받을 수 있는 시스템이 절실하다. 현재 통합적 One Stop 서비스 개념으로 시행되고 있는 서비스기관에는 다문화가족지원센터가 있다. 다문화가족지원센터는 여성가족부에서 다문화가족 지원에 필요한 전문인력과 시설을 갖춘 법인이나 단체를 다문화가족지원센터로 지정하여 운영할 수 있도록 하고 있다. 다문화가족지원센터에서는 다문화가족을 위한 교육·상담은 물론 다문화가족을 위한 정보제공 및 관련 지원단체와의 서비스 연계 등이 이루어지고 있다. 다문화가족에 대한 통합적 One Stop 서비스에 대한 욕구에 대응하기 위한 많은 대안들이 마련되고 있는 상황이지만, 현실적으로 다문화가족의 다양한 실질적 욕구에 대응하지 못하고 있어, 효과적인 대안 마련이 필요한 상황이다.

참고문헌

교육과학기술부(2010). 『다문화가정 자녀현황』.

국회예산정책처(2010). 『다문화가족지원사업 문제점과 개선과제』. 예산현안분석 38.

김기현(2008). 「다문화가정 이주여성의 서비스기관 이용률에 관한 연구」. 한국거버넌스학회 12.

김명성(2009). 「사회통합 차원에서의 다문화가족 지원정책의 현황과 개선방안에 관한 연구」. 사회복지실천 8.

김선미(2009). 「이주·다문화 실태와 지원 사업 분석: 정부주도와 시민사회주도」. 한양대학교 제3섹터 연구소.

김일곤(2009). 「다문화가정 정부지원정책의 효율화 방안」. 영남대학교 석사학위논문.

보건복지부(2010). 『다문화가족지원사업 안내』.

설동훈·이혜경·조성남(2006). 「결혼이민자 가족실태조사 및 중장기 지원정책방안 연구」. 여성가족부.

양계민·조혜영·이수정(2009). 「미래한국사회 다문화역량강화를 위한 아동·청소년 중장기 정책방안 연구 I: 다문화가정 청소년의 역량개발을 중심으로」. 한국청소년정책연구원.

양옥경(2007). 「서울거주 국제결혼이주여성의 문화적응과 사회적 지원서비스에 관한 조사연구」. 서울도시연구 8(2)

오경석 외(2007). 『한국에서의 다문화주의: 현실과 쟁점』. 한울아카데미.

이성규(2009). 「완전취약자에 대한 사회적 안전망 대책」. 『시대정신』. 여름호.

이혜승(2010). 「다문화가족지원정책의 문제점 및 개선방안」. 2010년 동계학술대회발표논문집.

장명선·장은애(2010). 「다문화가족지원 서비스 전달체계의 효율화 방안 연구」. 서울시 여성가족재단.

최현미 외(2008). 『다문화가족복지론』. 평택대학교 다문화가족센터.

통계청(2009). 『이혼통계결과』.

행정안전부(2010). 『지방자치단체 외국계주민 현황』.

02

다문화가정을 위한
사회복지 이론 및 접근

이론이란 사회현상을 설명(explanation)하고 해명(account)하기 위한 체계적 진술이며 개념과 개념의 논리적 연관이다(Pyane, 1997). 이론은 '왜'라는 질문에 대답을 제시하는 하나의 방법이다. "왜 이 과정은 작용하는가?" 혹은 "왜 사람들은 특정한 방식으로 행동하는가?" 등에 대한 대답을 가능케 하는 것이 이론이다.

사회복지 이론은 사회현상과 관련된 개념체계들로서 사회현상들에 대해서 기술하고 예언하며 때로는 설명하는 기능을 가진다(Borden, Clark, 2012). 이론의 기본 구성은 가설(hypothesis), 전제(assumption), 관찰 및 증명들(observations and empirical tests)로 이루어져 있기 때문에 제반 사회현상들에 대한 기본 특성들을 자연스럽게 드러내준다. 사회복지 이론의 '예언적 기능'은 사회현상 속에서 이미 알려진 사실들의 관계로부터 아직 관찰되지 못한 사상을 추론하여 그 관계를 밝혀내는 역할을 한다. 이론의 예언적 기능을 통해서 다음 단계의 사회현상을 예측할 수 있고, 새로운 지적 세계 및 행동 양식의 변화를 유도해 갈 수도 있다. 사회복지 이론의 '설명적인 기능'은 사회현상의 개념들을 인과관계의 논리적 구조에 근거해 설명하는 기능으로서 사회현상의 원인이 무엇인가를 규명하고 이 원인이 어떻게 현재의 사회현상을 만들어 냈는지를 이해하게 도와준다.

다문화가정을 지원하는 데 있어 여러 관련 이론들에 대한 이해는 위에서 언급한 이론의 '기술·예언·설명'의 기능들 때문에 사회복지 서비스 방향이나 실천 전략을 수립하는 데 매우 중요한 기반(foundation)이 된다. 따라서 본 장에서는 다문화가정과 관련된 문화적·정신보건적·사회지원체계적 이론들을 요약, 제시하였다.

 # 제1장 문화적 접근

1. 문화변용 이론(Acculturation Theory)

'문화변용(Acculturation)'이라는 개념은 오래전부터 인류학자와 사회학자 사이에 많은 관심을 받아 왔다. 특히, 19세기와 20세기 초에 정보통신기술 및 교통수단의 급속한 발달로 국가 간 인구이동이 크게 증가하면서 서로 다른 문화를 접하게 된 사람들은 문화적·심리적 변화의 요구를 접하게 되었고, 이러한 변화를 이해하기 위해 문화변용이라는 개념이 널리 사용되기 시작했다(Trimble, 1989). 우리나라의 연구자들은 1980년대 초반부터 'Acculturation'을 '문화적응' 또는 '문화변용'으로 번역하여 사용하고 있는데, 일반적으로 'Acculturation'은 이주자가 일방적으로 새로운 문화에 적응(adaptation)해 간다는 의미보다, 문화적으로 다른 두 집단이 접촉하면서 상호 영향을 주고받으며, 다양한 심리적·행동적인 변화의 과정을 설명하는 데 사용되므로 '문화변용'이라는 용어를 사용하는 것이 더 적합하다고 본다(Sam & Berry, 2010).

문화변용은 이주자의 적응에 중요한 영역으로 심리적인 적응과 사회문화적인 적응으로 구분할 수 있다(Berry, 2003). 심리적 적응은 정서적인 면을 말하며 개인의 유연성, 내적 통제, 관계의 만족감, 스트레스, 외로움 등의 측면을 일컫는다(Ward & Kennedy, 1999). 사회문화적 적응은 새로운 문화에 대한 지식, 주류집단과의 상호작용과 정체감 형성, 새로운 외부 환경에서 문제들을 처리할 수 있는 능력 등 행동적인 면으로 정의된다(Ward & Kennedy, 1999).

1) 문화변용 스트레스

이민자는 새로운 문화 환경에 진입하며 다른 문화를 경험하는 과정에서 문화변용 스트레스와 같은 심리적인 문제를 경험할 수 있다(Bochner, 1982). 문화변용 수준이 낮을수록 이민자는 새로운 환경에 적응해야 하는 두려움으로 인해 더 높은 스트레스를 경험하게 된다(Bochner, 1982). 이러한 스트레스는 육체적 건강뿐만 아니라 심리사회발달 및 심리적 건강에도 부정적인 영향을 미친다(Glass & Bieber, 1997). Berry(1991)는 이민자의 폭력이나 약물남용과 같은 사회문제는 문화변용 스트레스와 밀접한 관련이 있다고 보았다. 또한 문화변용 스트레스를 겪고 있는 이민자들은 높은 수준의 불안감과 소외감으로 고통 받는다고 강조했다(Berry, 1991). 예를 들면, 문화변용 스트레스가 높은 라틴계 이민청소년들과 이민가정 2세의 경우 우울증이나 자살충동을 더 많이 느끼는 것으로 나타났다(Hovey & King, 1996). 최근 남 캘리포니아에 거주하는 히스패닉계 고등학생들을 연구한 결과에서도 문화변용 스트레스는 알코올, 대마초, 담배. 중독성 마약 남용 증가를 초래한 것으로 나타났다 (Myers et al., 2009).

2) 문화변용 전략

이민자가 새로운 국가에 들어가면 문화변용을 시작하고, 계속적으로 다른 단계의 문화변용을 경험하게 된다. Berry(1980)는 이주민들이 고유문화의 정체성을 유지하는지의 여부와 타집단(주류사회)과의 접촉을 위한 노력에 따라서 서로 다른 유형의 문화변용을 경험하게 된다고 주장했다. Berry(1980)는 이주자의 문화변용 유형을 통합(integration), 동화(assimilation), 분리(separation), 주변화(marginalization)로 구분하여 설명하였다. 문화변용 태도에 따른 유형구분에 있어 두 가지 기본적인 이슈가 고려된다. 첫 번째는 이민자가 얼마나 고유문화나 정체성을 유지하려고 하는가에 대한 이슈이고, 두 번째는 얼마나 주류문화에 접촉하고 참여하려고 노력하는가와 관련된 이슈이다(Berry, 1998).

〈그림 2-1〉 베리(Berry)의 문화변용 모델

통합(integration)은 이민자가 자신의 고유문화를 유지하면서 토착문화를 능동적으로 받아들이는 것을 의미한다(Berry, 2003). 통합은 토착사회가 문화적 다양성을 인정하고 타 문화에 대해 개방적이며, 이민자가 토착문화와의 상호작용에 적극적일 때 이루어진다(Berry, 1991). 이주집단과 토착집단이 일상적인 상호작용을 하면서 서로의 문화와 정체성을 존중하는 상태가 이에 해당한다.
동화(assimilation)란 토착문화를 이민자의 고유문화보다 우수한 것으로 여겨, 토착문화만을 수용하고 이에 흡수되기를 선호하여 자신의 고유문화를 버리거나 또는 유지하더라도 토착문화의 성격으로 변형시켜 받아들이는 형태를 말한다(Berry, 1997).

분리(separation)란 토착문화와의 상호작용에는 소극적으로 대처하며 자신의 원조문화에만 가치를 두는 유형이다(Berry, 1997). 분리유형에 속하는 이주민들은 고유문화의 정체성을 고수하고 발전시키려 하는 반면, 토착문화와 상호작용하는 것을 회피한다(Bucher & Stelling, 1977).

주변화(marginalization)는 이민자가 자신의 고유문화와 토착문화 모두를 부정할 때 발생한다. 주변화 유형에 속한 사람들은 한 문화권에서 살고 있지만 고유문화와 토착문화 사이에 갈등과 충돌을 겪는다. 주변화의 특징을 가진 사람들은 고유문화 존속에 소극적인 의지를 가지며, 정체성을 유지하려는 의지가 낮고, 차별 또는 배제의 경험으로 인해 주류사회와 관계 맺는 것에도 큰 관심을 보이지 않는다(Berry, 1980).

문화변용과 관련된 연구들은 통합적 모델이 주변화나 분리 모델보다 더 나은 심리적 건강과 연관된다고 보고 있다. 예를 들어, 통합적이거나 동화적인 태도를 가진 체류자들은 주류사회로의 적응을 바람직한 형태로 보기 때문에 보다 적은 문화적응 문제를 보인다(Berry & Kim, 1988). 또한, 아시아계 유학생들의 문화변용 형태와 그들의 귀국 후 사회적응정도를 분석한 연구에서도 주변화 유형의 학생들은 귀국 이후에 모국에서도 사회적응능력이 떨어지는 것으로 나타났다(Leong & Leung 2004; 윤혜영 2009 재인용).

3) 문화변용에 영향을 미치는 요소들

개인이 경험하는 문화변용 정도는 이주동기, 개인적인 특성, 문화적 요소, 이주경험과 관련된 요인들과 매우 밀접한 관계를 맺고 있다(Berry, 2001; Bochner, 1982). 나이, 성별, 교육수준, 사회경제적인 지위 및 언어습득 능력과

같은 개인적인 요인들은 이주자들의 새로운 문화적응을 증가시키는 요인들
이다(Berry, 2001).

나이는 성공적인 문화변용에 부정적인 영향을 미치기도 한다. 여러 연구에
의하면, 대체로 어린 나이에 정착할수록 주류문화에 빨리 적응하는 경향을
보인다(Berry, 2001; Tran, 1989; Faragallah, Schumm, & Webb, 1997). 이민자
의 성별 또한 문화적응에 영향을 미치는 것으로 나타났는데, 일반적으로 여성
은 비교적 남성보다 더 빨리 주류사회에 적응한다(Bochner, 1982; Berry, 2001;
Güngör & Bornstein, 2009). 이민자의 문화변용은 교육수준과도 밀접한 연관
이 있다. 교육수준이 높고 도시지역에 거주하는 이민자들은 통합적인 문화변
용 전략을 사용할 가능성이 높은 반면, 교육수준이 낮고 시골지역 거주자들은
분리전략을 사용하는 경향이 있다(Dow & Woolley, 2010; Colic-Peisker &
Walker, 2003). 사회경제적 지위 역시 이민자가 문화변용 수준을 결정하는
데 중요한 요소가 된다. 이민자의 사회경제적 지위가 낮을수록 문화변용 수준
이 낮아지고, 비만이나 우울증과 같은 신체·심리적 문제에도 부정적인 영향
을 미친다(Khan, Sobal, & Martorell, 1997; Fitzgerald, 2010; Cuellar & Roberts,
1997; Negy, & Woods, 1992). 아울러, 언어의 익숙함과 유창함은 새로운 곳에
정착하는 데 있어 결정적인 요소이다(Kim, 1977; Gudykunst & Hammer, 1988).

2. 문화 동화이론

문화 동화이론(assimilation theory)은 19세기 중반 이후 미국에서 이민자들
의 고유문화를 무시하고 미 주류문화를 일방적으로 습득하게 함으로써 이민
자들을 미국화시키려는 데 사용된 이론적 기반이다. 동화주의 접근의 한 모델
인 앵글로 일치주의(Anglo-conformity)는 Stewart Cole과 Mildred Cole에 의해

처음으로 소개되었으며, 미국 건국 초기의 기반을 세운 백인 앵글로 색슨계 개신교(WASP: White Anglo-Saxon Protestant) 문화에 모든 이민자들이 적응해야 함을 핵심 명제로 삼은 모델이다. 미국으로 처음 이민을 떠난 영국 청교도인 앵글로 색슨(Anglo-Saxon)족은 새로운 땅에서 자신들의 고유문화를 형성하게 되고, 이후 미국으로 이민 오는 소수 민족 집단이 그들의 문화에 흡수되기를 바랐으며, 이것은 '압력 밥솥식 동화(Press-cooking Assimilation)'로 불리어졌다(Gordon, 1966, p.99). 앵글로 일치주의는 이민자들의 다양한 요인들(국적, 인종, 언어, 종교 등)이 국가를 분열 또는 해체시키지 않을까 하는 우려에 대한 대처 방안으로 제시된 것이다(민경희, 2008).

3. 문화통합 이론

1) 문화적 다원주의 이론

문화적 다원주의(cultural pluralism)는 소수집단들의 문화적 정체성과 특수성을 공적으로 받아들이고 인정하며, 개인이 법을 존중하고 집단을 자유롭게 조직함으로써 자신들의 문화와 정체성을 보존할 것을 주장한다(남궁곤·유은경, 2010). 이 이론은 실용주의자 William James와 John Deway에 의해 처음 소개되고, Horace Kallen, Randolph Bourne, Newman, Berry 등에 의해 발전되었다. 문화적 다원주의 주장자들은 각 구성원들의 차이점을 적극 인정하며 다양한 집단 간에 통합을 추구해야 한다고 주장했다. 특히, Kallen은 앵글로 동조론과 같은 동화이론은 민주사회의 정신에 위배된다고 보고, 미국에 거주하는 이민자들이 인종과 민족에 관계없이 자신들의 전통과 문화를 유지하며 서로 화합을 이루어 갈 때 오히려 미국의 문명이 더욱 풍성해진다고 강조하였다.

문화적 다원주의는 흔히 샐러드 볼(salad bowl)로 표현되기도 한다. 샐러드 볼 안에서 다양한 야채와 과일들이 각자의 독특한 맛을 잃지 않고, 한 가지 소스에 의해 어우러져 조화로운 맛을 만들어 내듯이, 한 국가나 사회의 정체성 안에서 다양한 문화의 집합체들이 자신의 독특한 문화를 유지하며 조화를 이루는 것이 문화적 다원주의가 지향하는 바이다.

2) Mosaic 이론

1970년대에 다문화주의 정책으로 모자이크 이론을 선택한 캐나다는 서로 다른 민족들의 정체성과 문화를 그대로 공존하도록 용인한다는 뜻에서 '모자이크 나라'로 불린다. '모자이크'라는 용어는 사회학자 John Porter가 1965년에 출판한 『수직적 모자이크(Vertical Mosaic: An analysis of social class and power in Canada)』에서 처음 소개되었는데, 이것은 소수 민족 문화를 주류 문화에 흡수시키기보다는 이민 집단과 원주민, 주류 집단의 각 문화를 존중하고 화려한 모자이크 패턴을 유지하는 다문화주의를 추구한다는 의미를 담고 있다.

캐나다는 1971년에 세계최초로 '다문화주의'를 선언하였으며, 모든 문화는 각자 독특하고 다양한 개성을 가지고 있으므로 존중되어야 한다는 뜻에서 다양한 언어를 가르치고 여러 민족의 문화행사도 적극 지원하였다. 캐나다 정부는 다문화주의를 구현하기 위해 수많은 민족 집단들이 참여하는 문화유산축제(heritage festival)를 만들고, 소수민족이 차별받지 않도록 지원하는 정책을 수립하며, 문화적 다양성을 권장하는 프로그램을 적극적으로 개발하고 있다. 또한 이민의 문호를 아시아, 유럽 등 세계 각지에 고루 개방하고 대학과 연구기관에서 자국 내 원주민과 소수민족은 물론 세계 각국의 문화를 연구하여 여러 민족의 고유문화가 유지·발전할 수 있도록 배려하고 있다. 캐나다 정부는 서로 다른 민족 집단들의 가치관·문화·생활양식 등을 존중하는 관용적인 자세를 보여 줌으로써 이민자들의 편의를 고려한 이민정책을 실시하고 있다.

4. 문화이론들과 다문화가정

다문화가정을 지원하는 사회복지사에게 선행되어야 할 것은 문화이론을 이해하는 것이다. 문화이론은 다양한 문화배경을 가진 이주민이 한국사회에 적응하는 과정을 설명해 준다. 문화변용이론은 이민자가 선택한 문화변용 전략과 그에 따른 심리적·행동적 특징을 이해하는 데 유용한 지식을 제공한다. 사회복지사는 결혼이민자의 문화변용 수준에 따른 심리적 어려움을 이해하고, 그들이 원만하게 한국사회에 적응할 수 있는 방법들을 모색해 볼 수 있다. 예를 들어, 한국사회에 정착하는 과정에서 분리 또는 주변화 문화변용을 겪고 있는 결혼이민자들에게 사회복지사는 문화와 언어적 장벽을 극복할 수 있는 교육서비스를 제공하고 이웃들과 소통할 수 있는 기회를 마련해 줄 수 있다.

Berry(2001)는 이민자가 그들 모국의 문화를 유지하면서도 새로운 환경인 주류문화에 성공적으로 적응하기 위한 통합 전략의 중요성을 강조한다. 이민자는 이주국에 적응하는 과정에서 무기력감, 자신감 상실, 열등감, 우울감 등을 느낄 수 있다(Gilbert, 1997). 문화변용 과정에서 발생할 수 있는 이러한 심리적 갈등상황에서 통합적 전략은 동화, 분리, 주변화 전략보다 스트레스를 덜 유발시키는 것으로 드러났다(Berry, 2005). 최근 들어 문화 통합적 접근법의 중요성이 강조되기 시작하면서 결혼이민자들이 다문화 교사가 되어 자신의 문화를 알리는 교육 프로그램 등과 같이 이민자의 문화에 대한 이해의 폭을 넓히려는 노력이 증가하고 있다. 이러한 다문화 교사 시스템은 일반 학생들이 외국인 선생님으로부터 타 문화에 대해 배우는 기회가 될 뿐만 아니라 다문화가정 학생들의 사기를 북돋아 주는 긍정적인 역할을 하고 있다. 하지만 다문화 교사가 자녀가 출석 중인 학교에서 일일교사로 봉사하는 경우 그 자녀가 결혼이민자 가정의 자녀임이 더 쉽게 노출될 소지가 있다. 이러한 경우 그 자녀가 오히려 놀림의 대상이 될 수도 있기 때문에 다문화 교사는 자녀가 출석 중인 학교가 아닌 타 학교에서 봉사하는 것이 바람직 할 수도 있다. 이 외에도 문화적 다양성을 존중하는 다문화축제와 다문화 음식축제, 학생과 지역주민들을 위한 다문화교육, 다문화에 대한 인식 개선과 적극적 조화를 위한 다문화영화제, 글짓기 대회, UCC 및 그림 공모전 등이 활발하게 열리고 있다. 이와 같이 앞으로의 이민정책은 결혼이민자들을 일방적으로 교육시키고 그들에게 도움을 주는 획일적인 방식에서 벗어나 결혼이민자와 주류사회가 상호 교류하고, 토착민들이 이주외국인들의 문화를 배우고 문화적 수용성을 갖추게 하며 서로를 동등한 사회구성원으로 인식하게 하는 통합적 방향으로 나아가야 한다.

한국으로 이주한 결혼이민자와 다문화가정 자녀의 성공적인 문화변용을 돕기 위해서는 문화변용에 영향을 미치는 요소들을 파악하는 것이 중요하다. 앞에서 살펴보았듯이, 어린 나이일수록, 교육 수준과 사회경제적 지위가 높을수록, 한국어가 유창할수록 문화변용 스트레스가 낮고 주류문화와 고유문화의 변용이 용이하다. 이러한 사실은 결혼이민자와 다문화가정 자녀에게 문화·언어의 조기교육 시행, 고학력 교육 제공, 경제적 형편의 개선 등의 중요성을 시사한다. 따라서 사회복지사는 이민자와 그 자녀들을 위한 한국어교육사업, 이민자를 위한 일자리 창출, 전문화된 직업교육 프로그램, 이민자의 대학입학 등의 서비스 확대를 위해 노력해야 한다.

 # 제2장 정신보건적 접근

　다문화가정을 지원하는 사회복지사가 활용할 수 있는 정신보건 이론은 다양하지만 그중에서 생태체계이론과 다문화가정과 관련하여 비교적 많이 연구되지 않은 스트레스 대처 전략에 대해 살펴보고자 한다.

　정신보건은 인식과 감정의 상태가 만족할 만한 수준으로 작용하고 있는 사람의 심리적 상태를 말한다. 이러한 정신보건은 단순히 정신적 질병에 관련된 것만이 아니고 개인이 삶 속에서 경험하는 일반적인 수준의 스트레스를 통제하고 자신의 잠재력을 성취할 수 있는 심리적 안녕(wellbeing) 상태를 의미한다. 정신보건 사회복지는 사회복지의 지식, 가치, 기술을 기본으로 하여 정신보건 분야와 심리학 또는 사회학 등을 포함하는 사회과학의 배경지식을 접목시켜 클라이언트에게 사회복지 서비스를 제공하는 접근법이다.

　사회복지 분야에서 정신보건은 빠질 수 없는 중요한 역할을 차지하는데, 여러 가지 환경적 요인으로 인해 정신적인 스트레스를 받을 가능성이 높은 다문화가정 구성원에게도 반드시 개입이 필요한 분야이다. 새로운 문화를 접하며 문화적인 충격을 경험하고 편견과 제약으로 인해 사회생활에서도 스트레스를 받을 가능성이 높은 다문화가정에게 정신보건 서비스에 대한 지원은 절실하다. 하지만 다문화가정을 위한 정신보건 서비스의 공급이 수요에 비해 부족한 실정이고 다문화가정을 지원하는 사회복지사가 효과적인 방법으로 정신보건적 접근을 실시하고 있는지에 대해서도 면밀한 점검이 필요하다.

1. 생태체계이론

정신보건 중심의 접근을 위하여 사용할 수 있는 이론 중에 하나로 생태체계이론(ecological systems theory)을 들 수 있다. 생태체계이론은 직선적이고 인과론적인 시각을 탈피하여 통합적이고 전체적이며 상호작용하는 인간과 환경과의 관계를 고찰하는 관점이다. 클라이언트가 처해있는 상황을 보다 폭넓은 시각으로 바라볼 수 있게 해줌으로써 클라이언트의 문제에 대한 총체적인 이해를 가능하게 해준다. 또한 개인, 가정, 집단 등의 다양한 대상의 수준에 적용될 수 있는 이론으로 개입이 특정 대상에 국한되지 않는다는 특징이 있다. 생태체계이론의 장점으로는 문제를 총체적 관점으로 바라볼 수 있도록 하기 때문에 개입 시에 어느 한 부분에 치중하지 않고 전체 체계를 변화시킬 수 있는 전략을 세우도록 돕는다는 점을 들 수 있다.

'환경 속의 인간(person in environment)'을 강조하는 생태체계이론의 기본적인 전제는 인간의 행동은 인간을 둘러싼 환경과의 상호작용 속에서 이해해야 한다는 것이다. 이러한 맥락에서 인간과 환경의 관계를 분석하기 위한 사정도구로 가계도(genogram)와 생태도(ecomap)가 유용하게 사용될 수 있다. 가계도와 생태도는 개인이나 가족을 포함하는 클라이언트 체계가 외부 환경체계들과 어떻게 연관되어 있는지를 한눈에 알아볼 수 있도록 표로 나타낸 것이다. 사회 체계의 한 부분인 가족체계를 사정하는 방법으로 가계도를 이용할 때 보통 2~3세대 이상에 걸친 가족구성원에 대한 정보와 그들 간의 관계를 도표로 나타낸다. 사회복지사는 가계도를 통하여 클라이언트의 과거 사건이나 인간관계가 현재의 클라이언트나 클라이언트 가족의 심리상태에 어떠한 영향을 주고 있는지 이해하는 데 도움을 받을 수 있다.

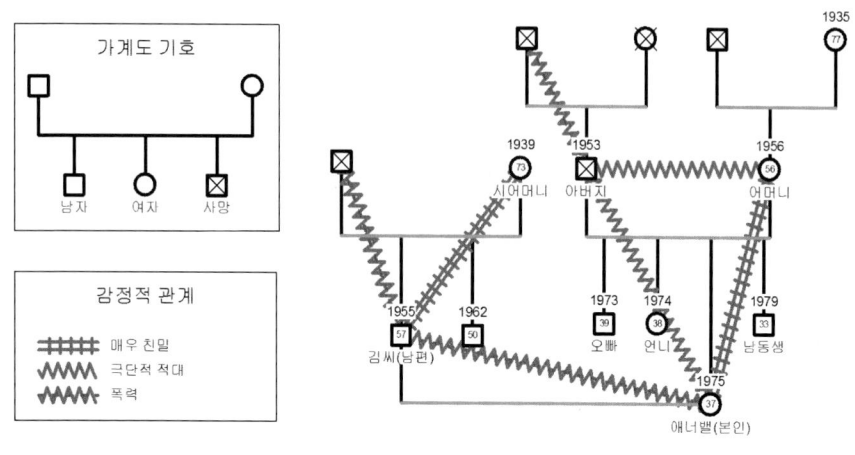

<그림 2-2> 가계도

생태도는 개인이나 가족을 포함하는 클라이언트 체계가 그들을 둘러싼 외부환경 체계들과 어떻게 관련되어 있고 어떠한 상호작용을 하고 있는지를 그림으로 나타낸 것이다. 사회복지사는 생태도를 통하여 클라이언트 가족과 환경 간의 상호작용 상태를 전체적으로 조망할 수 있다. 이를 통하여 체계들의 상호작용 간에 문제가 발견되면 어떠한 방법으로 변화시켜야 할지를 모색해 봄으로써 클라이언트가 경험하는 심리적 문제 해결에 도움을 줄 수 있다.

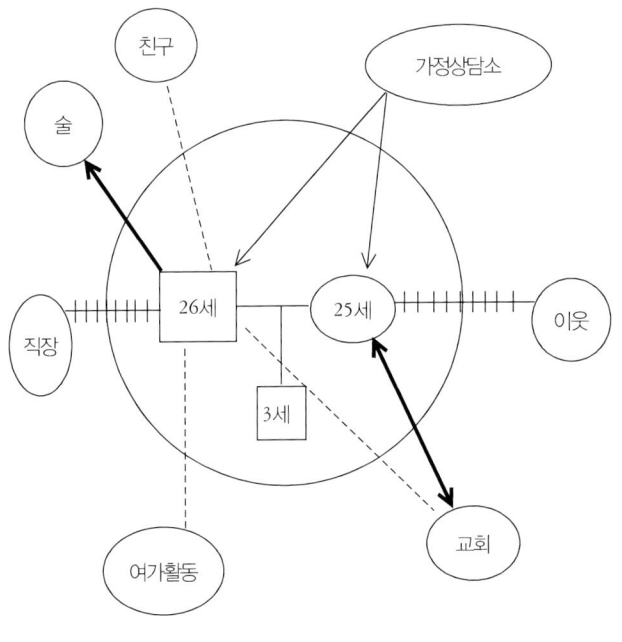

++++ 긴장관계 ——— 긍정적 관계
(선의 굵기가 관계의 정도 표현)
------- 불확실한, 미약한 관계 ——→ 관계에서 도움을 주고 받는 방향

출처: 양옥경 외, 「사회복지실천론」, 2002.

〈그림 2-3〉 생태도

2. 스트레스 대처 전략(Stress and Coping Strategy)

1) 스트레스 대처 전략의 핵심 내용

스트레스 대처에 관한 연구는 건강심리학(health psychology), 환경심리학(environmental psychology), 신경심리학(neuropsychology), 발달심리학(developmental psychology)을 포함하는 심리학에서부터 의학이나 인류학, 사회학 등의 다양한 영역에서 이루어지고 있다. 많은 학자들이 연구해 온 결과, 스트레스에 대한 대처는 개인적인 성격과 특성(Bolger, 1990; Friedman et al., 1992 Long & Sangster, 1993), 상황적 필요(situational demands, Folkman & Lazarus, 1988; Heim, Augustiny, Schaffner, & Valach, 1993), 사회·심리적 특징(Mechanic, 1978) 등으로부터 모두 영향을 받는 복합적인 과정이라고 설명한다. 이렇게 복잡한 과정의 대처는 크게 세 가지 범주인 생리학적 요소, 인지적 요소, 학습적 요소로 나누어 설명할 수 있다.

(1) 생리학적 요소(Physiological Component)

스트레스 대처의 생리학적 요소는 인간의 스트레스 대처 방식이 유전형질에 의하여 정해진다는 것을 의미한다. 정신의학자 Friedman과 Rosenman은 사람의 성격유형을 A타입과 B타입으로 구분했다. A타입의 성격유형에 속하는 사람들은 대체적으로 경쟁적·진취적·호전적이며 성취욕이 강하고 성급한 특징을 보이며 상대적으로 스트레스를 받기 쉬운 유형에 속한다. B타입에 속하는 사람들은 일반적으로 침착하고, 참을성이 있고, 안이한 편이며 스트레스를 상대적으로 덜 받는 유형에 속한다. Eysenck(1988)은 C타입 성격유형에 대한 개념을 고안하였는데, 이 부류에 해당하는 사람들은 스트레스 상황에 우울과 절망감으로 반응하기 쉬운 사람들로 암에 걸릴 확률이 높은 것으로 드러났다.

Kobasa는 스트레스를 잘 극복하는 사람들의 성격적 특징을 발견하였으며, 이를 강건성(hardiness)이라 하였다. Kobasa(1979)는 미국 통신회사인 AT&T에서 해고당한 근로자들을 대상으로 스트레스에 관한 연구를 실시했다. 연구결과, 강건성이 있는 사람들이 다른 사람들보다 정신적·정서적으로 더 안정적이었다고 밝혀졌다. 여러 연구가들은 개인의 성격이 일정 부분 수정 가능할수도 있지만, 상당 부분 유전적이라는 연구결과를 발표하였다(Rahe, Herrig & Rosenman, 1978; Parker & Barret, 1992).

(2) 인지적 요소(Cognitive Component)

스트레스의 대처에 대한 인지적 요소는 개인이 스트레스 상황에 대하여 어떻게 평가(appraisal)하는지에 대한 정신작용과 관련이 있다. 스트레스에 대한 평가에 따라 체감하는 스트레스의 정도와 대처 전략이 세워지기 때문이다 (Lazarus & Folkman, 1984). 평가에는 두 가지 종류가 있다. 첫째, 의식적인 평가(conscious evaluation)로서 주어진 문제상황이 자신에게 해가 되거나 손해가 되는가, 또는 위협이나 어려움이 되는가를 평가하는 것이다. 둘째, 주변에 있는 대처 자원들(coping resources)을 평가함으로써 스스로에게 "내가 이 상황에서 무엇을 할 수 있는가?"를 평가하는 것이다. 스트레스 상황에서 이용할 수 있는 대처 자원에는 신체적 자원(건강, 에너지), 사회적 자원(가족이나 친지 등 자신의 주변에서 즉각적인 지원을 해줄 수 있는 사람), 심리적 자원(자존감, 자기효능감), 그리고 물질적 자원(돈, 이용 가능한 시설 및 장비) 등이 있다.

인지적 관점에서 스트레스에 대한 대처를 설명할 때 고려해야 할 다른 요소로 개인의 상황통제 능력을 꼽을 수 있다. 일반적으로 사람들은 통제 불가능한 상황에서 더 많은 스트레스를 느낀다. 반면에 더 많은 상황통제력을 겸비한 사람일수록 향상된 대처 능력을 나타낼 수 있다.

(3) 학습적 요소(Learned Component)

스트레스 대처 전략의 학습적 요소는 스트레스에 대한 대처 방식이 개인의 경험이나 학습에 의해 발생한다고 보는 입장으로 인간의 행동이 경험을 통한 학습의 결과라고 보는 사회학습이론들(social learning theories)과 맥락을 같이 한다. 특정한 상황에서 기존의 사고 패턴을 바꾸어 더 긍정적이고 발전적으로 사고할 수 있도록 대처하는 인지적 재구성(cognitive restructuring), 특정 상황에서 어떻게 행동하는지를 바꾸는 행동수정(behavior modification), 신체에서 발견되는 여러 가지 신호들(심장 박동, 혈압, 근육의 이완, 피부의 온도 등)을 통하여 건강상태를 확인하고 증진시키는 치료 기술인 바이오피드백(biofeedback), 그리고 명상, 심호흡, 운동 등과 같은 다양한 안정요법(relaxation techniques)들은 모두 경험에 의해 학습되는 스트레스 대처의 예이다.

다양한 문화권에서는 스트레스를 정의함에 있어 문화에 근거한 서로 다른 기준을 가질 수 있다(Colby, 1987). 한 예로, 문화에 따라서 사람들은 일부일처제와 일부다처제에 대해서 서로 다른 반응을 보일 수 있다. 많은 문화권에서 일부일처제를 이상적인 부부의 형태로 보고 있으나 아프리카에서는 더 풍부한 노동력 확보와 아이들 양육이나 집안일을 감당하기 위해서 일부다처제를 일반적인 현상으로 받아들이고 있다. 아프리카에서는 만약 남자가 여러 아내를 갖지 못한다면 그것이 스트레스 상황으로도 작용할 수 있다. 남아프리카에서 현지인들을 대상으로 스트레스에 대한 연구가 실시되었다. 스트레스 측정 도구로는 미국인들의 스트레스 측정을 위해 만들어진 Holmes and Rahe's stressful life event measure를 사용하였다. 연구 결과 남아프리카인들이 느끼는 스트레스는 미국인들이 느끼는 스트레스와 유사성이 매우 적은 것으로 드러났다(Swartz, Elk & Teggin, 1983). 이러한 결과는 문화에 따라 상이한 스트레스의 기준이 있을 수 있다는 것을 보여 준다.

2) 스트레스 대처 전략과 사회복지 실천

정신보건 사회복지에 있어서 스트레스는 가장 기본적이면서도 중요하게 다루어야 할 요소이다. 정신보건 분야를 담당하는 사회복지사는 클라이언트의 스트레스가 발생하는 원인 분석에서부터 스트레스에 대처하는 방법에 이르기까지 다루어야 할 부분이 방대하다. 스트레스는 일반적으로 한 가지 원인에 의하여 발생되지 않고 복합적인 상황과 배경에 의해서 발생하는 것이기 때문에 스트레스 상황을 분석하기 위해서는 클라이언트의 문화적 배경, 성격, 대인관계, 대처 기술 등 다각도의 분석적 접근이 필요하다. 또한 현재 스트레스 상황에 처해 있는 클라이언트를 돕기 위해서는 정확한 상황 분석에 기초한 원인 파악과 가용한 사회적 자원들을 모색하고 스트레스 관리기술을 교육하는 과정이 필요하다. 이러한 과정을 포함하는 스트레스 대처전략은 사회복지사가 클라이언트의 정신보건 분야에 개입할 때 유용하게 사용될 수 있다. 사회복지사는 스트레스 대처 전략을 활용함에 있어 이러한 틀이 클라이언트들의 상황에 맞게 각기 다르게 적용될 수 있다는 점을 간과해서는 안 된다. 이는 앞서 살펴본 대로 같은 문제상황에 처해 있는 클라이언트라 할지라도 그들이 서로 다른 종류의 스트레스와 상이한 수준의 스트레스를 받을 수 있고, 또한 문화에 따라서도 그 스트레스는 다양한 방식으로 인식될 수 있기 때문이다.

3) 스트레스 대처 전략과 다문화가정

다문화가정이 겪는 어려움에는 신분의 문제, 경제적 어려움, 사회적 편견, 언어의 장벽, 문화차이 등 그 종류가 매우 다양하다. 이러한 현상들이 공통적으로 파생하는 또 하나의 심각한 문제는 스트레스이다. 모든 사람들이 스트레스를 경험하며 살아가지만 특히 다문화가정의 스트레스를 주의 깊게 살펴보아야 할 가장 큰 이유는 상당수의 다문화가정이 보호받아야 할 사회적 약자에 속하고, 그들 스스로 스트레스 상황을 극복하거나 스트레스의 원인을 제거하기가 힘들 수 있기 때문이다. 또한 그들은 스트레스 상황을 이겨 내는 데 도움을 받을 수 있는 가용 자원으로의 접근성이 낮은 경우가 많다. 이러한 이유로 인해 다문화가정을 지원하는 사회복지사는 다문화가정이 경험하는 다양한 스트레스에 대하여 심도 있게 연구하고 개입해야 할 필요가 있다.

먼저 심리학적 측면에서 개입하는 사회복지사는 다문화가정 구성원의 성격유형을 파악하고 그 유형에 적합한 개입을 시도해야 한다. 성격유형 분류는 클라이언트를 분석하는 유용한 틀이 될 수 있는 반면 부작용의 가능성도 안고 있다. 성격유형으로 클라이언트를 분류할 때 사회복지사는 획일화의 오류에 빠지는 것을 각별히 주의해야 한다. 성격유형은 편의상 개인의 성격을 몇 가지 틀에 의해 분류해 놓은 것으로 클라이언트가 특정 유형으로 분류된다고 해서 그 유형이 클라이언트의 모든 것을 설명해 줄 수는 없다. 즉, 성격유형 파악은 다문화가정을 대하는 사회복지사가 그들을 사정하기 위한 하나의 도구일 뿐이고 그 도구로 인해 클라이언트를 오히려 틀 속에 가두어 버리는 오류를 범해서는 안 된다. 또한 스트레스는 그 원인이 개인 내부에만 있는 것이 아니고 인간관계 속의 다양한 상호작용에 의해서 발생하는 경우가 많으므로 사회복지사는 다문화가정 구성원 개개인의 성격유형을 파악함과 동시에 가정 내에서의 상호작용이나 주변 환경과의 상호작용에 대해서도 면밀히 살펴보아야 한다.

다음으로 사회복지사는 인지적 측면에서 다문화가정의 스트레스 상황에 개입할 수 있다. 스트레스는 정신작용에 의해 발생하는 것으로 주어진 상황을 어떻게 인식하느냐에 따라서 스트레스의 유무와 심각성이 결정될 수 있다. 동일한 환경 속에 있는 한 가정 내의 클라이언트들이라 할지라도 문제상황을 바라보는 관점에 따라 스트레스의 정도는 서로 다를 수 있다. 앞서 언급한 대로 스트레스 상황을 평가하는 방법에는 의식적인 평가와 대처 자원의 평가가 있다. 많은 경우에 사람들은 실제 문제상황보다 더 많은 걱정을 하거나 아직 발생하지 않은 문제에 대해서도 미리 불안해하는 경향이 있다. 만약 의식적인 평가를 통해 다문화가정의 클라이언트가 자신의 문제상황에 대한 객관적 평가를 내릴 수 있다면 필요 이상의 스트레스를 받지 않게 된다. 자신의 현재 상황이 어느 정도 심각하고 자신에게 어느 정도의 손해를 미치는지, 자신의 행복에 위협이 된다면 그것이 얼마나 큰 위협인지에 대해 평가를 내려 볼 수 있다. 또 문제상황 속에서 자신이 이용할 수 있는 대처 자원에는 어떠한 것들이 있는지를 파악하고 이를 효율적으로 활용함으로써 스트레스 상황을 보다 쉽게 극복할 수 있다. 이 단계에서 클라이언트는 이용 가능한 자원에 대한 정보가 부족하거나 본인이 이미 보유하고 있는 자원임에도 불구하고 인식하지 못하고 있을 수 있으므로 사회복지사의 면밀한 관찰에 근거한 지원이 필요하다. 인적·심리적·물질적·사회적 자원 등 다양한 방면의 자원에 대한 탐색과 자원 확보가 이루어질수록 클라이언트로 하여금 스트레스 상황을 극복하는 데 더 효율적인 도움을 제공할 수 있다.

마지막으로, 사회복지사는 학습적 요소에 대해서도 관심을 가져야 한다. 학습적 요소는 크게 두 가지 접근으로 나누어 볼 수 있는데, 첫 번째는 인식과 행동을 바꾸는 것이고, 두 번째는 문화 차이에 의하여 발생하는 스트레스에 대한 이해의 폭을 넓히는 것이다.

첫째로 인식과 행동을 바꾸는 것은 문제상황 자체를 변화시키기에 앞서 클라이언트 본인이 문제상황을 대하는 인식과 그에 따른 행동방식을 긍정적으로 변화시킬 수 있도록 사회복지사가 돕는 것이다. 사회복지사는 인지적 재구성(cognitive restructuring), 행동수정(behavior modification), 바이오피드백(biofeedback), 안정요법(relaxation techniques) 등을 활용하여 클라이언트가 스트레스 상황을 긍정적이고 효율적으로 대처할 수 있도록 도울 수 있다.

둘째로 사회복지사는 클라이언트가 속해 있는 문화적 특징을 파악하여 한국과 그들의 모국 간의 스트레스에 대한 사회적 맥락의 차이를 구별할 수 있어야 한다. 앞서 살펴본 예시처럼 다문화가정에서 클라이언트가 느끼는 스트레스의 원인과 정도는 한국문화권에 익숙한 사람들과는 차이가 있을 수 있다. 스트레스가 일정 부분 사회적 맥락을 반영한다고 볼 때 사회복지사는 다양한 문화를 섬세하고 깊이 이해할 수 있는 능력이 요구된다.

 # 제3장 사회지원체계적 접근

한국사회에는 가족, 그룹, 지역사회, 국가 등 다양한 차원의 사회적 지원체계가 있다. 하지만 사회적 약자의 위치에 놓여 있고 여러 가지 욕구의 불충족으로 인해 어려움에 처해 있는 다문화가정에도 이러한 사회적 지원이 적절히 제공하고 있는지의 여부는 재점검되어야 한다. 이들에게 이용 가능한 자원에는 어떠한 것들이 있는지, 지역사회 내에서 이들이 이용할 수 있는 서비스는 효과적이고 충분한지 등에 대하여 심도 있는 고민과 성찰이 필요하다. 이에 본 장에서는 사회지원체계에 관련된 이론들을 소개하고 각 이론의 핵심과 다문화가정을 대상으로 한 사회복지 실천에 대하여 살펴보고자 한다.

1. 체계이론(Systems Theory)

1) 체계이론의 핵심 내용

체계이론은 인간과 환경 사이의 상호작용을 이해하는 데 있어 체계의 변화가 인간에게 미치는 영향에 대해 설명한다. 체계에 대한 이해는 인간 행동을 예측하고 분석하는 데 활용되며 체계 자체를 변화시키기 위한 방법으로도 사용될 수 있다. 체계이론에서 말하는 '체계'는 상호 의존적이고 상호작용하는 요소들의 배열이나 조합을 의미한다(Robbins, Chatterjee & Canda, 2006). 체계는 그것을 구성하는 하위 체계들로 구성되어 있고, 동시에 그 체계는 더 큰 체계의 일부가 된다. 이러한 이유로 부분의 변화는 전체 체계의 변화에 영향을 미칠 수 있다(Johnson & Rhodes, 2004). 체계이론 학자들은 지구상의 모든 만물이 하나의 체계로 이루어져 있으며 각 세부 체계들은 서로 연결되어 있고 상호작용을 통하여 영향을 주고받는다고 말한다.

1960년대에 생물학자 Bertalanffy에 의해 과학 커뮤니티에서 큰 관심을 가지게 된 체계이론은 이후 사회과학 영역에도 접목이 시도되고 생태체계모델(ecosystems model), 생물 − 심리 − 사회 모델(biopsychosocial model), 환경 속의 인간(person-in-environment models)과 같은 사회복지 실천의 여러 접근법의 발달에도 영향을 미치게 된다. 한 현상을 놓고 원인과 결과만을 분석하는 단편적인 시각에서 벗어나 세부 체계와 전체 체계에 대한 특징을 동시에 고려하기 시작하면서, 체계들이 각각의 독특한 특징을 가지더라도 모든 체계는 서로 연결되어 상호 간에 영향을 미친다는 것을 발견하게 된다. 이러한 체계이론은 실제 사회에서 발생하는 복잡한 문제들을 분석할 수 있는 도구로 발전되었다. 체계이론은 또한 인간과 환경이 어떻게 상호작용하는지에 대한 보다 폭넓은 관점을 제시해 주었다.

체계이론에서 강조하는 주요 핵심은 '전체는 부분의 총합 이상'이라는 점이다. 체계이론에서는 1+1=2라는 법칙이 적용되지 않고 체계 간의 상호작용 과정에서 시너지효과(synergy effect)를 통해 1+1>2의 효과를 얻을 수 있다고 말한다. 이를 사회 현상에 대입시켜 볼 때 사회는 각각의 체계들로 구성되어 있고 각 체계는 서로 긴밀히 연결되어 있으며, 한 체계의 작은 변화는 다른 체계의 큰 변화에 영향을 주거나 변화의 시발점을 만들어 낼 수 있다.

체계이론의 주요 개념을 살펴보면, 첫째로 체계의 외부와 내부를 구분하는 테두리인 경계(boundary)가 있다. 각 체계는 경계를 기준으로 분리가 되지만 때로는 서로 다른 체계 간의 공통된 경계로서 체계 간의 교류가 일어나는 공유영역(common area)도 존재할 수 있다. 체계에는 내·외부의 개념과 함께 상·하위 개념이 있다. 거시적으로 사회는 하나의 커다란 유기체로 볼 수 있지만 미시적으로는 개인, 가족, 단체, 지역사회, 기관 등 여러 가지 하위체계(subsystem)로 나누어 볼 수 있다. 반대로 사회가 여러 하위체계들로 구성되어 있다고 볼 때 사회는 그러한 하위체계들의 상위체계(suprasystem)가 된다. 체계의 특징을 구분 짓는 또 하나의 기준으로 개방성의 정도를 들 수 있다. 개방체계(open system)는 체계의 경계가 투과성을 가져 체계 간의 상호작용 및 교류가 일어나는 것이고 폐쇄체계(close system)는 다른 체계들과 단절되어 상호 간의 교류가 없이 자신의 경계 안에서만 작용하는 것을 의미한다.

〈표 2-1〉 체계이론의 주요 개념

개념	설명
체계 (System)	상호 의존적이고 상호작용하는 요소들의 배열이나 조합 예) 개인, 가족, 학교, 직장, 사회
상위체계 (Suprasystem)	한 체계를 포함하는 더 큰 단위의 체계로 하위체계에 기능적으로 영향을 미치는 체계 예) 개인<가족, 가족<지역사회, 지역사회<국가
하위체계 (Subsystem)	한 체계에 종속되는 하부체계로 상위체계의 구성 요소가 됨. 예) 개인<가족, 가족<지역사회, 지역사회<국가
경계 (Boundary)	체계의 외부와 내부 또는 한 체계와 다른 체계로 구분하는 테두리 예) 우리 가족↔다른 가족, 우리 학교↔타 학교

개방체계 (Open system)	경계가 투과성을 가져 체계 간의 상호작용 및 교류가 일어나는 체계 예) 사교적인 사람, 손님을 자주 초대하는 가족
폐쇄체계 (Close system)	다른 체계들과 단절되어 상호 간의 교류가 없이 자신의 경계 안에서만 작용하는 체계 예) 극도로 내성적인 사람, 손님을 초대하지 않는 가족
엔트로피 (Entropy)	폐쇄체계에서 투입(input)이 일정할 때 산출(output)이 감소하는 현상 예) 알코올중독자 치료를 위한 국가 지원금은 매년 동일하게 지출되지만 알코올중독 자들의 비율은 매년 증가함.
역엔트로피 (Negative entropy)	엔트로피의 반대개념. 체계가 성장 및 진보하는 방향으로 나아가는 과정 예) 알코올중독자가 알코올중독 자조모임에 참석하여 서로 간의 격려와 감시의 상호 작용을 통해 알코올중독에서 벗어나게 됨.
공유영역 (Common area)	서로 다른 체계 간의 공통된 경계로 체계 간의 교류가 일어나는 곳 예) A기업과 B기업이 제휴를 맺고 함께 공유하여 일하는 영역
투입 (Input)	체계로 유입된 가공 전의 자원 예) 전기회사로부터 전해져 온 전기
전환 (Throughput)	유입된 자원이 체계 내에서 이용될 수 있는 형태로 전환되는 과정 예) 전기를 원료로 온도 조절장치가 작동하여 히터를 켬.
산출 (Output)	전환을 통하여 만들어진 자원에 대한 결과물 예) 열
환류 (Feedback)	투입, 전환, 산출에 대한 평가를 통해 다음의 행동을 수정 및 보완하는 것 예) 온도가 다시 떨어지면 온도 조절장치가 히터를 작동시키기 위해 신호를 보냄.

폐쇄체계와 같이 체계 간의 상호작용이 감소하거나 투입(input)이 일정함에
도 불구하고 산출(output)이 감소하는 현상을 엔트로피(entropy)라 한다. 엔트
로피의 반대 개념으로 산출(output)이 증가하는 과정을 뜻하는 역엔트로피
(negative entropy)가 있다.

〈표 2-2〉 체계 유형과 에너지 교환

폐쇄체계		개방체계
높다	엔트로피	낮다
낮다	역엔트로피	높다
낮다	질서	높다
높다	혼란	낮다

출처: 「김유숙, 가족치료: 이론과 실제」, 1998, p.31.

마지막으로 각 체계는 투입(input) - 전환(throughput) - 산출(output) - 환류
(feedback)의 순환과정을 통해 역동적으로 변화해 간다. 자원이 체계로 투입

(input)되면 그 자원이 사용 가능한 형태로 전환(throughput)이 된다. 이 과정을 통하여 새로운 결과물인 산출(output)이 만들어지고 환류(feedback)를 통하여 각 단계에 대한 평가 및 개선 방안이 제시되며 이를 토대로 개선된 투입의 과정이 이루어진다.

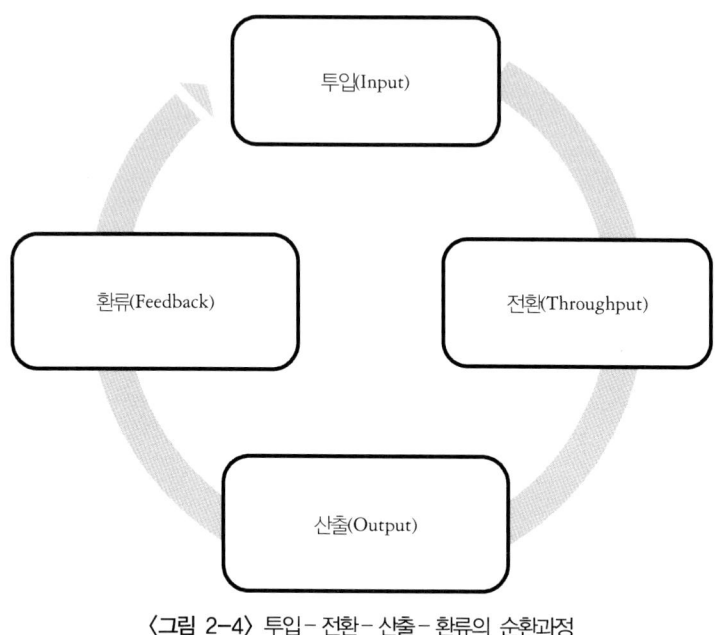

〈그림 2-4〉 투입-전환-산출-환류의 순환과정

2) 체계이론과 사회복지 실천

체계이론은 사회현상을 이해하는 데 보다 폭넓은 관점을 제공하므로 여러 분야 및 현장에서 두루 사용되고 있다. 특히 사회복지 실천영역에서도 체계이론의 총체적인 접근 방식을 인간행동에 접목시켜 사용해 오고 있다. 앞서 설명한대로 체계이론에서는 사회가 각각의 체계로 구성되어 있고 각 체계는 연결된 상·하위체계와의 상호작용을 통해 서로 영향을 주고받는다. 이러한 개념이 사회복지 실천에 적용될 때 사회복지사는 클라이언트를 하나의 체계로 보고 클라이언트 자체의 문제를 해결하려고 하기보다 그와 연결되어 있는 상·하위체계를 사정과 개입의 대상으로 함께 고려하게 된다. 이는 겉으로 드러난 클라이언트의 문제에 집중하기보다 문제가 발생하게 된 근본원인을 파악하고 해결하려는 노력이다. 표면상의 문제를 해결하였다 하더라도 문제의 근원이 해결되지 않으면 같은 문제가 재발하거나 문제가 더욱 악화될 가능성이 있기 때문이다. 또한 인간 행동의 문제에는 한 가지 원인만 존재하는 것이 아니라 상·하위체계 관계에서 발생하는 복합적인 원인이 영향을 미쳤을 가능성이 높다. 따라서 체계이론에 입각한 사회복지 실천은 클라이언트에게만 초점을 맞추기보다는 거시적 관점으로 클라이언트와 다른 체계 간의 상호작용을 함께 분석한다는 특징을 갖는다.

3) 체계이론과 다문화가정

체계이론은 다문화가정을 지원하는 사회복지사에게 유용한 도구가 될 수 있다. 체계이론은 다문화가정에 대한 사정 및 개입에 대한 폭넓은 시각을 제시함과 동시에 그들을 위한 사회지원체계를 분석하고 개선하는 데 사용될 수 있다. 체계이론에 의하면 다문화가정과 그 가정에 속해 있는 클라이언트는 한국사회라는 상위체계의 하위체계로서 존재한다. 그들은 국적을 떠나 한국사회를 구성하는 하나의 체계로서 역할을 한다. 그들 중 상당수는 가용한 사회적 자본을 충분히 누리지 못하고 사회적 지원의 테두리에서 소외되는 경우가 많은데, 이로 인해 발생하는 다문화가정의 문제는 예상외로 클 수 있다. 다문화가정의 문제는 이들이 속해 있는 친지, 학교, 지역사회에도 영향을 미치며 더 크게는 이러한 문제들이 모여 한국사회 전체에도 적지 않은 영향을 미칠 수 있다. 따라서 사회지원체계와 관련된 다문화가정의 이슈를 더 이상 사회의 외진 곳에서 일어나는 외국인들의 문제로 치부하지 않고, 한국사회의 심각한 문제로 여겨 해결책을 모색해야 할 필요가 있다.

다문화가정을 대상으로 하는 사회복지사는 체계이론의 개념과 활용 방안에 대하여 명확히 숙지하여 다문화가정과 사회지원체계 간의 관계를 파악하고 개선하는 데 이바지할 수 있다. 체계이론에 입각하여 사회복지사가 염두에 두어야 할 점은 다문화가정과 사회지원체계가 각각 개방체계가 되어 원활한 '투입-전환-산출-환류'의 순환이 이루어지게 함으로써 역엔트로피를 증가시켜야 한다는 것이다. 이때 주의해야 할 점은 체계 간의 경계가 여러 이유로 인해 굳어지고 결과적으로 폐쇄체계가 되어 서로 상호작용을 멈추게 되는 것이다. 사회지원체계와 다문화가정의 체계가 폐쇄체개가 되는 경우는 다음과 같다.

첫째, 결혼이민자의 경우에는 문화, 언어, 사회적 편견 등의 사회적 장벽 때문에 본인이 스스로 위축되어 외부와의 소통을 꺼려하고 폐쇄체계를 유지하는 경우가 있다. 한국사회에서 증가하고 있는 다문화가정은 대부분 개발도상국 결혼이민을 통하여 한국사회로 유입되어 온 경우가 많다. 이러한 상황에서 한국인과 결혼이민자 간의 지나온 생활환경의 차이가 '다름'이 아닌 '우열'의 차이로 인식된다면 결혼이민자는 열등의식과 한국 사회에 대한 부정적인 인식을 갖게 되어 스스로를 사회로부터 소외시키는 부작용을 초래할 수 있다. 결국 결혼이민자가 스스로 폐쇄체계를 만들어 외부와의 상호작용을 회피하고 사회적 지원의 사각지대로 자신을 몰아넣게 된다. 이렇게 한국사회에서 하나의 체계로서 역할을 하는 결혼이민자들이 자신의 경계를 열지 않고 다른 체계들과의 공유영역을 만들지 않을 때 엔트로피가 증가하고 가용한 에너지와 자원의 흐름(투입)이 제한된다.

결혼이민자들은 한국 토착인 클라이언트와는 다른 특징을 가질 수 있으며 클라이언트마다 출신국가, 자라온 가정환경, 문화적 배경 등에 따라 제각각 다른 사정과 접근이 요구된다. 사회복지사는 이에 대한 사전 이해를 가지고 결혼이민자들이 겪고 있는 심리·사회적 특징을 파악하고 어떠한 요소가 그들로 하여금 스스로 장벽을 치고 외부와의 소통을 막고 있는지에 대한 정확한 분석을 해야 한다. 이를 위해서 사회복지사는 그들이 가지고 있는 문제상황을 하부체계와 상부체계를 포함한 더 큰 틀에서 분석하여 문제의 원인을 파악하고 그에 맞춘 개입을 실시할 수 있다. 이러한 과정에서 폐쇄체계를 유지하는 다문화가정은 자신의 경계를 열어 개방체계로 변화하고 사회적 지원체계를 통한 사회적 자본의 적절한 '투입'으로 인하여 문제 해결의 과정을 시작할 수 있다.

클라이언트 스스로 폐쇄체계를 만드는 첫 번째 경우와는 반대로, 결혼이민자 자변의 사회적 지원체계가 자원을 제공하지 않고 폐쇄체계를 만들어 역엔트로피가 증가하게 되는 경우가 있다. 결혼이민자가 여러 가지 사회적 장벽을 극복하려고 노력하고 스스로의 경계를 열어 개방체계를 유지한다 하더라도 사회지원체계가 폐쇄체계를 유지한다면 결혼이민자는 여전히 사회적 지원의 사각지대에 놓이게 된다. 원인은 다르지만 이 경우에도 마찬가지로 다문화가족은 사회적 지원체계로부터 점점 멀어지게 되며 결국 한국 사회에서도 도태될 가능성이 높다. 상부체계가 폐쇄체계를 유지하여 그들의 자원이 하부체계로 적절히 유입되지 않는다면 상·하부체계 간의 격차는 계속되고, 그로 인해 발생하는 문제는 사회적으로도 부정적인 파장을 일으키게 된다.

앞서 언급했듯이 체계이론의 핵심은 '전체는 부분의 총합 그 이상'이라는 점이다. 이는 긍정적인 의미와 부정적인 의미로 모두 해석될 수 있다. 먼저 부정적인 의미로는 폐쇄체계를 유지하며 변하지 않는 사회지원체계로 인해 도움의 손길이 필요한 다문화가정에 문제가 발생할 수 있고 이러한 다문화가정의 문제들이 모여 예상치 못한 큰 사회적 문제를 야기할 수 있다는 점이다. 긍정적인 의미로는 사회지원체계의 건설적인 작은 변화가 다문화가정에게는 큰 변화의 출발점이 될 수도 있음을 뜻한다. 자원은 한정되어 있고 다문화가정의 욕구는 지속적이기 때문에 그들의 필요를 면밀히 파악하여 자원을 효율적으로 투입한다면, 이러한 지원을 통하여 다문화가정은 큰 산출을 만들어

낼 수 있게 된다.

　이제 한국사회는 다문화가정과의 공유영역을 확대하여 서로 간의 교류가
활발히 일어나도록 하는 한편, 폐쇄체계를 적절한 수준의 개방체계로 전환하
여 사회적 자원이 원활하게 유통되도록 체제의 전환을 시도할 필요가 있다.
또한 다문화가족에게 활용될 수 있는 여러 사회적 자원들을 이용하여(투입)
다문화가족의 복지 향상을 위하여 사용될 수 있는 형태로 전환하는 과정을
거쳐 그들의 문제들을 해결(산출)하고 이러한 과정을 계속해서 개선해 나가는
작업이 필요하다(환류).

2. 사회적 자본이론(Social Capital Theory)

1) 사회적 자본이론의 핵심 내용

　초고속 성장의 사회에 접어들면서 사회적 성장 기반에 대한 연구와 함께
사회적 자본에 대한 관심이 증가되고 있다. 다문화가정에 있어서도 사회적
자본의 필요성이 중요하게 대두되고 있는데 이는 사회적 약자로서 그들에게
더 많은 사회적 자본이 필요함에도 불구하고 오히려 자본으로의 접근이 용이
하지 않기 때문이다. 사회적 자본이라는 개념은 하나로 정의 내려지기 힘들고
역사적으로 학자들마다 조금씩 다르게 해석을 해왔다. 사회적 자본의 개념에
대한 통합이 이루어지지 않는 이유는 첫째로 개념 자체가 광범위하기 때문이
고, 둘째로 사회적 자본을 바라보는 관점의 차이가 있기 때문이다.

　일반적으로 자본은 개인이나 집단이 자신의 목표를 달성하는 데 동원할
수 있는 물질이나 노동력, 기술 따위를 일컫는 데 비해 사회적 자본은 기존의
인적·물적·문화적 자본에 대응되는 개념으로 사회경제적 교류 및 교환 활

동을 통해 형성되는 사회 관계적 지원망을 의미한다. 이러한 사회적 자본은 인적・물적 자원과는 다르게 가시적이지 않지만 새롭게 부각되고 있는 자본의 한 형태로 사회 발전의 중요한 원동력으로 인식되고 있다(Bourdieu, 1986; Burt, 1992; Coleman, 1988; Putnam, 1993; Fukuyama, 2001).

사회적 자본은 전통적 의미의 자본인 경제자본, 인적자본, 문화자본 개념을 확대시킨 개념으로 기존 자본의 개념과는 구별되는 다섯 가지 특징을 갖는다 (유석춘・장미혜, 2002).

① 사회적 자본은 개인들이 개별적으로 보유하는 자본이 아니라 인적 네트워크 속에 내재하는 자본이다.

② 경제자본이나 인적자본 혹은 문화자본은 자본의 소유자에게 이익이 배타적으로 돌아가지만 사회적 자본은 이익이 공유되는 특성을 보인다.

③ 사회적 자본은 소유자가 특별한 노력을 기울이지 않아도 그것을 지속적으로 보유할 수 있는 다른 형태의 자본과는 달리 보유 및 유지를 위해서 지속적인 노력이 필요하다.

④ 사회적 자본을 매개로 한 사회적 교환관계는 다른 경제적 거래처럼 동등한 가치를 지닌 등가물의 교환이 아니다.

⑤ 경제자본의 교환은 시간적으로 볼 때 동시에 이루어지는 반면, 사회적 자본의 교환은 이러한 동시성을 전제로 하지 않는다. 이는 경제자본이 교환되는 시장에서의 경제적 교환과 사회적 교환에 적용되는 개인의 동기가 서로 다르기 때문이다.

<표 2-3> 경제자본, 인적자본, 문화자본과 사회적 자본의 비교

	경제자본	인적자본	문화자본	사회적 자본
이론적 의의	화폐가 아닌 생산 수단의 형태로 존재하는 자본	자본가에게 의해서만 배타적으로 소유될 수 있는 자본에 대한 개념 수정	경제적 자본과 문화적 자본의 불일치	개인이 아닌 사회적 관계 속에서 파생되는 자본
자본의 소유자	개인(자본가)	개인(노동자)	가족 전체 또는 가족의 개별 구성원	집단(사회집단)
자본 소유자에게 주는 이익	타인의 노동력에 근거한 경제적 이익	노동시장에서의 협상력 증대, 높은 임금	다른 계급과의 구별 짓기와 계급의 문화적 재생산	정보의 획득, 사회적 연대와 결속의 창출
자본의 존재 형태	물질적 대상(토지 및 기계)와 같은 생산 수단	교육 및 직무훈련을 통해 개별 노동자에게 체화된 기술과 지식	가족구성원들에 의해 공유되는 문화적 취향	개별 행위자가 아닌 사회적 관계 속에서 존재하는 신뢰와 결속 관계
연구의 핵심	자본가와 노동자 사이의 관계	교육과정과 임금 사이의 연관성	문화자본을 통한 세대 간 계급 재생산	개인 혹은 집단 사이의 관계 유형
분석 수준	구조(계급)	개인	가족	개인/집단

출처: 유석춘·장미혜, 「사회적 자본과 한국사회」, 2002.

2) 사회적 자본이론과 사회복지실천

사회적 자본이론은 자본이 사회적 관계 속에 존재한다는 새로운 관점을 제시하며 한국사회의 제한된 자원에 대한 돌파구의 가능성을 제시해 준다. 사회복지 실천영역에서도 사회복지사들이 제한된 자원과 클라이언트의 욕구 사이의 줄다리기에서 고민해 왔다면, 클라이언트가 사회적 자본을 효율적으로 획득하고 활용할 수 있도록 도움으로써 그들의 욕구 해결에 더 효율적으로 이바지할 수 있다. 경제, 문화, 인적자본의 경우에는 사회복지사나 클라이언트가 획득할 수 있는 자본의 크기가 다소 한정적일 수 있다. 하지만 사회적 자본은 사회적 네트워크를 통해 파생되는 자본이기 때문에 그 규모가 방대하다. 이러한 측면에서 이미 거대한 규모의 사회적 네트워크가 형성되어 있는 한국사회는 잠재적인 사회자본의 이용 가능성 또한 크다고 볼 수 있다. 사회복지사는 이러한 사회적 자본의 특징과 흐름을 면밀히 파악하여 클라이언트로 하여금 사회적 관계망에 진입할 수 있도록 돕고, 사회적 자본을 찾아 충분히 누리고 활용할 수 있도록 지원할 필요가 있다.

3) 사회적 자본이론과 다문화가정

한국사회로의 정착 과정에 있는 이주민에게 있어서 가장 필요하지만 부족한 것 중에 하나는 자원과 서비스에 대한 접근성이다. 새로운 생활환경에 직면하게 된 그들은 넓게는 한국사회 내에서, 좁게는 그들의 거주하고 있는 지역사회 내에서 이용할 수 있는 서비스나 자원에 대한 정보가 충분하지 못한 경우가 많다. 사회적 자원은 그들이 단순히 이용할 수 있는 서비스의 의미를 넘어서 한국사회에 보다 쉽게 적응하고 정착 과정에서의 마찰을 줄일 수 있는 큰 자원이 된다는 점에서 결혼이민자들에게 의미하는 바가 크다. 하지만 현재까지 한국사회에서 사회적 자본이론을 다문화가정복지와 접목시키려는 시도나 이 이론을 이용한 실질적인 서비스의 개발은 이루어지지 않고 있다.

한 개인이 소유한 사회적 자본의 양은 그가 실제적으로 이용할 수 있는 네트워크의 크기와 그 네트워크에 연결되어 있는 사람들이 소유하고 있는 경제적·인적·문화적 자본의 양과 질에 의해 결정된다(Bourdieu, 1986). 개인이 속해 있는 네트워크가 크면 클수록 개인이 잠재적으로 이용할 수 있는 사회적 자본의 크기와 범위 또한 커지고, 네트워크의 구성이 견고하고 양질의 자원이 원활히 공유될수록 이용 가능한 사회적 자본의 질도 향상될 수 있다. 한국에 거주 중인 상당수의 결혼이민자들은 대체로 많은 사회적 자본을 가지고 있지 못하다. 하지만 사회적 자본이 소유물의 개념이 아니고 사람과 사람 사이에 내재해 있는 무형의 자본이라고 볼 때 그들이 현재 가시적 자본을 많이 보유하지 못하고 있다는 사실은 큰 문제가 되지 않을 수 있다. 오히려 더 심각한 문제는 그들이 한국에서 폭넓고 안정적인 인적 네트워크 기반을 확보하지 못하고 있다는 점이다. 사회복지사는 먼저 사회적 자본의 특징과 이주민들의 상황적 특성을 이해하고 그들이 사회적 네트워크에 동참할 수 있도록 지원하여 풍족한 사회적 자본을 이용할 수 있도록 도와야 한다.

일반적으로 경제자본과 인적자본은 자본에 대한 소유권이 개인에게 배타적으로 주어지는 개인적 차원의 자원에 해당한다. 하지만 문화자본과 사회적 자본은 자본의 소유권이 개인에게 국한되지 않고 가족, 집단, 지역사회 등 그 범위가 넓다는 것이 특징이다. 이러한 특징은 자본을 획득하는 과정이 경쟁 구도의 양상을 띠는지 혹은 협력 구도를 형성하는지를 결정짓는 중요한 기준이 된다. 사회적 자본은 나누어 갖는다고 해서 그 양이 줄어들지 않는다. 오히려 자본이 네트워크 내에서 지속적으로 순환하면서 새로운 공급이 첨가되어 또 다른 자원이 만들어지고 기존의 자원은 수정과 발전을 거듭할 수 있게 된다(Putnam, 1993).

결혼이민자들이 한국사회의 치열한 경쟁 구도 내에서 스스로 살아남는 데에는 많은 어려움이 따른다. 이들은 경제적인 면에서 현상 유지를 하는 것만으로도 버거운 일일 수 있으며 사회적 지위를 확보하거나 안정적인 생활을 위해서 넘어서야 할 많은 사회적 장벽들에 부딪치게 된다. 이러한 현상은 또한 자식들에게 대물림이 될 여지가 있다. 사회복지사는 결혼이민자들에게 경쟁적인 사회구조 안에서 살아남는 방법을 정착 초기부터 교육하는 데 집중하기보다 비경쟁적이고 가용한 자원을 사용할 수 있는 방법을 먼저 가르쳐 주는 데 노력을 기울어야 한다. 따라서 한글학교, 문화교실, 직업교육 등의 한국사회 내에서 자립할 수 있는 사회적 기술을 교육하는 한편 경쟁 없이 공유 가능한 사회적 자본을 연결해 주어 이들의 한국사회로의 정착을 효율적으로 도울 수 있다.

사회적 자본은 다른 형태와는 달리 자원의 보유 상태를 유지하기 위해서 지속적인 노력이 필요하다. 물질적 자본은 유형의 자본이지만 사회적 자본은 신뢰나 네트워크와 같은 무형의 비가시적인 자원이므로 지속적인 교환관계를 통해 자본을 유지해 가야 한다(Segageldin & Grootaert, 2000). 또한 화폐나 물질, 체득된 기술 또는 지식은 한번 소유하면 특별한 변동사항이 있지 않는 이상 계속해서 유지되고 사라지지 않는 자원인 반면, 사회적 자본은 물질적 자본과 달리 사용하지 않으면 소멸되는 자원에 해당된다(Putnam, 1993). 예를 들어 학업 성취도를 결정짓는 요인 중 하나인 가정배경은 경제자본, 문화자본, 인적자본, 사회적 자본 등으로 세분화될 수 있다. 이 중에서 부모의 경제적 지원 능력은 경제자본에 해당하고 가정에서 형성된 취향이나 심미적 태도는 문화자본에 속하며 부모의 지적 능력 또는 교육 수준은 인적자본에 해당한다. 이 세 가지 자원은 특별한 노력이 없이도 유지 가능한 특성을 지니지만 사회적 자본으로 표현될 수 있는 부모와 자녀 사이의 상호 신뢰와 유대감은 유지와 발전을 위해 노력이 필요하다.

〈표 2-4〉 학업 성취에 영향을 미치는 자본 비교

	경제자본	문화자본	인적자본	사회적 자본
가정배경	부모의 경제적 지원 능력	가정에서 형성된 취향이나 심미적 태도	부모의 지적 능력 또는 교육 수준	부모와 자녀 사이의 상호 신뢰와 유대감
자원의 지속적 보유 가능성	특별한 변동사항이 발생하지 않으면 유지 가능	유지 가능	유지 가능	방치해 두고 계속해서 유지 및 발전시키려는 노력이 따르지 않으면 감소 또는 소멸됨.

사회복지사는 결혼이민자들을 사회적 네트워크에 참여하도록 도울 뿐 아니라 그들이 네트워크 내에서 타인들과 신뢰와 유대관계를 형성하고 지속적으로 관계를 유지해 나갈 수 있도록 지원해야 한다. 사회적 자본은 사회적 네트워크로부터 형성되는데, 사회적 네트워크는 결국 사람과 사람 간의 만남, 즉 인간관계적인 측면에 깊이 관계되어 있다. 유동적인 사회적 네트워크에 들어서게 된 결혼이민자들은 적극적으로 교환관계에 참여함으로써 사회적 자본을 지속적으로 보유할 수 있게 된다.

사회적 자본의 순환은 네트워크 구성원 간의 자본 교환에 의해 발생하는데 사회적 자본의 교환은 다른 경제적 자본의 거래처럼 동등한 가치를 지닌 1:1의 교환이 아니다. 시장경제 체제 내에서는 소비자가 생산자로부터 어떠한 물건을 구매할 때 그 물건의 가치와 동등한 비용을 지불하고 그 대가로 물건을 받으므로 동등한 가치의 거래가 이루어진다. 하지만 사회적 자본의 교환은 등가물의 거래가 아닌 비대칭적인 자본 교환의 특성을 보인다. 비대칭적이라는 것은 두 가지 의미를 담고 있는데 하나는 가치의 측면이고 다른 하나는 수요자와 공급자의 비율상의 측면이다. 경제적 관점에서 볼 때 상대방이 나에게 일정 가치에 해당하는 자원을 주면 나도 동등한 가치의 자원을 대가로 제공하는 것을 '동등한 거래'의 개념으로 여긴다. 하지만 사회적 자본은 거래와는 다르게 네트워크 내의 여러 가지 자본의 흐름 속에서 특정 수요자의 욕구가 발생하면 그 욕구 충족에 필요한 자원이 즉각적인 보상 없이 투입되고 또다시 자본의 흐름은 계속된다. 욕구가 충족된 수요자는 필요시에 공급자가 되어 자신의 자원을 다른 수요자에게 전달할 수 있게 되기도 한다. 이러한 사회적 자본의 특징은 동등한 가치의 거래가 아닌 자원의 순환성 차원에서 이해될 수 있다. 결혼이민자들에게 개입하는 사회복지사에게 있어서 일방적으로 그들을 도울 수 있는 후원자를 찾는 것은 쉽지 않은 일이다. 또한 '거래'의 개념으로 본다면 초기 정착과정에 있는 결혼이민자들은 일방적으로 공급을 받는 수요자에 한정될 가능성이 높다. 사회복지사는 결혼이민자들로 하여금 수동적이고 일방적인 수요자가 되도록 방치하지 않고 그들이 사회적 자본의 흐름 속에서 필요한 자원을 적절히 찾아 지원을 받되, 동시에 그들이 가지고 있는 자원을 네트워크에 환원할 수 있는 방안도 모색하도록 도와주어야 한다. 그것이 사회적 자본의 지속적 순환을 가능케 하며 장기적으로 결혼이민자들에게도 더 많은 자원을 확보할 수 있는 계기가 될 수 있다. 다문화가정이 증가하고 있는 사회적 흐름을 능동적으로 받아들여 그들을 한국사회의 당당한 일원으로 인정하고 이들의 문화와 역사를 존중하는 사회 분위기를 만드는 한편, 그들의 잠재적 역량을 지역사회의 발전에 기여할 수 있도록 도와 새로운 사회적 자본을 만들어 내는 시도가 필요하다.

사회적 자본의 비대칭적인 두 번째 특징으로 수요자와 공급자 간의 비율상의 비대칭을 들 수 있다. 사회적 자본의 순환은 개인과 개인의 1:1 자본 교환 차원을 넘어서 가족과 개인, 집단과 개인, 집단과 가족, 지역사회와 개인 등과 같이 수요자와 공급자 간의 비율이 유동적이다. 이러한 유연성은 품앗이와 같이 지역주민들이 한데 힘을 모아 서로의 가정을 돌보았던 예에서도 발견할 수 있다. 사회복지사가 다문화가정 클라이언트가 필요로 하는 모든 자원을 제공하여 주는 것은 불가능하다. 클라이언트에게 후원자를 연결해 준다고 해도 1:1의 지원은 후원자로 하여금 적지 않은 부담감을 줄 수 있다. 하지만 다수:1의 지원은 후원자의 부담감을 크게 줄이고 효율성은 높임으로써 결혼이민자나 다문화가정을 돌볼 수 있는 효율적인 사회적 지원 방향이 될 수 있다. 한 예로 트위터와 관련된 일화를 들 수 있다. 얼마 전 한 유명 연예인이 난치병에 걸려 수혈이 급하게 필요한 한 아이의 긴급한 상황을 트위터에 올리자 몇 시간 만에 그의 팔로워(follower)인 수백 명의 사람들이 자원헌혈을 하기 위해 아이가 입원해 있는 병원으로 몰려드는 일이 있었다. 환자 아이의 어머니가 말하길 아무리 광고를 하고 부탁을 해도 찾아오지 않던 사람들이 트위터에 올라온 글 하나를 보고 이름도 모르는 아이에게 자신의 피를 나누어 주려고 몇 시간 안에 이렇게 많은 사람들이 몰려올 줄은 상상치도 못했다고 한다. 이러한 현상에서 눈여겨보아야 할 점에는 크게 두 가지가 있다. 첫째는 인터넷이라는 사회적 자본의 중요성과 영향력이다. 인터넷 네트워크의 확장성에는 제한이 없다. 인터넷은 시공간을 초월하고 실시간으로 이용 가능한 매체이다. 이러한 인터넷의 사회적 자본으로의 활용 가능성을 정확히 이해하고 효율적으로 활용하고 개발하는 것이 현대 사회복지사의 중요한 역할 중 하나일 것이다. 둘째는 다수:1의 지원이라는 관점에서 볼 때 공급자는 큰 부담이 없는 원조를 제공하게 되지만 수혜자 입장에서는 여러 공급자들의 지원이 합쳐져 엄청난 규모의 도움이 될 수 있다는 점이다. 오프라인과 비교했을 때 온라인상에는 비교할 수 없을 정도의 대규모 네트워크가 형성될 수 있기 때문에 동기부여와 콘텐츠 개발이 뒷받침된다면 이러한 네트워크를 활용하여 다문화가정을 지원하는 데 십시일반의 효과를 거둘 수 있다.

마지막으로 사회복지사는 사회적 자원을 활용하기 위해 호혜성에 대해 깊은 이해가 필요하다. 호혜성(reciprocity)은 한정적 호혜성(specific reciprocity)과 포괄적 호혜성(generalized reciprocity)으로 나누어 볼 수 있다(Putnam 1993). 한정적 호혜성은 동등한 가치를 가지고 있는 아이템의 동시적 교환을 뜻하고 (예: 회사 동료들끼리 명절에 선물을 주고받는 것) 포괄적 호혜성은 일방적이고 불균형적인 교환의 지속적인 관계를 뜻한다(Putnam, 1993). 각 개인의 포괄적 호혜성은 보통 단기적인 애타주의와 장기적인 자기욕구 추구의 조합으로 특징지어진다(Das, 2004). 사회적 자본은 경제적 교환방식과 달리 자원의 교환이 동시적으로 이루어지지 않을 수 있다. 이것은 자원을 제공하는 개인, 기관, 혹은 정부의 동기의 차이에서 발생하는데 이기적인 동기와 이타적인 동기가 상황에 따라 각기 다르게 작용하기 때문이다. 앞서 트위터 케이스에서 살펴본 것처럼 친분이 없는 아이를 위해 직접 찾아와 헌혈을 했던 사람들은 이타적 동기가 강하게 작용하여 즉각적인 대가를 바라지 않고 선행을 베푼 것이다. 다문화가정을 지원하는 사회복지사는 위의 예시처럼 사람들의 이타성을 이끌어 낼 수 있는 매체와 방법을 개발하여 보다 효과적인 서비스를 제공하는 일에 중점을 두어야 한다.

참고문헌

김유숙(1998). 『가족치료: 이론과 실제』. 서울: 학지사.

남궁곤, 유은경(2010). 「헌팅턴의 '미국 히스패닉 앰퍼샌드 정체성과 동화주의 명제'에 대한 실증적 비판」. 담론 201. 13(3). 107~137.

민경희(2008). 「미국 이민의 역사 이론과 실제: 미국 이민자들의 적응과 동화」. 충북: 개신.

양옥경 외(2002). 『사회복지실천론』. 나남출판.

유석춘, 장미혜(2002). 「사회적 자본과 한국사회」. 사회발전연구 8.

윤혜영(2009). 「국제결혼 이주여성의 생활만족도와 문화변용」. 신라대학교 사회복지학과 석사학위 논문.

Berry, J. W. (1980). Acculturation as varieties of adaptation. In A. Padilla (Eds.), *Acculturation: Theories, models and findings* (p.9~25). Boulder, CO: Westview.

_____. (1990). Psychology of acculturation. In J. Berman (Ed.), *Nebraska symposium on motivation, 1989: Cross-cultural perspectives* (pp.201~234). Lincoln, NE: Nebraska University Press.

_____. (1991). Managing the process of acculturation for problem prevention: In mental health service for refugees. *U. S. Department of Health and Human Services*. NIMH.

_____. (1991). Understanding and managing Multiculturalism: Some possible implications of research in Canada. *Psychology and Development, 3*, 17~49.

_____. (1997). Immigration, acculturation, and adaptation. *Applied Psychology, 46*, 5~68.

_____. (1998). Acculturation and health. In S. S. Kazarian & D. R. Evans (Eds.), *Cultural clinical psychology: Theory, research and practice* (pp.39~57). New York, NY: Oxford University Press.

_____. (2001). A psychology of immigration. *Journal of Social Issues, 57*, 615~631.

_____. (2003). *Conceptual approaches to acculturation, acculturation: Advances in theory, measurement, and applied research*, Washington, DC: American Psychological Association.

_____. (2005). Acculturation: Living successfully in two cultures. *International Journal of Intercultural Relations, 29*(2005), 697~712.

Bochner, S. (Ed.). (1982). *Culture in contact*. Elmsford, NY: Pergamon.

Bolger, N. (1990). Coping as a personality process: A prospective study. *Journal of Personality and Social Psychology, 59*, 525~537.

Borden, W., & Clark, J. J. (2012). Contemporary psychodynamic theory, research, and practice: Implications for evidence-based intervention. In T. L. Rzepnicki, S. G. McCracken, H. E. Briggs, T. L. Rzepnicki, S. G. McCracken, H. E. Briggs (Eds.) *Fromtask-centeredsocialworktoevidence-basedandintegrativepractice:Reflectionsonhistoryandimplement ation*(pp.65-87). Chicago, ILUS: LyceumBooks.

Bourdieu, P. (1986). The forms of capital. In J. Richardson (Eds.), *Handbook of theory and research for the sociology of education*(pp.241~258). New York: Greenwood.

Bucher, R. & Stelling J. G. (1977). *Becoming Professional*, Sage, Beverly Hills, CA.

Burt, R. S. (1992). *Structural holes*: The social structure of competition. Cambridge: Harvard University Press.

Colby, B. N. (1987). Well-being: A theoretical program. *American Anthropologist, 89*, 879~895.

Coleman, J. (1988). Social capital in the creation of human capital. *American Journal of Sociology, 94*, 94~121.

Colic-Peisker, V., & Walker, I. (2003). Human capital, acculturation, and social identity: Bosnian refugees in Australia. *Journal of Community and Applied Social Psychology, 13*, 337~360.

Cuellar, I., & Roberts, R. E. (1997). Relations of depression, acculturation, and socioeconomic. *Hispanic Journal Of Behavioral Sciences, 19*(2), 230.

Das, R. J. (2004). Social capital and poverty of the wage-labour class: Problems with the social capital theory. *Transactions of the Institute of British Geographers, 29*(1), 27~45.

Dow, H. D., & Woolley, S. R. (2010). Mental health perceptions and coping strategies of Albanian immigrants and their families. *Journal of Marital and Family Therapy*. doi: 10.1111/j.1752-0606.2010.00199.x

Eysenck, H. J. (1988). Personality and stress as causal factors in cancer and coronary heart disease. In M. P. Jaisse (Eds.), *Individual differences, stress, and health psychology*. New York: Springer-Verlag.

Fitzgerald, N. (2010). Acculturation, socioeconomic status, and health among Hispanics. NAPA Bulletin, 34(1), 28~46. doi:10.1111/j.1556-4797.2010.01050.x

Folkman, S. & Lazarus, R. S. (1988). *Ways of coping questionnaire research edition*. Palo Alto, CA: Consulting Psychologists Press.

Friedman, L. C., Nelson, D. V., Baer, P. E., Lane, M., Smith, F. E., & Dworthkin, R. J. (1992). The relationship of dispositional optimism, daily life stress, and domestic environment ot coping methods used by cancer patients. *Journal of Behavioral Medicine, 15,* 127~141.

Fukuyama, F. (2001). Social capital, civil society, and development. *Third World Quarterly, 22*(1), 7~20.

Gim, R. H., Atkinson, D. R., & Kim, S. J. (1991). Asian-American acculturation, counselor ethnicity, cultural sensitivity, and ratings of counselors. *Journal of Counseling Psychology, 38*(1), 57~62.

Glass, M. H., & Bieber, S. L. (1997). The effects of acculturative stress on incarcerated Alaska native and non-native men. *Cultural Diversity and Mental Health, 3,* 175~191.

Gordon, M. M. (1966). *Assimilation in American life: The role of race, religion, and national origins* (6th edition), New York: Oxford. University Press.

Gudykunst, W. B., & Hammer, M. R. (1988). *Strangers and hosts: An extension of* uncertainty reduction theory to intercultural adaptation. In Y. Y. Kim & W. B. Gudykunst (Eds.), *Cross-cultural adaptation* (pp.106~139). Newbury Park, CA: Sage.

Güngör, D., & Bornstein, M. (2009). Gender, Development, Values, Adaptation, and Discrimination in Acculturating Adolescents: The Case of Turk Heritage Youth Born and Living in Belgium. *Sex Roles, 60*(7/8), 537~548. doi:10.1007/s11199-008-9531-2

Heim, E., Augustiny, K., Schaffner, L., & Valach, L.(1993). Coping with breast cancer over time and situation. *Journal of Psychosomatic Research, 37,* 523~542.

Hovey, J. D., & King, C. A. (1996). Acculturative stress, depression, and suicidal ideation among immigrant and second generation Latino adolescents. *Journal of the American Academy of Child and Adolescent Psychiatry, 35,* 1183~1192.

Johnson, M. M., & Rhodes, R. (2004). *Human behavior and the larger social environment: A new synthesis.* Boston: Ally and Bacon.

Khan, L., Sobal, J., & Martorell, R. (1997). Acculturation, socioeconomic status, and obesity in Mexican Americans, Cuban Americans, and Puerto Ricans. *International Journal Of Obesity & Related Metabolic Disorders, 21*(2), 91.

Kim, Y. Y. (1977). Communication patterns of foreign immigrants in the process of acculturation. *Human Communication Research, 4,* 66~77.

Kobasa, S.(1979). Stressful life events, personality and health: An inquiry into hardiness. *Journal of Personality and Social Psychology, 37,* 1~11.

Lazarus, R. S., & Folkman, S. (1984). *Stress, appraisal, and coping.* New York: Springer.

Long, B. C., & Sangster, J. (1993). Dispositional optimism/pessimism and coping strategies: Predictions of psychosocial adjustment of Rheumatoid and Osteoarthritis patients. *Journal of Applied Social Psychology, 23,* 1069~1091.

Mechanic, D. (1978). *Students under stress: A study in the social psychology of adaptation.* Madison: University of Wisconsin Press.

Myers, R., Chou, C. -P., Sussman, S., Baezconde-Garbanati, L., Pachon, H., & Valente, T. W.

(2009). Acculturation and substance use: Social influence as a mediator among Hispanic alternative high school youth. *Journal of Health and Social Behavior, 50*, 164~179.

Negy, C., & Woods, D. J. (1992). A note on the relationship between acculturation and socioeconomic status. *Hispanic Journal of Behavioral Sciences, 14*, 248~251.

Nwadiora, E., & McAdoo, H. (1996). Acculturative stress among Amerasian refugees: Gender and racial differences. *Adolescence, 3*, 477~487.

Parker, S. J. & Barrett, D. E. (1992). Maternal Type A behavior during pregnancy, neonatal crying, and early infant temperament: Do Type A women have Type A babies? *Pediatrics, 89*, 474~479.

Payne, M. (1997). *Modernsocialworktheory*. Chicago, IL: Lyceum.

Porter, J. (1965). *Vertical Mosaic: An analysis of social class and power in Canada (Studies in the structure of power: Decision-making in Canada)*, Toronto, Canada: University of Toronto Press.

Putnam, R. (1993). The prosperous community: Social capital and public life. *The American Prospect, 13*, 35~42.

Rahe, R. H., Herrig, L., & Rosenman, R. H. (1978). Heritability of Type A behavior. *Psychosomatic Medicine, 40*, 478~486.

Robbins, S. P., Chatterjee, P., & Canda, E. R. (2006). *Contemporary human behavior theory: A critical perspective for social work*. Boston: Ally and Bacon.

Sam, D. L. & Berry, J. W. (2010). Acculturation: When individuals and groups of different cultural backgrounds meet. *Perspentives on Psychological Science, 5*(4), 472~481.

Segageldin, I. & Grootaert, C. (2000). Defining social capital: An integrating view. In P. Dasgupta & I. Seragedin (Eds.), *Social capital: A multifaceted perspective*(pp.40~58). Washington, D.C.: The World Bank.

Swartz, L., Elk, R., & Teggin, A. F. (1983). Life events in Xhosas in Cape Town. *Journal of Psychosomatic Research, 27*, 223~232.

Trimble, J. E. (1989). Multilinearity of acculturation: Person-situation interactions. In D. M. Keats, D. Munro, & L. Mann (Eds.), *Heterogeneity in cross-cultural psychology* (pp.173~186). Amsterdam: Swets & Zeitlinger.

Ward, C. & Kennedy, A. (1999). The measurement of sociocultural adaptation. *International Journal of Intercultural Relations, 23*(4), 659~677.

03

통합적 사회복지 접근:
Multi-CMS

[다중문화적(Multicultural)/
다중정신보건적(Multimodal)/
다중사회지원체계적(Multisystems)
접근]

 제1장 Multi-CMS에 대한
일반적 고찰

1. Multi-CMS란 무엇인가?

Multi-CMS는 정신보건 전문가들이 클라이언트를 정확히 사정하고 다양한 인종·문화·언어적 배경을 지닌 클라이언트에게 보다 효과적으로 개입할 수 있도록 돕기 위하여 1993년에 Goupaul-McNicol에 의해 개발된 통합적 접근법이다(Goupaul-McNicol, 1997). Multi-CMS는 클라이언트를 대하는 세 가지 접근의 관점(다중문화적 Multi-Cultural, 다중정신보건적 Multi-Modal, 다중사회지원체계적 접근법 Multi-Systems approach)을 통합한 복합어이다. 다문화가정 클라이언트를 대하는 사회복지사에게 문화, 정신보건, 사회지원체계의 각각의 관점도 중요한 요소이지만 이 세 가지 관점이 통합되어 하나의 체계적인 틀 안에서 작용할 때 그것이 의미하는 바는 각각의 관점이 주는 개별적인 가치의 합보다 크다.

먼저 다중문화적 접근법은 클라이언트가 성장해 온 문화적 배경을 이해하고 그것을 사정과 개입에 반영하는 것이다. 클라이언트를 온전히 이해하기 위해서는 문화적 요소를 빼놓을 수 없는데 이러한 문화에는 국가, 언어, 예절,

풍습, 사회적 분위기 등이 포함될 수 있다. 다중정신보건적 접근법은 각 개인이 자신만의 방식으로 느끼고 생각하고 행동하고 상호작용하는 생물학적인 존재라는 것을 전제한다. 이렇게 다양하고 독특한 개인의 특징(modalities)들은 획일적인 틀에 의해 분석될 수 없고 각 개인별로 정신보건적인 접근을 통해 개별적으로 다루어져야 한다. 다중사회지원체계적 접근법은 클라이언트로 하여금 사회 내에 존재하는 가용자원을 활용할 수 있도록 연결해 주는 것이다. 제한된 자원 내에서 사회복지사가 클라이언트에게 지원해 줄 수 있는 자원의 범위에는 한계가 있다. 따라서 클라이언트가 더 많은 사회적 자원에 접근할 수 있도록 사회복지사가 돕는 과정이 필요하다. 문화, 정신보건, 사회지원체계적 접근법은 개별적으로도 사용될 수 있다. 하지만 이 세 가지 접근법이 하나로 통합되어 사용된다면 시너지효과(synergy effect)를 내어 클라이언트의 문제상황을 보다 효율적으로 분석하고 개입할 수 있게 된다.

2. Multi-CMS 특징

1) 유연성(Flexibility)

Multi-CMS에서는 첫째로 유연성(flexibility)을 강조한다. 이 유연성의 개념은 세 가지 의미로 나누어 볼 수 있다. 그중 하나는 다양한 체계 및 관점과 이론들을 클라이언트의 상황에 맞게 활용할 수 있다는 점이다. 다양한 배경과 문화 속에서 성장한 클라이언트들은 각각 다른 욕구를 가지고 서로 다른 상황에 처해 있으므로 획일적인 이론에 기반한 접근법에 그치지 않고 클라이언트의 상황에 적합한 접근법을 찾아 접목시킬 수 있어야 한다. 두 번째 의미로는 사회복지사가 클라이언트에게 개입함에 있어서 그 대상이 클라이언트 개인에게만 국한된 것이 아니라 클라이언트를 둘러싼 다양한 차원의 대상(개인, 가족, 지역사회, 사회 체계 등)으로 확대될 수 있다는 점이다. 해결해야 할 문제의 초점이 클라이언트 개인에게 있다고 보는 기존의 시각에서 벗어나 환경 속의 인간이라는 개념을 바탕으로 개입의 대상을 클라이언트를 포함한 환경으로까지 확대할 수 있다. 세 번째로 개입과정에서의 유연성을 들 수 있다. 시급한 개입이 필요하다고 판단되는 클라이언트에게는 사정과 동시에 개입이 실시될 수 있고, 교육적 접근이 불필요한 클라이언트의 경우에는 교육과정 없이 바로 다음 단계로 이동할 수 있다. 또한 하나의 접근법 내에서도 단일 프로그램만을 실시하는 것이 아니라 상황에 맞게 여러 가지 프로그램들을 활용할 수 있다. 이러한 프로그램들은 클라이언트의 반응과 효과성에 따라 비순차적이고 반복적으로 실행될 수 있다. 개입과 관련된 판단은 사회복지사의 전문적 상황판단에 기초하여 이루어지므로 사회복지사의 Multi-CMS에 대한 이해와 실행 가능한 프로그램에 대한 충분한 배경 지식이 전제되어야 한다.

2) 통합성(Integrity)

Multi-CMS는 문화, 정신보건, 사회지원체계의 세 가지 접근법이 하나로 통합된 총체적 접근법이다. 클라이언트가 직면한 개별적이고 복합적인 문제를 해결하기 위해서는 단편적 접근법을 사용하기보다 폭넓은 관점으로 클라이언트의 문제상황을 해결할 수 있는 통합된 접근법이 필요하다. 이러한 통합적 접근법은 One-stop Service라는 측면에서 중요한 의미를 갖는다. 예를 들어, 고객이 여러 종류의 매장이 한 건물에 모여 있는 백화점에서 쇼핑을 하는 것과 같이 다문화가정의 클라이언트는 사회복지사로부터 문화적, 정신보건적, 사회지원체계적 영역에 대한 통합적인 지원을 받을 수 있다. 이를 통해 클라이언트는 문제 해결을 위한 시간과 노력을 줄이고 효율성과 만족도는 높일 수 있다. 또한 Multi-CMS의 통합적 접근은 클라이언트에 대한 사정과 개입의 효과를 상승시킬 수 있는 중요한 방법이다.

3) 권한부여(Empowerment)

Multi-CMS의 강조점 중의 하나로 클라이언트에 대한 권한부여(empowerment)가 있다. Gopaul-McNicol은 한 아이를 돌보는 역할은 지역사회 전체가 할 일("It takes a whole community to raise a child.")이라는 점을 강조한다. 이는 개입에 있어서 클라이언트로 하여금 그들이 사용할 수 있는 모든 사회적 자원들을 충분히 이용할 수 있도록 권한을 부여하는 것이다. 타 문화권에서 이주해 온 클라이언트는 새로운 문화권에서의 다양한 사회체계(교육, 법, 지역사회 등)에 대한 정보가 부족하다. 그렇기 때문에 그들로 하여금 다양한 사회적 자원을 활용할 수 있도록 사회복지사가 돕는 것은 그들의 문화 적응에 있어서 매우 중요한 일이다.

 # 제2장 Multi-CMS 단계

 본 장에서는 사회복지사가 다문화가정의 클라이언트에게 개입하는 과정에 대하여 기술하였다. 먼저 사정단계를 통하여 클라이언트의 상황을 파악하고 이를 토대로 개입의 방향을 정한다. 클라이언트의 문제 해결을 위하여 목적과 목표를 정하고 이를 달성하기 위해 문화적·심리적·사회지원체계적 차원에서 다각도로 접근한다. 클라이언트의 표면적 문제뿐 아니라 문제의 원인을 해결하기 위하여 개입을 실시한다.

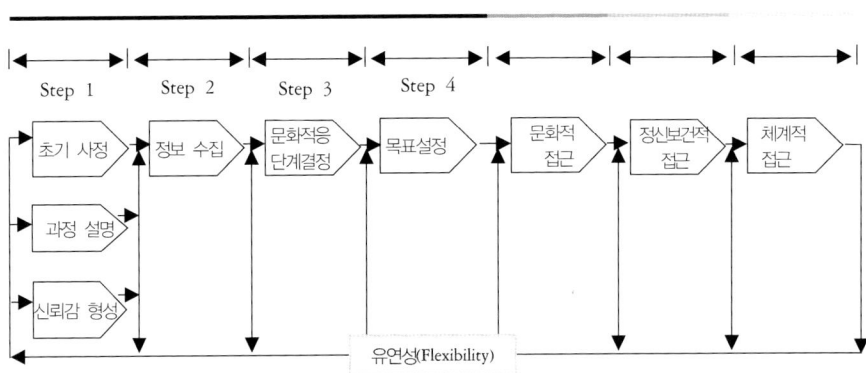

〈그림 3-1〉 Multi-CMS Approach의 진행 과정

1. 사정과정(Assessment Process)

클라이언트와의 첫 만남에서 실시되는 사정과정은 사회복지실천의 핵심적인 단계이다. 사정과정은 클라이언트에 관련된 정보를 수집하여 분석하고 종합하는 과정으로 클라이언트가 가지고 있는 문제가 무엇인지, 그 문제의 원인은 무엇인지, 그리고 그 문제를 해결하기 위해 무엇이 어떻게 변화되어야 하는지에 대한 개입의 밑그림을 그리는 단계이다. 사회복지사는 사정과정을 기반으로 목표를 설정하여 클라이언트에게 개입하기 때문에 개입의 효과는 정확한 사정과정에 달려 있다고 볼 수 있다.

사정은 계속적이고 순환적인 과정으로 초기사정이 가장 중요하지만 언제든지 새로운 정보가 발견될 수 있으므로 종결 시까지 계속되는 작업이라고 볼 수 있다. 또 사회복지사가 첫 세션에서 짧은 시간 안에 클라이언트의 두려움, 오해, 혼란을 경감시킬 수 있었다면, 첫 세션일지라도 개입이나 문제해결 등의 다음 단계로 넘어갈 수 있다.

다문화가정의 일원으로서 결혼이민자들은 그들이 자라온 문화적 배경에서 벗어나 새로운 한국사회의 문화에 적응하는 데 있어 여러 가지 욕구와 문제를 경험할 수 있다. 또한 한국인 배우자와 결혼이민자 간에 발생할 수 있는 문화적 차이, 의사소통의 어려움, 다문화가정 자녀가 겪는 집단 따돌림과 같은 특수하고 다양한 욕구와 문제를 효율적으로 해결하기 위해서는 통합적인 사정과정이 필요하다.

Multi-CMS에서의 사정과정은 크게 초기사정(initial assessment), 정보수집(gathering information), 문화 적응의 정도 분석(determining the stage of acculturation), 목표 설정(outlining the goals)으로 이루어진다. 각 단계에 대한 내용은 다음과 같다.

1) 초기사정(Initial Assessment)

클라이언트와의 첫 번째 만남에서 진행되는 초기사정은 앞으로의 세션의 방향을 결정지을 수 있는 사회복지사와 클라이언트 간의 관계(Rapport)형성 과정이다. 한국에 있는 대부분의 결혼이민자들은 제3세계로부터 이주해 온 사람들이고 그들에게는 사회복지사와의 만남이 상대적으로 어색하게 느껴질 수 있다. 그들 중 상당수는 가족이라는 테두리 안에서만 욕구나 문제를 해결해 온 경험이 있기 때문에 친지나 가족이 아닌 낯선 사회복지사에게 자신의 고민을 털어놓는 것이 처음에는 불편할 수 있다. 더욱이 폭력문제나 아동학대 문제로 타 기관에서 의뢰하여 보내진 클라이언트의 경우에는 저항감이 더 클 가능성이 높다. 그들에게는 사회복지사와의 만남이 교정의 시간으로 느껴질 수 있으므로 낯섦, 불안, 경계, 저항, 수치심을 경험할 가능성이 높다. 이러한 클라이언트와의 관계형성을 위해서 사회복지사는 세션에 대한 오해를 풀어 주고 앞으로의 과정을 가능한 한 분명하게 설명해 주어 클라이언트에게 안정감을 주어야 한다. 그리고 첫 만남에서 사회복지사는 클라이언트에게 신뢰감을 줄 수 있어야 한다. 이는 앞으로의 개입 과정의 효과 면에서 절대적인 영향을 미치는 요소로 작용한다.

2) 과정에 대한 설명(Explaining the Process)

사회복지사와의 세션에 대한 정보나 경험이 부족한 다문화가정과의 첫 만남에서 사회복지사가 해야 할 가장 우선적인 업무는 앞으로의 과정에 대해 설명을 해 줌으로써 클라이언트가 가지고 있는 불안감과 세션에 대한 오해를 풀어 주는 것이다. 이러한 과정을 통하여 클라이언트는 세션의 전체적인 윤곽을 뚜렷이 그려 볼 수 있게 되고 자신이 가지고 있던 오해를 바로잡을 수

있게 되어 보다 객관적인 시각으로 사회복지사의 역할과 세션에 대해 이해할
수 있게 된다.

다문화가정의 클라이언트가 가지는 세션에 대한 오해에는 여러 가지가 있
을 수 있으나 두드러진 몇 가지를 살펴보면, 첫째로 그들은 문제가 있는 사람
혹은 비정상적인 사람들이 사회복지사의 도움을 필요로 한다고 생각할 수
있다. 물론 그러한 경우에도 클라이언트는 사회복지사와의 만남이 필요할
수 있으나 반드시 문제가 있는 사람만이 사회복지사를 필요로 하는 것이 아
님을 인지시켜 줘야 한다. 정상적이고 건강한 사람이라도 새로운 문화에 적
응하는 데 있어서 어려움을 겪고 있다면 보다 효과적인 방법으로 그 어려움
을 극복하기 위해서 사회복지사의 지원이 필요할 수 있다는 사실을 알려 주
어야 한다.

클라이언트가 가질 수 있는 세션에 대한 두 번째 오해로 자신에게는 문제
가 없다고 생각하거나 사회복지사의 도움이 필요하지 않다는 생각을 들 수
있다. 클라이언트는 본인이 현재 가지고 있거나 내재하고 있는 문제를 올바로
인식하지 못할 수 있고, 그 때문에 사회복지사의 도움을 오히려 지나친 간섭
으로 느낄 수 있다. 혹은 본인이 속해 있든 문화권에서 문제시되지 않던 관습
들이 한국문화권에서는 허용되지 않는다는 사실을 지각하지 못한 것에서 이
러한 상황이 발생될 수 있다. 예를 들어, 제3세계 국가에서 자녀들에 대한
신체적 체벌이나 배우자에게 폭력을 가하는 일이 가정 일로만 치부되었다면
그들은 한국사회에서도 이 같은 행위를 범할 수 있다고 생각하고 그에 대한
사회복지사의 개입을 간섭으로 느낄 수 있다. 이러한 때에 사회복지사는 그들
이 이전 문화권에서부터 유지해 오고 있는 규율을 거절하거나 부정하기보다
는 새로운 한국문화권에서 적용시킬 수 있는 대안에 대해서 설명해 주어야
한다.

세 번째 오해는 사회복지사와의 세션이 일회적이거나 단기적일 것이라는
인식이다. 이는 사회복지사의 역할과 개입 과정에 대한 이해 부족으로 인해

발생하는 오해일 수 있다. 다문화가정에서 경험할 수 있는 문제들은 문화 차이에서 오는 갈등, 의사소통에서 오는 갈등, 가정폭력 문제, 자녀양육 문제, 자녀의 집단따돌림 문제 등 장기적인 대책이 필요한 것들이 대부분이다. 이 때문에 사회복지사가 클라이언트에게 개입하는 과정은 클라이언트에 대한 정확한 사정, 교육, 정신보건적 접근, 권한부여 등 다차원적이고 중·장기적인 접근으로 이어질 가능성이 크다.

다문화가정이 가질 수 있는 네 번째 오해는, 문제가 있다고 여겨지는 당사자만이 클라이언트로서 세션에 참가해야 한다는 생각이다. 다문화가정 내에서 일어나는 가정폭력의 경우, 매 맞는 결혼이민자 혼자서 세션에 참여한다면 근본적인 문제해결이 어려울 수 있다. 폭력을 행사하는 배우자, 그리고 필요시에는 가족 전원이 세션에 참여하여 가족 간의 관계가 어떠한지, 가정폭력이 유발되는 원인이 무엇인지, 가족 내부의 문제인지 아니면, 다른 외부의 영향이 있는지 등에 대하여 다각적인 분석이 필요하다. 따라서 직접적이고 가시적인 영향이 없어 보이는 가족구성원일지라도 세션에 참여하는 것이 더욱 정확한 사정에 도움이 될 수 있다. 클라이언트의 개념도 반드시 개인에 국한되기보다는 상황에 따라 부부 또는 가족 전체로까지 확대될 수 있다.

마지막으로 클라이언트는 자신의 문제에 대해 털어놓는 것 자체로도 안정을 얻거나 실제적인 변화가 일어날 수 있다는 사실을 모르거나 간과할 수 있다. 상담학에서는 내담자가 상담자에게 자신의 문제를 털어놓는 것 자체가 치료의 중요한 과정 중 하나이고 그러한 과정 자체로도 내담자가 가지고 있는 문제가 상당 부분 해결될 수 있다고 본다. 결혼이민자의 경우 자신의 문제를 마땅히 털어놓을 대상이 없을 수 있다. 이러한 상황에서 결혼이민자가 사회복지사를 신뢰하고 자신의 문제를 털어놓는다는 것은 문제해결의 중요한 시작점이라고 볼 수 있다.

〈표 3-1〉 다문화가정 클라이언트가 가질 수 있는 사회복지사와의 세션에 대한 오해와 진실

오해	진실
1. 문제가 있거나 비정상적인 사람들이 사회복지사에게 도움을 받는다.	1. 정상적인 사람도 사회복지사의 지원이 필요할 수 있다.
2. 나에게는 문제가 없고 사회복지사의 도움도 불필요하다.	2. 문제의 정의에 있어서 각 문화에 따라 다소 차이가 있을 수 있다.
3. 사회복지사와의 세션은 일회적이거나 단기적일 것이다.	3. 다문화가정에 대한 사회복지사의 개입은 대부분 중·장기적이다.
4. 해당되는 클라이언트 개인만이 세션에 참여하면 된다.	4. 경우에 따라서 가족 전체에게 세션에 대한 참여가 요구될 수 있다.
5. 나의 문제를 털어놓아도 별다른 변화가 생길 것 같지 않다.	5. 문제를 털어놓는 것 자체로 이미 문제 해결의 과정은 시작된다.

<개입 시 사용할 수 있는 질문들>

· 당신은 어떻게 이곳을 방문하게 되었습니까?

클라이언트의 답변에 따라 공감적 이해(empathetic understanding)를 통해 그들의 어색하거나 불안한 감정을 경감시킨다. 만약 그들 스스로 사회복지사와의 세션에 참여해야 하는 이유를 분명히 알지 못하는 경우 사회복지사는 클라이언트에게 세션 참여의 이유를 명확히 알려 주어야 한다.

· 당신은 전에 사회복지사와의 세션에 참여했던 경험이 있습니까?

경험이 없다면 세션의 전반적 과정에 대해서 상세히 설명해 준다.

· 사회복지사나 세션에 대한 당신의 생각은 어떠합니까?

그들의 불안감이나 세션에 대한 오해를 풀어 준다.

· 이 세션을 통해서 당신이 얻고자 기대하는 것은 무엇입니까? 사회복지사로 하여금 가장 우선적으로 도움을 받기 원하는 것은 무엇입니까?

클라이언트에게 있어서 가장 긴급한 문제에 도움을 주고자 개입하는 것은 사회복지사로 하여금 클라이언트에게 신뢰감을 주는 것과 함께 권한부여(empowerment)를 하는 것이다.

<개입 시 주의 깊게 살펴야 할 사항들>

- 가족구성원의 앉아 있는 형태(누가 누구 옆에 앉아 있는가?)
가족구성원 간의 친밀도에 대해 살펴볼 수 있는 기회가 된다.

- 가족구성원 중에 누가 가장 큰 권한을 가지고 있는가?
대부분의 가정에서는 가장이 집안에서 가장 큰 권한을 갖지만 가정에 따라 차이가 있을 수 있으므로 이를 살펴 가정의 권력구조를 파악할 수 있다.

- 누가 가족구성원의 대변인 역할을 하는가?
가정 내의 대변인 역할을 하는 사람은 가정 내에서 가장 큰 권한을 가지는 사람과 동일 인물일 수도 혹은 다른 인물일 수도 있다. 이러한 가족 대변인의 의견과 동시에 다른 가족구성원들의 의견도 종합하여 들을 수 있어야 한다.

- 아이들에게도 발언 권한이 주어지는가?
보수적이고 가부장적인 분위기의 가정에서는 아이들에게 발언권을 부여하지 않거나 아이들 스스로가 분위기에 억눌려 발언하기를 꺼려하는 경우가 있다. 사회복지사는 이러한 점을 파악하고 아이들에게도 발언의 기회를 주어 종합적인 의견 수렴을 하도록 한다.

- 가족구성원 중에서 참석하지 않은 중요한 인물이 있는가?
가족구성원이 모두 참석했는지, 참석하지 않은 인물이 있다면 그 구성원은 가족 내에서 어떠한 역할을 하는지, 참석하지 않은 이유는 무엇인지, 그 구성원이 불참한 것에 대한 다른 가족구성원의 생각은 어떠한지 등을 묻고 필요시 불참한 구성원을 다음 세션에 참석할 수 있도록 한다.

3) 신뢰감 형성(Establishing Trust)

초기 사정에서의 다음 단계는 사회복지사와 클라이언트 간의 신뢰감을 형성하는 것이다. University of California at Los Angeles(UCLA)의 심리학자인 Stanley Sue는 소수 인종의 클라이언트를 대할 때 고려해야 하는 중요한 기본적인 두 가지 요소로 신뢰감(credibility)과 선물(gift)을 언급했다(Sue & Zane, 1987). 신뢰감은 클라이언트가 갖는 사회복지사가 효과적이고 믿을 만한 조

력자라는 인식을 말한다. 개입에 있어서의 성공을 결정하는 중요한 요소는 클라이언트가 사회복지사와 세션의 중요성을 신뢰하는 것이다. 신뢰감은 두 가지 구성 요소인 귀속적 지위(ascribed status)와 성취적 지위(achieved status)로 나누어진다.

귀속적 지위는 본인의 의지와는 관계없이 생득적 요인에 의해 결정되는 지위를 말하는 것으로 나이, 성별, 인종, 가문 등의 요소와 관련이 있다. 세션이 시작되기 전에(사회복지사와의 관계가 형성되기 이전에) 클라이언트가 갖는 사회복지사의 나이, 성별, 인종, 경험 등에 관한 인식이 사회복지사의 귀속적 지위라고 할 수 있다. 결혼이민자인 클라이언트는 세션이 크게 효과적이지 못할 것이라는 선입견을 가지고 세션에 참여할 수도 있다. 그들은 이러한 세션이 민족차별주의적이고 억압적인 주류 사회문화의 일부라고 생각할 수 있다. 이러한 인식은 사회복지사가 자기와 같은 제3세계 사람이 아닌 한국인일 경우에 더욱 확고해진다. 이 모든 요인들은 결혼이민자에게 있어서 사회복지사의 낮은 귀속적 지위를 만드는 데 영향을 미친다.

성취적 지위는 본인의 능력과 노력을 통해 성취한 지위를 말한다. 이것은 사회복지사의 기술과 지식(타 문화에 대한 관용성, 기술, 능력, 그리고 공감적 이해)에 직접적인 관련이 있다. 사회복지사의 기본적인 조건(나이, 성별 등 생득적 요인) 외에도 행동을 통해서 클라이언트는 신념, 신뢰, 자신감, 또는 희망을 얻게 될 수 있다. 성취적 지위는 사회복지사의 전문적인 경험과도 직접적인 관련이 있지만 사회복지사가 클라이언트의 기본 문화를 숙지하고 존중하는 자세로 개입할 때 높아진다.

귀속적 지위와 성취적 지위를 통한 신뢰감에 대한 분석은 결혼이민자인 클라이언트들이 왜 이러한 사회복지 서비스를 충분히 이용해 오지 않았는지 그리고 이용한 경우에도 조기에 종결했는지를 설명해 준다. 귀속적 지위가 낮을 경우, 클라이언트는 세션에 참여하는 것 자체를 거부하는 경향이 있다. 이는 세션 시작 전부터 부정적인 선입견을 가지고 해당 사회복지사를 판단한 경우이므로 애초부터 신뢰감을 형성하지 못한 경우이다. 귀속적 지위가 다소 높지만 성취적 지위는 낮을 경우, 클라이언트는 세션에 참여할 수 있지만 조기에 세션을 종결할 가능성이 높다. 이는 해당 사회복지사가 지닌 기본적인 요건들에서 오는 신뢰감은 어느 정도 높지만, 실제적으로 그 사회복지사가 클라이언트의 문화적인 욕구를 충족시켜 줄 역량이 부족한 경우이므로 클라이언트는 결국 사회복지사를 신뢰할 수 없게 된다.

사회복지사가 문제 해결을 방해할 수 있는 클라이언트의 문화적 신념까지 동의할 필요는 없으나, 사회복지사와 클라이언트의 문화적 차이에서 오는 괴리감이 크면 클수록 성취적 지위는 감소하게 된다. 전체적인 개입의 과정에서 볼 때 초기 세션에서는 기술이나 정보 전달보다는 신뢰감 형성에 더 중점을 두어야 한다. 예를 들어, 사회복지사는 클라이언트와의 첫 만남에서 클라이언트가 사용하는 언어로 인사하거나 클라이언트의 문화권에서 주로 사용되는 인사방법 등을 배우려는 태도를 보임으로써 클라이언트의 긴장감을 풀고 친근감을 느낄 수 있도록 할 수 있다.

사회복지사와 클라이언트 간의 신뢰감 형성에 도움이 되는 중요한 요소로서 선물(gift)이라는 개념이 있다. 이것은 세션을 통해 사회복지사에게서 무엇인가를 받았다는 클라이언트의 인식이다. 일반적으로 사회복지사는 클라이언트로 하여금 그들이 노력한 만큼 사회복지사로부터 무엇인가를 대가로 받게 될 것이라는 기대감을 주어야 한다. 많은 클라이언트들에게 있어서 이러한 기대는 앞으로 획득할 목표를 위해 그들이 현재 느끼는 '귀찮음이나 포기' 등과 같은 즉각적인 욕구(immediate needs)를 조절할 수 있게 해 준다. 조기 종결률이 높은 소수 인종 클라이언트와 세션에서 만나게 될 경우에는 사회복지사가 클라이언트의 기대치만 높이는 것이 아니라 동시에 그들로 하여금 세션으로부터 무엇인가 직접적인 이익을 받고 있다는 느낌을 갖게 해 주어야 한다. 선물에 해당될 수 있는 것으로는 행동적 개입, 위기 상황에 대한 정확한 분석, 그리고 문화적인 맥락에서 그들의 상황을 이해해 주는 것 등이 있다.

어떠한 경우에는 클라이언트에게 책과 같은 실제적인 선물을 주는 것이 더욱 효과적일 수도 있다. 이러한 선물을 통한 신뢰감의 형성은 사정과정의 다음 단계인 정보수집에도 중요한 영향을 미친다.

2. 정보수집(Gathering Information)

일반적으로 초기 몇 번의 세션에서 사회복지사는 클라이언트에 대한 정보 수집에 많은 시간을 할애하게 된다. 사정과정에 있어서 클라이언트에 관련된 정보를 수집하는 것은 그들이 처한 상황을 이해하고 분석하기 위한 밑바탕이 자 필수적인 과정이다. 그러나 클라이언트에게 있어서 정보수집의 과정은 자 신의 개인적인 정보를 공개해야 하는 시간이므로 클라이언트에 따라서 이를 불편하게 여길 가능성이 있다. 그러므로 사회복지사가 정보수집의 과정을 효 과적으로 이끌기 위해서는 클라이언트로부터의 충분한 신뢰감 획득이 전제 되어야 한다. 신뢰감 획득 이전에 클라이언트로부터 다양한 정보수집을 기대 하는 것은 어려울 수 있으므로 사회복지사는 클라이언트가 정보 수집에 적극 적으로 응할 수 있는 단계에 있는지 먼저 판단할 수 있어야 한다.

정보수집의 과정에서 주의해야 할 점 중 하나로, 사회복지사는 정보의 기록 을 목적으로 클라이언트 앞에서 과도하게 필기를 하는 것을 삼가야 한다. 이 는 클라이언트로 하여금 사회복지사가 자신의 말에 주의를 기울이지 않고 정보를 획득하는 것에만 집중한다는 느낌을 주어 신뢰감을 떨어뜨리거나 불 쾌감을 줄 수 있다. 사회복지사는 정보를 기록하는 데 집중을 하기보다 클라 이언트의 상황을 이해하는 것에 더 관심을 집중해야 한다. 클라이언트와의 대화 중에 정보를 기록할 필요가 있다고 느껴질 때는 먼저 클라이언트의 동 의를 구하고 꼭 필요한 내용만 간략하게 메모해 놓은 뒤 세션이 끝나고 자세한 내용을 다시 정리한다.

사회복지사는 정보수집 방법 중의 하나로 클라이언트로 하여금 가계도를 그려 보도록 할 수 있다. 가계도는 가족 간의 관계를 빠르게 이해하고 필요한 정보를 보다 손쉽게 얻기 위한 도식화된 그림을 말한다. 이러한 가계도는 현재 계통학, 유전학, 의학, 교육, 심리학 등에서 폭넓게 사용되고 있고 사회복지학에서도 정보수집의 중요한 방법 중의 하나로 쓰이고 있다. 특히 다문화가정은 직간접적으로 연관되어 있는 가족구성원이나 주변인들이 다양한 경우가 많기 때문에 가계도를 통해 이를 시각적으로 나타낸다면 정보수집 과정이 보다 효율적일 수 있다. 정보수집 방법으로 가계도를 이용할 때, 사회복지사는 클라이언트로 하여금 그들의 지원체계를 스스로 그려 보도록 함으로써 적극적인 참여를 유도할 수 있다.

3. 문화적응의 정도 분석(Determining the Stage of Acculturation)

결혼이민자들은 그동안 익숙해 있던 문화권에서 새로운 문화권으로 이동하여 적응해 가는 과정에서 문화적응의 단계를 거치게 된다. 사회복지사는 결혼이민자가 어떠한 문화적응의 단계에 있는지를 파악하여 그에 맞는 개입전략을 세우고 서비스를 제공할 필요가 있다.

Helms(1985)는 문화적응 과정에서의 문화적 정체성 형성에 대한 세 단계를 제시했다. 첫 번째 단계는 다른 문화를 만나기 전 단계(pre-encounter stage)이다. 이 단계는 개인적으로 문화적인 자각이 일어나기 전 단계를 이야기한다. 이 단계에서는 이민자들이 주로 자신의 출신국가 문화에 대해 비하하거나 타 문화에 대한 동경에 빠진다. 즉, 자신은 물론 자신이 속한 그룹에 대한 존중감이 매우 낮다.

두 번째 단계는 과도기적 단계(transitional phase)이다. 이 단계에 해당하는 개인은 자신이 타 문화에 대한 수용이 부족하다는 것을 깨닫게 된다. 이 시기에는 타 문화에 대해 잘못된 생각들을 철회하거나 재평가하고 최종적으로 그 문화의 한 구성원이 된다. 이러한 과도기적 단계는 다른 문화를 만나기 전 단계와는 달리 자신이 가지고 있는 문화에 대한 우월성을 발견할 수 있게 된다. 그동안 자신의 문화적 가치를 온전히 지각하지 못하고 문화적 정체성을 상실하고 있었다는 것을 깨닫게 된다.

마지막 단계인 세 번째 단계는 초월 단계(transcendent stage)이다. 이 단계에서 결혼이민자들은 두 가지 문화를 모두 수용하게 되고 양쪽 문화로부터 자신의 상황에 가장 적합한 것을 선별하여 취할 수 있게 된다. 이 단계에서는, 두 그룹의 문화를 이상화하기보다는 양 문화의 단점들도 발견하고 인정하게 된다. 인간관계도 인종, 문화, 성별 등에 의해 제한되지 않는 더욱 넓은 시야를 갖게 된다. 이 단계는 문화적 유연성을 요구하는 개인적인 준비나 교육 및 문화적 사회화의 경험들을 통해 정체성의 변화를 경험한 후에 이르게 된다.

모든 다문화가정이 문화적응의 과정에서 외부의 도움이 필요할 정도의 큰 문제를 경험하는 것은 아니다. 하지만 단계별 문화적응 과정에서의 마찰은 다문화가정 문제의 주요 원인으로 작용할 가능성이 높다. 이 때문에 결혼이민자들을 사정함에 있어 문화적응 단계를 분석함과 더불어 문화적응상의 문제에 대해 파악하는 것은 매우 중요한 일이다. 이는 사회복지사로 하여금 클라이언트에 대한 실제적인 개입의 방향을 결정하는 요소가 된다.

한 가지 사회복지사가 주의해야 할 점은 다문화가정이 겪는 문제 중 상당수는 문화적인 차이에서 발생하는 것 외에도 한국인 가정에서도 흔히 발생할 수 있는 일반적인 문제일 경우가 많다는 것이다. 이러한 경우에는 다문화가정에서 사회복지사의 서비스를 의뢰하는 이유가 다른 한국인 가정에서 사회복지사를 의뢰하는 이유와 같을 수 있다. 예를 들면, 십대 아이들의 비행은 특정

문화권이 아닌 세계 여러 문화권에서 일반적으로 발생할 수 있는 현상 중 하나이다. 문화 적응에 큰 어려움을 겪지 않는 단계에 있는 다문화가정에서는 이렇게 한국인 가정과 크게 다를 바 없는 문제의 양상을 보일 수 있다. 사회복지사는 다문화가정을 대할 때 그들이 어떠한 문화적응의 단계에 있는지, 적응 과정에서 어떠한 갈등을 겪고 있는지를 분명히 파악하고 그 정보를 바탕으로 앞으로의 세션에 대한 목표를 세울 필요가 있다.

〈문화적응 정도에 관한 요인〉

여성결혼이민자들은 새로운 문화를 접하면서 두 단계의 문화적 변화를 경험하게 된다. 첫 번째 단계는 물리적 변화의 단계이다. 이 단계에서는 경제적 안정, 취업, 교육적 기회, 커뮤니케이션 능력이나 사회적·정치적 차이를 이해하는 능력 등이 요구된다. 두 번째는 인지적·정서적 단계로서 문화적 변화를 거치는 데 있어 매우 중요한 단계이기도 하다. 대부분의 결혼이민자들이 물리적으로는 새로운 곳에 이주하여 생활하고 있지만, 그것이 반드시 정서적으로도 새로운 문화에 적응하였음을 의미하는 것은 아니다. 따라서 정서적 변화의 단계가 물리적 변화의 단계보다 더 어려운 단계일 수 있다. 자신의 문화를 상실하고, 가족과 친구로부터 멀리 떨어져 타 문화권에서 새로운 역할에 적응해야 하는 상황은 결혼이민자들에게 심한 스트레스로 작용할 수 있다. 결혼이민자들은 자신의 문화와 가족, 친구를 상실한 것에 대한 슬픔을 느끼게 되고, 이주 전에 가졌던 기대와 현실과의 괴리감을 느끼게 될 수도 있다. 이로 인해 다양한 문화적 충격과 실망감 등을 보이거나, 좌절감이나 분노, 저항, 우울 등과 같은 인지·정서적 반응이 나타날 수 있다.

Gopaul-McNicol은 1993년에 개개인의 문화적응 정도의 차이에 영향을 줄 수 있는 몇 가지 요인들에 대해 서술했다. 첫째, 새로운 문화권에 있었던 기간이 길수록 그 문화에 더 잘 적응하는 경향이 있다. 하지만 많은 이민자들이 문화적응에 있어 그들 고유의 문화를 보존하려고 노력하기 때문에, 때로는 새로운 문화권에서 거주하였던 기간이 문화적응 정도의 절대적 기준이 될 수는 없다. 둘째, 이종결혼(mixed marriage)한 부모의 자녀들은 서로 다른 문화적 배경을 지닌 두 부모에게서 양육되어 문화적 수용성이 상대적으로 높으므로 문화적응이 더욱 수월할 수 있다. 셋째, 새로운 문화권의 언어를 습득하는 것은 그 나라의 문화적응 정도에 매우 긍정적 영향을 미친다. 넷째, 이민신분 (immigration status)이 문화적응 정도에 영향을 미칠 수 있다. 합법적으로 거주하는 이주자의 경우, 높은 보수의 더 안정된 직업이나 장학금 등 다양한 기회를 가질 수 있고 이는 문화적응 정도에 긍정적인 영향을 미칠 수 있다. 다섯째, 이주자들의 교육적·직업적 배경이 문화적응 정도의 중요한 요인이 된다. 일반적으로 전문직종에 종사하는 사람의 경우, 보다 수월하게 문화적응 을 하는 경향을 나타낸다. 마지막으로, 이민 시의 연령이 젊을수록 동화 과정 이 더욱 쉬울 수 있다.

4. 목표 설정(Outlining the Goals)

첫 번째 세션을 마치기 전에 사회복지사는 각 세션에서 클라이언트와 그 가족이 무엇을 얻기 원하는지에 대한 밑그림을 그리고 참여할 세션에 대한 목표를 세워야 한다. 목표가 정해졌을 때 사회복지사와 클라이언트는 문제상황에 맞는 분명한 방향성을 가지게 된다. 목표를 세우는 과정에서 사회복지사와 클라이언트 간에 불일치가 생길 수 있는데 이러한 상황은 클라이언트로 하여금 사회복지사에 대한 신뢰감에 부정적인 영향을 미칠 수 있다. 따라서 사회복지사는 사정 과정에서의 분석을 기반으로 자신과 클라이언트 간의 목표를 둘러싼 불일치를 가능한 줄여 개입의 효과를 높여야 한다.

목표 설정은 먼저 목적을 정하는 것에서부터 시작한다. 목적(Goal)은 기대되는 미래의 결과나 상태를 의미한다. 목적은 일반적으로 그 자체로는 측정 가능하지 않지만 프로그램의 전반적인 방향을 제시해 주는 역할을 한다. 목적은 과정(예: 다문화가정의 폭력 남편의 자조모임 참여)보다 결과(예: 다문화가정의 폭력 감소)에 중점을 둔다. 목표는 목적의 하위 개념으로서 목적을 이루기 위한 행동에 관한 진술이다. 이러한 목표는 보다 분명하고, 실제적이고, 구체적이고, 측정 가능하고, 시간제한적인 특징을 갖는다. 일반적으로 목표는 대상의 욕구 충족을 위하여 그들의 강점에 기반을 두어 세워진다. 목표는 결과목표(outcome object)와 과정목표(process object)로 나누어진다. 결과목표는 개입의 최종목표를 의미하며 주로 "~을 향상시킨다" 또는 "~을 줄인다", "~을 감소시킨다"와 같은 단어들로 표현된다. 과정 목표는 결과목표를 성취하기 위한 '과정'에 중점을 둔 목표이다. 과정목표는 주로 "~을 제공한다", "~ 훈련을 시킨다" 등의 문장으로 이루어진다. 목적과 목표를 세운 후에는 이를 달성하기 위한 구체적인 프로그램이 실행되어야 하는데 이를 활동(activity)이라고 한다.

하나의 목적을 이루기 위해서 다수의 결과 목표를 정할 수 있고 각각의 결과 목표를 성취하기 위해서는 또 다른 다수의 과정 목표가 세워질 수 있다. 각각의 과정목표에는 이를 달성하기 위한 여러 활동들이 계획된다. 이러한 목표설정의 과정을 도식화하면 아래와 같다.

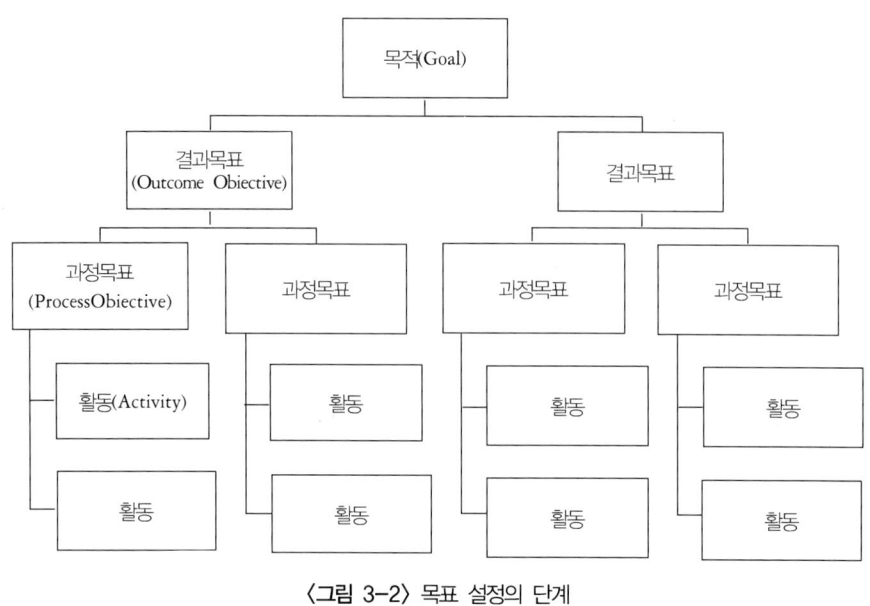

〈그림 3-2〉 목표 설정의 단계

5. 개입과정

1) 문화적 접근

　문화적 접근 단계의 핵심은 클라이언트의 고유문화를 존중하고 한국문화
로의 자연스러운 통합을 돕는 것이다. 결혼이민자들은 모국의 문화에 바탕을
두고 한국의 문화를 자연스럽게 익히고 받아들일 때 양쪽 문화의 균형을 유
지하며 자신의 것으로 내재화할 수 있게 된다. 자신의 고유문화를 고집하고
새로운 문화에 자신을 노출시키지 않으면 새로운 삶의 터전에서 정착하는
데 어려움을 겪게 된다. 반대로 자신의 문화적 정체성을 잃고 새로운 문화에
흡수되는 것은 외부적으로는 적응을 빠르게 하는 것처럼 보일 수 있으나 문
화적 차원을 넘어서 자신의 정체성에 혼란이 올 수 있으므로 바람직하지 않

다. 사회복지사는 결혼이민자들이 한국사회에 적응해 가는 과정에서 그들의 고유문화와 새로운 한국문화 사이에서 균형을 잃지 않도록 도와 그들의 문화적 마찰을 줄여 주어야 한다.

이민 정착 과정에서 경험하는 문화적 적응은 주류 사회의 언어·교육·정치·사회 시스템 전반에 대한 새로운 이해를 요구하는 과정이므로 결혼이민자들에게 큰 부담으로 다가올 수 있다. 한국사회 전반에 대한 이해를 요하는 문화적 접근에서는 기본적으로 교육이 주를 이루게 된다. 문화적 접근에서 특히 사회복지사가 중점을 두어야 할 부분은 언어교육이다. 언어는 그 나라의 문화를 이해하는 가장 핵심적인 역할을 하기 때문에 한국어를 익히지 못한 상태로 한국의 문화를 습득한다는 것은 불가능한 일이다. 하지만 결혼이민자 중 상당수는 한국어를 충분히 익히지 못하거나 거의 구사하지 못하는 상태로 한국에 온다. 한국어를 익히는 과정도 문화 습득의 한 부분이지만, 정착 초기의 미숙한 한국어 실력은 한국의 문화를 접하고 이해하는 데 큰 장애물이 될 수 있다. 결혼이민자이 정착 초기에 문화적응을 수월하게 시작하기 위해서는 반드시 한국어 교육에 중점을 두어야 한다.

언어 외에도 두 문화 간의 예절이나 사회적 규범, 사회적 인식 등의 문화적 차이가 결혼이민자와 한국인 배우자 사이에 마찰로 작용할 수 있다. 이는 결혼이민자가 한국문화에 적응하는 데 걸림돌로 작용할 뿐만 아니라 부부 관계에도 부정적인 영향을 미칠 수 있다. 따라서 사회복지사는 클라이언트의 문화적 배경에 대한 충분한 이해를 바탕으로 결혼이민자와 한국인 배우자와의 관계에서 발생할 수 있는 문화적 충돌의 완충 역할을 해야 한다.

문화적 접근에 있어서 개입의 대상은 결혼이민자에게만 국한되지 않는다. 상황에 따라서 결혼이민자뿐 아니라 결혼이민자의 배우자를 포함한 가족구성원들도 문화적 개입의 대상이 될 수 있다. 가족 상호 간의 문화적 이해와 노력이 갈등을 해결하는 데 중요한 역할을 할 수 있기 때문이다. 문화적 접근은 한국문화와 이민자 고유의 문화를 동등한 입장에서 바라보고 상호 이해가 필요하다는 점을 전제하고 있다. 문화적 차이로 인해 부부간의 문제가 발생했을 경우 부부 모두가 사회복지사와의 면담에 참석하는 것이 바람직하며, 문화적 차이로 인해 고부 갈등이 발생할 경우에는 결혼이민자와 함께 시어머니도 개입의 대상이 될 수 있다.

2) 정신보건적 접근

　　문화적 접근과 더불어 사회복지사가 개입해야 할 요소는 정신보건적 접근이다. 정신보건적 접근법은 인간의 다양한 감정적 양상을 통합적으로 살피고 이를 통하여 각 개인에게 맞는 정신보건적 접근을 실시하는 것이다. 인간의 감정적 양상에는 행동(behavior), 정서(affect), 감각(sensation), 심상(images), 인식(cognition), 대인관계(interpersonal), 생물학적 요소(biological)가 포함된다. 정신보건적 접근의 초점은 이러한 인간의 감정적 양상을 중심으로 클라이언트의 스트레스를 줄이고 정서적인 안정 상태를 유지하게 하는 것이다. 이를 위해 Multi-CMS는 Minuchin의 구조적 가족치료 이론과 Bowen의 다세대 가족치료 이론을 적용시켰다.

　　다문화가정을 대상으로 하는 정신보건 중심의 접근법으로 Bowen의 다세대 가족치료 이론을 사용할 수 있다. Bowen은 가족을 하나의 체계로 보고 한 명의 가족구성원의 변화에 의하여 가족 전체가 영향을 받을 수 있다는 점에서 가족구성원 간의 상호작용을 강조했다. 클라이언트의 문제는 클라이언트 개인만의 문제가 아니기 때문에 가족 체계 내에서 해석되고 치료되어야 한다고 보았다. 또한 클라이언트 개인의 변화는 다른 가족구성원과의 관계변화를 통하여 이루어질 수 있다고 본다.

　　Bowen의 다세대 가족치료 이론은 가족 문제의 상당수가 가족구성원이 원가족에서 심리적으로 분리되지 못하는 데서 기인한다고 본다. 따라서 가족구성원을 자아집합체로부터 독립시켜 자율적으로 기능할 수 있도록 도움으로써 불안을 감소시키고 자아분화를 증가시킬 수 있다는 것이 이 이론의 관점이다. Bowen은 가족 체계 안에서 두 사람 간의 스트레스를 해결하는 방법으로 다른 가족구성원을 두 사람의 상호작용 체계 안으로 끌어들여 삼각관계를 형성한다고 설명한다. 예를 들면 갈등이 심한 부부가 자녀를 자신들의 불안한 정서 관계 속으로 끌어들여 희생양의 역할을 하도록 만들 수 있다고 본다. 따라서 가족구성원들이 부정적인 삼각관계에서 벗어나도록 하는 것이 가족치료의 목표 중 하나이다.

Minuchin의 구조적 가족치료 이론은 가족을 규칙과 패턴에 따라 조직된 하나의 체계(system)로 보았다. 가족은 다수의 하위체계로 구성되어 있고 가족의 문제는 가족 구조의 기능상의 문제에서 비롯된다고 본다. 변화하는 환경에 순응하기 위해서 가족 구조를 수정해 나갈 때는 문제가 발생하지 않지만, 가족구조의 경직으로 환경의 변화에 따른 스트레스에 적절히 대처하지 못할 때 가족의 역기능이 나타난다고 본다. 이 이론에서는 가족의 문제해결은 전체적인 목표의 부분일 뿐이고 더 근본적인 목표는 가족구성원들이 그들의 역기능적 구조를 변화시키도록 도와 경계선을 변화시키고 하위체계를 재정렬하여 가족구성원의 행동을 변화시키는 것이다(Griffin, 2003). 따라서 구조주의 가족치료는 가족구성원의 상호작용을 분석하고 치료의 전략과 구체적인 기술을 제시하는 것에 중점을 둔다.

가족의 하위체계 중에는 남편과 부인으로 구성되는 부부 하위체계, 아버지와 어머니에 의해 만들어지는 부모 하위체계, 자녀들 사이에서 만들어지는 자녀 하위체계가 있다. 같은 하위체계에 속한 가족구성원 간의 관계는 연합의 개념이며 체계 안에서 서로 상호작용한다. 부모 하위체계는 자녀하위체계보다 상위에 있고 이러한 상위체계는 전체 가족에 대한 의사결정권을 가지고 가족구성원을 통제하며 규칙을 만들고 이를 시행한다(김용태, 2001). 구조적 가족치료에서 경계선은 하위체계 간의 경계가 명확한지, 밀착되어 있는지, 분리되어 있는지를 의미하는데 하위체계 간의 연합과 체계 간의 명확한 경계선은 가족의 안정과 복지수준을 높인다(이화여자대학교, 1995).

〈표 3-2〉 Bowen과 Minuchin의 이론 비교

이름	Bowen의 가족체계치료	Minuchin의 구조적 가족치료
배경	정신역동적 관점 + 체계적 관점	'환경 속의 인간', 구조주의의 이론적 전제를 기반으로 함.
주요 개념	자아분화, 정서적 단절, 삼각관계, 가족투사, 다세대 전수	가족구조, 체계, 위계질서, 경계선
치료 목표	불안 감소, 자아분화 수준 성숙	가족구조 간의 적절한 경계 형성, 역기능적 가족구조의 재구조화
치료 기법	특정 기법에 의존하지 않고 상호작용 방식에 대한 이해 중시, 과정질문, 가계도, 중립적 코치	기존의 가족 구조에 참여, 가족구성원들의 상호작용을 실연, 상호작용의 불균형을 수정

3) 사회지원체계적 접근

사회복지사는 사회지원체계적 접근을 통하여 클라이언트가 가진 잠재력과 자원을 분석하고 그들에게 필요한 사회적 자원을 적절히 연결시켜 주어야 한다. 다문화가정의 클라이언트를 돕기 위해서는 먼저 그들이 가진 자원을 정확히 파악하여 어떠한 자원이 활용 가능하며 어떠한 부분이 부족한지에 대한 이해가 우선되어야 한다. 출신국가나 문화와는 관계없이 개인적인 인적 소양이나 능력, 기술 혹은 직업경력 등이 중요자원으로 활용될 수 있으므로 이에 대한 세밀한 평가가 이루어져야 한다. 그들이 가진 재능은 때로 한국사회에 적응하는 데 유용하게 사용될 자원이 될 수 있으나 주변사람들이 그것을 인지하고 격려해 주지 않아서 활용을 하지 못하는 경우도 발생할 수 있다. 사회복지사는 결혼이민자에 대한 고정관념을 버리고 그들이 가지고 있는 자원을 세밀히 관찰하고 발견하여 활용할 수 있도록 최선을 다해야 한다.

사회복지사 개인이 다문화가정의 클라이언트에게 제공해 줄 수 있는 자원

에는 한계가 있기 때문에 그들이 필요로 하는 모든 서비스를 사회복지사 한 명 혹은 한 팀이 제공해 주는 것은 현실적으로 쉽지 않다. 하지만 사회복지사가 사회적으로 가용한 자원과 서비스를 클라이언트에게 적절히 연결시켜 줄 수 있다면 이러한 한계점에 구애받지 않고 개입의 효과를 높일 수 있다. 이를 위해서 사회복지사는 클라이언트에 대한 정확한 욕구사정이 전제로 어떠한 서비스와 자원이 그들의 욕구 충족에 활용될 수 있는지를 파악할 수 있어야 한다. 또한 사회복지사는 다문화가정이 보편적으로 필요로 하는 서비스와 그들이 사용 가능한 여러 사회적 자원을 파악하고 있어야 하며 클라이언트의 욕구와 사회적 자원 사이에서 유용한 다리 역할을 해 주어야 한다. 상당수의 다문화가족 클라이언트들은 사회적 자원에 대한 전반적인 이해가 부족하여 이러한 자원에 접근하기가 쉽지 않을 수 있다. 사회복지사는 이러한 간극을 좁혀 줄 수 있는 역할을 함으로써 다문화가정의 문제 해결과 복지 향상에 기여할 수 있다.

참고문헌

Gopaul-McNicol, S. (1993) *Working with West Indian families*. New York: Guilford Press.
_____. (1997). *A multicultural/multimodal/multisystems approach to working with culturally different families*. Westport, CT US: Praeger Publishers/Greenwood Publishing Group.

Griffin, W. A. (2003). 『가족치료모델』. 서울: 하우.

Helms, J. E. (1985). Cultural identity in the treatment process. In P. Pedersen (Ed.), *Handbook of cross-cultural counseling and psychotherapy*. Westport, CT: Greenwood Press.

Lazarus, A. A. (1976). *Multimodal behavior therapy*. New York: Springer.

Sue, S., & Zane, N. (1987). The role of culture and cultural techniques in psychotherapy: A critique and reformulation. *American Psychologist, 42*, 37~45.

김용태(2001). 『가족치료 이론』. 서울: 학지사.

이화여자대학교 사회사업학과 편.(1995). 『가족치료 총론』. 서울: 도서출판동인.

04

Multi-CMS의 실제

 # 제1장 다문화가족을 지원할 때 고려해야 할 사항들

다문화가족을 지원함에 있어 다음과 같은 사항들을 먼저 고려하고 파악하는 것은 다문화가정을 위한 Multi-CMS적 접근에 있어 매우 중요하다.

1. 타 문화에서 이주한 이주자들이 받아들이는 '도움'에 대한 개념
2. 사회복지사와 클라이언트와의 협력
3. 가족의 역할 혼동과 교육
4. 다문화가족의 자존감 회복
5. 언어 및 커뮤니케이션의 유형과 영향력
6. 법적 지위(legal status)에 대한 법률적 지식
7. 다양한 민족성(ethnicity)에 대한 이해

1. 이주자들의 '도움'에 대한 개념

문화가 다른 나라에서 이주한 결혼이민자들은 문화적응 과정에서 많은 어

려움에 처하게 되지만 자발적으로 도움을 요청하는 것은 이들에게 쉬운 일이 아니다. 이는 다음과 같은 사실들에서 그 이유를 찾아볼 수 있다.

첫째, 한국으로 이주해 온 결혼이민자들이 자신의 모국에서 도움을 요청해 본 경험이 없거나 사회복지사에게 도움을 요청한다는 것 자체가 문화적으로 친숙하지 않을 수 있다. 결혼이민자들은 대체로 새로운 문화를 접하면서 겪게 되는 많은 문제에도 불구하고 최종단계의 해결방안으로 사회복지사에게 도움을 의뢰하는 경향이 있다. 주로 아시아권에서 국제결혼을 통해 이주하는 결혼이민자들은 자신의 문제를 타인에게 공개하는 것에 대한 부정적 사고를 가질 수 있기 때문이다.

또 다른 이유로는 '사회적 낙인(social stigma)'을 들 수 있다. 결혼이민자들은 대체로 '정상'이 아닌 사람들만이 사회복지사를 찾아 자신의 문제를 의뢰한다고 생각할 수 있다. 그러한 이유로 다문화가정 내의 모든 문제를 가족 내부에서 해결하려고 하며, 사회복지사에게 그 문제들을 드러내는 것을 꺼려하는 경향이 강하다. 사회복지사는 새로운 문화권으로 이주하기 이전부터 가지고 있던 결혼이민자들의 이러한 고질적인 문화적 신념들에 대해 존중해 주는 동시에, 상담에 대한 올바른 개념을 분명히 설명해 주어야 한다.

2. 사회복지사와 클라이언트 간의 협력

사회복지사가 클라이언트를 성공적으로 원조하기 위해서는 사회복지사와 클라이언트 상호 간의 이해와 협력이 필요하다. 사회복지사는 사회복지사에 대한 클라이언트의 기대를 면밀히 검토하고, 클라이언트 역시 클라이언트에 대한 사회복지사의 기대를 인지할 수 있어야 한다. 문화적으로 다양한 배경을 지닌 결혼이민자들은 사회복지사를 자신이 가지고 있는 가족 문제를 올바로 해결해 줄 수 있는 전문가로 인식하는 경향이 있으며, 때로는 사회복지사가 그들에게 권위 있는 사람으로도 비춰질 수 있다. 하지만 사회복지사가 클라이언트에게 문제를 해결해 줄 수 있는 전문가 내지는 권위 있는 사람으로 인식되는 것만으로 끝나서는 안 된다. 사회복지사가 다문화가족의 문제를 해결하는 데 있어 클라이언트의 기대를 반드시 만족시켜 줄 수 있어야 한다. 그렇지 못할 경우 클라이언트는 사회복지사를 존경하지 않게 되고, 이어지는 세션에서의 효과성이 급격히 줄어들 수 있다.

사회복지사는 결혼이민자들을 친절하고 따뜻하게 대하거나 그들의 가족까지도 존중해 주어야 하지만, 때론 적극적(active)이고 지시적(directive)인 자세가 필요한 경우도 있다. '적극적'이고 '지시적'이라 함은 클라이언트에게 무엇을 해야 하고, 어떻게 살아야 한다고 말하는 것을 의미하는 것이 아니고, 클라이언트를 직설적이거나 무감각하게 대하는 것도 아니다. 이는 사회복지사가 주도권을 가지고 세션의 진행 과정을 총괄하는 것을 의미한다.

예를 들어, 다문화가족 구성원들을 상담할 때, 사회복지사는 누가 먼저 이야기할지를 조율해 주어야 한다. 일반적으로 여성결혼이민자들은 한국의 전통적인 가부장적 분위기 속에서 심리적으로 위축되거나, 언어가 익숙하지 않아 의사소통 등의 장애를 겪기 때문에 적극적인 의사표현이 어려운 경우가 많다. 이러한 전통적 가족분위기와 언어능력의 부족은 자신의 상황을 자연스럽게 표현할 수 있는 기회를 상실하게 한다. 따라서 여성결혼이민자들이 상담을 요청하여 가족과 함께 상담에 참여할 때 그들의 의사를 자유롭게 표현할 수 있도록 유도해 주는 것이 필요하다.

또한, 다문화가정의 청소년기의 자녀 문제를 상담할 때 사회복지사는 자녀와의 상담을 위해 부모가 잠시 자리를 떠나도록 요청할 수 있다. 청소년기의 자녀 문제 때문에 도움을 요청하는 다문화가정 결혼이민자들은 많은 경우 결혼이민자 자신의 문제 때문에 도움을 의뢰하는 경우는 매우 드물고 대부분 그들의 자녀 문제 때문에 먼저 도움을 요청하게 된다. 이렇게 도움을 요청하는 다문화가정의 자녀가 청소년기의 자녀인 경우, 부모 앞에서 자신의 문제를 털어놓는 것은 매우 어려운 일일 수 있다. 다문화가정 자녀와 일대일로 그들이 가진 문제에 관해 상담하는 것이 매우 유익할 수 있으므로 필요에 따라 사회복지사는 다문화가정의 자녀와 단독으로 상담을 할 수 있다.

사회복지사가 클라이언트와의 협력적 관계를 시작하고 유지하는 방법으로 다음과 같은 것들을 또한 고려해 볼 수 있다. 첫째, 다문화가정을 초기에 직접 방문하는 것이다. 이는 클라이언트와의 신뢰를 높이고, 그들의 상황을 좀 더 깊게 이해할 수 있는 매우 효과적인 방법이 될 수 있다. 둘째, 클라이언트와의 상담 시 사회복지사의 적절한 자기노출(self-disclosure)은 클라이언트와의 관계를 유지하는 데 도움이 될 수 있다. 하지만 자기노출은 적절해야 하고, 사회복지사에 대한 긍정적인 시각 및 인간적인 면을 볼 수 있는 도구로만 사용되어야 한다. 셋째, 사회복지사는 클라이언트의 표정변화나 침묵, 음성 변화와 같은 비언어적 신호에도 민감하게 반응해야 한다.

일반적으로, 다문화가정을 위한 프로그램이나 상담을 진행하는 데 있어 사회복지사와 클라이언트 간의 협력을 방해하고 클라이언트의 적극적인 참여를 방해하는 요인으로 '시간'과 '가족비밀'이라는 개념을 고려해 볼 수 있다. 다문화가정에 속한 대부분의 클라이언트의 경우, 일반가정의 클라이언트와는 달리, 반드시 우선시되어야 할 일들이 있을 수 있다. 이때 사회복지사는 그러한 일에 먼저 우선순위를 부여해 줄 수 있어야 하며, 클라이언트가 상담시간을 준수하지 못할 경우 스케줄 관리에 있어 유연성(flexibility)을 가지고 접근할 필요성이 있다.

사회복지사에게 처음 만남에서 개인이나 가족의 사적인 일을 터놓고 자유롭게 이야기하는 것은 매우 어려운 일이다. 사회복지사를 방문한 클라이언트가 문화가 다른 나라에서 온 결혼이민자인 경우에는 더욱 그러하다. 이때 클라이언트는 가족문제에 대해 매우 우회적으로 말할 수 있다는 사실을 유념해야 한다. 일반적으로, 다문화가정의 클라이언트와의 만남에서 사회복지사는 클라이언트의 문화적인 경계(boundary)를 인식하고 존중하며 상호 간 협력관계를 유지하려는 노력이 필요하다.

3. 다문화가족의 역할혼동과 교육

결혼이민자여성들은 이주자, 소수자 그리고 여성으로서 한국사회에서뿐만 아니라 새롭게 형성된 가족 내에서의 지위나 역할에 있어서도 특수한 위치에 처하게 된다. 결혼이민여성들은 결혼과 이주를 동시에 선택한 것이므로 새로운 한국문화와 가족관계에 적응해야 하는 이중과제를 안게 된다(장명선, 장은애, 2010).

여성결혼이민자들의 경우 한국의 가부장적 가족생활 및 이질적인 문화환경으로의 적응에 큰 어려움을 겪고 있다. 주로 결혼이민자들의 연령은 비교적 낮으며, 배우자의 연령이 높은 편이고 시부모와의 관계에서 갈등이 발생할 가능성이 큰 편이다. 결혼이민자들의 한국생활적응은 가족생활적응과 병행하여 이루어지는데 언어소통의 어려움과 이질적인 사회·문화적 차이는 부부갈등, 고부갈등 등의 가족문제로 이어질 가능성이 매우 높다(장명선, 장은애, 2010). 예를 들어, 다문화가정의 여성이 전문직에 종사하는 경우에도, 다문화가정 안에서의 주요 역할은 주로 아이들의 육아를 담당하고 가족의 정서적 안정을 돌보는 것이 될 수 있다. 그렇기 때문에 다문화가정의 자녀에게 문제가 생겼을 경우 여성결혼이민자에게 책임이 전가될 가능성이 높다.

한국의 전통적인 가부장적 문화에서는 주로 아버지가 경제권을 잡고 집안의 모든 결정을 내리게 된다. 다문화가정 내에서의 자녀에 대한 엄마의 역할은 많지만 권한과 위치는 남편에 비해 상대적으로 미약하다. 즉, 책임과 결정권의 불일치가 다문화가정의 문제를 악화시키는 요인이 될 수 있음을 인식하고 사회복지사는 적절하게 상황에 개입하고 중재할 수 있어야 한다. 사회복지사는 가족의 역할을 조정하는 데 도움을 주거나 이를 교육할 수 있다.

다문화가정의 결혼이민자들에게 가족 내에서 주어지는 역할은 결혼이민자의 문화적응에도 크게 영향을 미치게 될 것이다. 문화가 다른 나라에서 이주해 온 여성결혼이민자들은 언어적 제약이나 문화적 이해가 충분하지 않은 상태여서 가정에서 역할을 수행하는 데 많은 장애를 겪게 된다. 경제활동을 비롯한 집안에서의 모든 결정을 남편에게 의존함으로써, 가정에서의 여성결혼이민자의 역할은 미약할 수밖에 없고, 이는 가족관계를 유지하는 데 있어 장애와 갈등을 일으킬 소지가 될 수 있다. 따라서 사회복지사는 여성결혼이민자들이 경제활동이나 교육적 기회를 찾고 이를 통해 가정에서의 역할 비중을 함께 늘여갈 수 있도록 도와야 한다.

4. 다문화가족의 자존감 회복

다문화가족의 심리적 문제 중 고려해 보아야 할 중요한 사항은 첫째, 여성결혼이민자들이 자신에 대한 자존감과 자아 이미지(self-image)가 매우 낮다는 사실이다. 상당수의 여성결혼이민자들은 가난한 나라에서 돈에 팔려 왔다는 자기비하나 자기학대와 같은 부정적 심리상태를 가지고 있는데 이는 남편이나 자녀와의 관계에 악영향을 미칠 수 있다. 이러한 낮은 자존감과 자아 이미지는 자녀에게 투사될 수 있으며, 가족문제로까지 확대될 수 있다. 그러므로 사회복지사는 클라이언트의 심리적 상태를 적절히 파악하고 낮은 자존감이나 자아 이미지를 회복시킬 수 있도록 도와야 한다. 하지만 이러한 자존감 문제는 여성결혼이민자뿐 아니라 그들과 결혼한 한국남성 역시 예외일 수 없다. 다문화가정의 한국인 남편은 한국여성과 결혼할 기회를 일차적으로 상실한 이후 그 대안으로 외국인 배우자를 선택한 경우가 많기 때문에 외국여성과 결혼할 수밖에 없었다는 피해의식을 가질 수 있고, 이러한 피해의식이나 낮은 자존감은 건강한 부부관계나 자녀관계를 유지하는 데 장애요인으로 작용할 수 있다. 사회복지사는 다문화가정의 구성원으로서 느끼는 낮은 자존감 및 피해의식을 회복할 수 있도록 노력해야 한다.

5. 언어와 커뮤니케이션의 유형 및 영향력

다문화적 특성을 지닌 클라이언트를 대함에 있어 사회복지사가 그들의 언어를 이해하고 소통하는 것은 매우 중요한 일이다. 이는 그들의 문화를 이해하는 것과 유사하다. 클라이언트는 사회복지사와의 만남에서 사회복지사가 자신이 표현하는 것들을 이해하지 못하여 대답을 반복해야 할 때 좌절감을 느낄 수 있다. 이는 사회복지사에게도 마찬가지일 수 있다. 사회복지사가 클라이언트를 좀 더 잘 이해하고 원조하기 위해서는 클라이언트가 한국어를 잘 습득할 수 있도록 도와주거나, 사회복지사가 그들의 언어를 이해할 수 있도록 노력하고, 필요한 경우 통역을 적극적으로 활용할 수 있는 방법도 동원해야 한다. 사회복지사가 클라이언트의 언어를 이해한다면, 사회복지사와 클라이언트 간의 문화적 장벽은 상당부분 감소되고 소통이 자유로워질 것이다. 또한 클라이언트가 자신을 표현하는 데 있어 자유로워진다면, 사회복지사와 클라이언트 간의 라포(rapport)가 훨씬 쉽게 형성될 것이고 상호작용의 결과는 매우 긍정적일 수 있다.

6. 법적 지위(Legal Status)에 대한 법률적 지식

사회복지사는 결혼이민자와 관련된 법적 사항을 숙지함은 물론, 결혼이민자들의 국적취득 및 체류상황에 대해 정확히 파악하고 있어야 한다. 다문화가정의 여성결혼이민자의 경우 국적을 취득하고 안정적 체류가 보장될 경우, 사회복지사의 개입에 대해 더욱 호의적인 경향이 있다.

결혼이민자는 대한민국의 국민과 혼인한 적이 있거나 혼인관계에 있는 재한외국인으로 「출입국관리법 시행령」상 체류자격 F-1-3과 F-2-1을 가진 자를 말한다. 여성결혼이민자의 경우 입국하고 2년 이상 체류하면 국적취득을 신청할 수 있게 되지만 남편이 사망하였거나 또는 계속적인 폭력에 노출돼 이혼을 하게 되는 경우에는 2년 이상 한국에서 합법적으로 체류할 방법이 없는 것이 현실이다. 법무부는 공인된 여성결혼이민자 관련 단체의 사실확인서와 실태조사를 통한 귀책사유의 입증책임을 규명할 때까지 여성결혼이민자의 국내체류를 허용하는 등의 조치를 취하고 있지만 많은 어려움이 있다. 사회복지사는 결혼이민자의 합법적인 체류를 도울 수 있고, 법적 지위 때문에 파생되는 여러 가지 문제를 해결하는 데 긍정적 영향을 끼칠 수 있다.

7. 다양한 민족성(Ethnicity)에 대한 이해

사회복지사가 결혼이민자들의 개별적인 민족성을 이해하는 것은 그들에게 도움을 주는 데 더욱 효과적으로 작용할 수 있다. 전국다문화가족 실태조사연구(2009)에 따르면, 국내에 체류하고 있는 결혼이민자들의 국적별 분포는 중국 조선족이 30.0%, 중국 한족이 27.4%, 베트남 21.3%, 필리핀 7.2%, 일본 4.1%, 캄보디아 2.2%, 몽골 1.5%, 태국 1.4%, 북미·호주·서유럽 1.8%, 기타 5.5% 등의 순으로 매우 다양한 문화적·인종적 배경을 보이고 있다. 그러므로 이들의 독특한 민족성을 이해하는 것은 매우 중요하다. 예를 들어, 현재 국내에 거주하는 결혼이민자들 상당수를 차지하는 베트남인들은 스스로 근면, 성실, 인내, 친절, 용감성 등의 국민성을 지니고 있다고 생각한다. 오랜 세월 동안의 끊임없는 외침을 성공적으로 물리친 국민으로 자신들을 표현하고자 하며, 무엇보다 외세에 굴하지 않은 역사를 지닌 나라라는 자부심이 매우 강하다. 세션 중에 클라이언트에게 베트남의 역사를 간단히 언급하면서 그 나라와 그들의 국민성을 존중해 준다면, 베트남 여성결혼이민자들은 사회복지사를 더욱 존중하게 될 것이다.

# 제2장 다문화가정의 가정폭력과 Multi-CMS

역사적으로 가정폭력은 심각한 사회적 문제로 다루어져 왔다. 가정폭력은 그 자체로도 위험한 문제일 뿐 아니라 그로 인한 부작용이 사회에 미치는 영향을 감안했을 때 사회적 차원에서 심도 있게 다루어져야 할 문제임이 분명하다. 서구 사회에서는 이미 1960년대와 1970년대의 급속한 인권운동과 여권신장에 발맞추어 가정폭력에 대한 관심이 크게 증가해 왔다. 특히 배우자 폭력에 대한 관심이 증가되어 왔으며, 그중에서도 아내 폭력에 대한 다차원적인 관점의 연구가 시행되어 왔다. 서구에서의 가정폭력에 대한 활발한 관심과 연구와는 대조적으로, 한국사회에서는 현재까지 부부간에 발생하는 수많은 가정폭력이 공공연하게 묵인되거나 타인이 간섭하기 힘든 집안일로만 치부되는 경향이 비일비재했다. 하지만 한국에서의 가정폭력은 이미 개인적인 문제의 수준을 넘어서 사회 전체의 문제로 인식되고 있고 그 심각성과 발생 빈도가 매년 증가 추세에 있다는 점에서 시급히 다루어져야 할 사회적 과제로 여겨진다. 그중에서도 최근 급격한 증가추세를 보이고 있는 다문화가정에서의 가정폭력 문제는 현재 한국사회가 풀어 가야 할 새로운 사회적 이슈이다. 그럼에도 불구하고 현재까지 다문화가정의 가정폭력을 둘러싼 당사자 개인의 특성, 문화적 배경, 사회 시스템에 관한 복합적인 원인에 대한 접근은

전무한 실정이다. 따라서 본 장에서는 다문화가정의 가정폭력 문제에 대한 전반적인 현황 및 문제점, 위험요소와 보호요소를 살펴보고 Multi-CMS를 통한 통합적 접근법에 대해서 살펴보도록 한다.

1. 다문화가정에서의 가정폭력 개념과 범주

「가정폭력방지법」에서 정의하는 가정폭력은 가족구성원 사이에서 발생하는 신체적, 정신적, 재산상의 피해를 수반하는 행위를 의미하며 가족구성원 사이의 모든 폭력행위를 포함한다. 즉, 남편의 아내에 대한 폭력, 아내의 남편에 대한 폭력, 부모와 자녀 간의 폭력, 형제자매간의 폭력 등 가족 간의 모든 폭력이 이에 해당된다. 가정폭력의 개념은 이처럼 대상과 범위에 있어 포괄적으로 정의될 수 있으나 본 장에서 다루고자 하는 다문화가정에서의 가정폭력 개념은 한국인 남편이 여성결혼이민자에게 행하는 신체적, 정신적, 성적, 경제적 폭력으로 정의한다. 각 항목에 해당하는 세부 사항은 다음과 같다.

〈표 4-1〉 다문화가정에서의 가정폭력의 종류

폭력의 종류	나타나는 행동
신체적 폭력	때림, 발로 참, 밀침, 머리 잡아당김, 짓누름, 목을 조름, 물건으로 때림, 물건을 부숨, 끓는 물이나 찬물을 뿌림, 담뱃불을 들이댐, 침을 뱉음, 방에 가둠, 그 밖의 일방적인 폭력행위 등
정신적 폭력	겁을 주거나 위협함, 욕설, 무시, 남 앞에서 결점을 드러냄, 친구와 만나지 못하게 함, 일거수일투족을 감시, 다른 가정의 배우자와 비교함, 스트레스가 되는 행위를 되풀이함 등
성폭력	원하지 않는 성교의 강요, 억지로 피임을 시키지 않음, 강제 불임, 강제 낙태 등
경제적 학대	처음 약속(계약)과는 다르게 아내의 친정으로 정기적으로 송금하기로 한 돈을 주지 않음, 직업을 갖지 못하게 함, 생활비를 주지 않음, 지출 목록을 세세히 감시함 등
사회적 격리	배우자를 친가나 친구들로부터 격리시킴, 전화나 편지의 발신자 및 내용을 집요하게 캐물음, 외출을 방해함 등

2. 다문화가정에서의 가정폭력 현황

행정안전부(2011) 통계에 의하면, 결혼이민자는 2011년 1월 기준으로 21만 1,1458명, 이 중 여성이 86.9%로 대다수를 차지하고 있다. 총 결혼 건수 대비 국제결혼 비율은 4,710명(1.2%)이었던 1990년에 비해, 2009년에는 33,300명(10%)으로 약 9배가 증가하였으며 최근 한국에서 결혼한 10쌍 중 1쌍이 국제결혼을 하고 있는 것으로 나타났다. 결혼이민자의 급속한 증가와 함께 다문화가정의 이혼율이 증가하고 있으며 결혼이주여성의 자살 및 타살, 가정폭력이 국내외에서 심각한 문제로 지목되고 있다. 이에 다문화 관련 연구 및 실태조사가 활발히 진행되고 있으나, 각 조사마다 폭력률 및 폭력유형 등에 대해 많은 차이를 보이고 있다.

다문화가정의 가정폭력 발생률은 여성가족부의 전국 가정폭력 실태 보고서에서도 발표된바, 최근 1년 이내에 배우자로부터 폭력을 당한 다문화가족은 한국 가족의 부부간 폭력 발생률인 40.3%보다 높은 47.7%로 드러났다. 평생 부부폭력 발생률을 살펴보면, 신체적 폭력피해가 16.3%, 경제적 폭력률이 18.6%이었다(여성가족부, 2010). 여성가족부(2010)의 가정폭력 실태조사 자료에서는 지난 1년간 결혼이주여성이 겪은 폭력 유형으로 통제(47.2%), 방임(22.5%), 정서적 폭력(21.5%), 경제적 폭력(15.3%), 신체적 폭력(13.4%), 성학대(5.2%) 순으로 나타났다. 다문화가족의 이혼사유 중 12.9%가 배우자의 학대와 폭력인 점과(한국보건사회연구원, 2009), 현재 별거 혹은 이혼을 한 여성결혼이민자 중 가정폭력 경험률이 높다는 사실(언어폭력은 70~80%, 신체적 폭력은 50%, 남편으로부터의 성행위 강요는 40% 이상)(보건복지부, 2005)은 결혼이민자들이 경험하는 가정폭력이 심각한 수준에 이르렀다는 것을 보여 준다.

이러한 가정폭력은 결혼생활이 오래될수록 더욱 심각해지는 것으로 나타났다. 결혼한 지 2년 미만 부부의 폭력 발생률은 36.6%인 데 반해, 결혼 2년에서 4년차 부부는 50.8%, 4년차에서 6년차는 50.4%, 6년차 이상인 경우에는 58.9%까지 상승했다(김옥연, 2009).

한국인 배우자의 폭력적 행동을 살펴보면 16.9%의 결혼이민자가 신체적·정신적 폭력 및 경제적 학대를 경험하고 있는 것으로 나타났다. 전체적으로 언어폭력이 6.1%로 가장 높은 비중을 차지했다. 다음으로 '생활비나 용돈을 주지 않음'(5.3%)에 이어 '송금을 못하게'(2.5%) 하거나 '신체적 폭력'(2.1%), '의처증·의부증'(2.0%), '기타 폭력행위'(3.8%) 순으로 폭력적 행동을 보였다. 즉, 결혼이민여성 10명 중 적어도 한 명 이상은 배우자로부터 신체적·언어적 폭력을 당하거나 경제적 학대를 당한 것으로 드러났다. 도시에 거주하고 있는 여성결혼이민자(18.6%)들이 상대적으로 다른 집단보다 가정폭력을 경험한 비율이 높았다. 또한 필리핀 출신 결혼이민자들(23.3%)이 다른 국가 출신의 여성들보다 가정폭력을 더 많이 경험한 것으로 나타났다(여성가족부, 2006).

〈표 4-2〉 한국인 배우자의 폭력적 행동

(단위: %, 명)

이민자 조사		폭언 모욕적 말	생활비 용돈 안 줌	송금 못하게 함	신체적 폭력	의처증	기타	전혀 경험 없음
전체	(905)	6.1	5.3	2.5	2.1	2.0	3.8	83.1
성별	여성 (829)	6.2	5.3	2.8	2.3	2.2	4.1	82.5
	남성 (76)	5.3	5.3	0.0	0.0	0.0	0.0	89.5
성별· 거주지별	여성(도시) (629)	6.7	5.7	3.2	2.7	2.1	4.1	81.4
	여성(농촌) (200)	4.5	4.0	1.5	1.0	2.5	4.0	86.0
	남성 (76)	5.3	5.3	0.0	0.0	0.0	0.0	89.5
성별· 출신국별	여성(조선족) (367)	5.7	5.7	2.5	2.7	2.2	4.4	83.1
	여성(한족) (87)	2.3	1.1	3.4	2.3	2.3	4.6	83.9
	여성(베트남) (143)	0.7	7.7	6.3	0.0	2.1	4.2	83.2
	여성(일본) (99)	17.2	5.1	0.0	1.0	0.0	2.0	80.8
	여성(필리핀) (73)	5.5	6.8	1.4	5.5	4.1	8.2	76.7
	여성(기타) (60)	10.0	1.7	1.7	3.3	3.3	0.0	85.0
성별· 출신국별	남성(조선족) (48)	4.2	6.3	0.0	0.0	0.0	0.0	89.6
	남성(한족) (9)	0.0	0.0	0.0	0.0	0.0	0.0	100.0
	남성(기타) (19)	10.5	5.3	0.0	0.0	0.0	0.0	84.2

출처: 국회예산정책처, 「다문화가족지원사업 문제점과 개선과제」, 2010.

배우자로부터 가정폭력을 당했을 때의 반응으로는 "배우자를 설득하여 해결한다"가 12.1%로 가장 높은 비중을 차지했다. 다음으로 "싸워서 고친다"(6.8%), "힘들어도 그냥 참고 산다"(3.8%), "별거 또는 이혼하자고 한다"(1.8%), "기타"(3.1%) 순으로 뒤를 이었다. 남성 이민자(20.0%)는 여성 이민자(11.3%)에 비해 배우자를 설득하여 해결하려는 태도가 약 2배 더 많았다. 반면 여성 이민자(7.2%)가 남성 이민자(2.1%)에 비해 "싸워서 고친다"는 경향이 월등히 높았고, 동시에 여성 이민자(4.1%)가 남성 이민자(1.1%)에 비해 "힘들어도 그냥 참고 산다"라고 답한 비율이 상대적으로 높았다.

〈표 4-3〉 배우자의 폭언·폭행에 대한 대응 방법

(단위: %, 명)

이민자 조사			배우자를 설득하여 해결한다	싸워서 고친다	그냥 참고 산다	별거 또는 이혼하자 한다	기타	그런 경험 없다
	전체	(1049)	12.1	6.8	3.8	1.8	3.1	72.4
성별	여성	(954)	11.3	7.2	4.1	2.0	3.4	72.0
	남성	(95)	20.0	2.1	1.1	0.0	1.1	75.8
성별·거주지별	여성(도시)	(732)	12.0	7.7	3.6	2.6	2.6	71.6
	여성(농촌)	(222)	9.0	5.9	5.9	0.0	5.9	73.4
	남성	(95)	20.0	2.1	1.1	0.0	1.1	75.8
성별·출신국별	여성(조선족)	(459)	13.9	6.8	2.0	2.6	2.6	72.1
	여성(한족)	(102)	4.9	7.8	2.0	1.0	3.9	80.4
	여성(베트남)	(150)	8.0	2.7	8.0	1.3	4.0	76.0
	여성(일본)	(100)	15.0	5.0	8.0	2.0	7.0	63.0
	여성(필리핀)	(86)	12.8	14.0	8.1	1.2	2.3	61.6
	여성(기타)	(57)	1.8	15.8	1.8	1.8	1.8	77.2
	남성(조선족)	(62)	19.4	3.2	0.0	0.0	1.6	75.8
	남성(한족)	(12)	16.7	0.0	8.3	0.0	0.0	75.0
	남성(기타)	(21)	23.8	0.0	0.0	0.0	0.0	76.2

출처: 국회예산정책처, 「다문화가족지원사업 문제점과 개선과제」, 2010.

3. 가정폭력에 영향을 미치는 주요 요인

〈표 4-4〉 가정폭력에 영향을 미치는 요인

요인	분류
다중문화적 요인 (Multi-Cultural)	· 언어문제 · 상대방 문화에 대한 이해 부족 · 상대방 문화를 이해하려는 노력 부족 · 가부장적, 유교적 가치관 · 제3세계 국가에 대한 부정적 선입견
다중정신보건적 요인 (Multi-Modal)	· 스트레스 · 계약성 결혼에서 오는 남편의 우월감 · 남편의 심리상태(패배의식, 열등감, 공격적, 낮은 수용성) · 부부간의 기대 차이
다중사회지원체계적 요인 (Multi-Systems)	· 상업적 국제결혼 시스템(여성의 상품화) · 아내의 가족 부재 · 아내의 법적 신분 유지(이혼하면 거주권 박탈) · 신고하기 쉽지 않은 환경

1) 다중문화적 요인(Multi-Cultural)

다문화가정에서 부부간에 일어날 수 있는 마찰의 주요 원인 중 하나로 문화적 요인을 들 수 있다. 그중에서도 특히 언어문제는 부부간의 원활한 의사소통을 방해함으로써 심각한 부부싸움을 초래할 수 있다. 서로 다른 언어를 사용하는 두 남녀의 경우 원활한 대화 없이 부부관계를 건강하게 지속하기가 쉽지 않다. 자신의 생각과 감정을 정확히 전달하기 어려운 상황에서 서로 간에 오해와 마찰은 계속해서 쌓이게 되고 이는 부부싸움이나 심하게는 가정폭력으로까지 이어질 가능성이 있다. 또 다른 문제로 국제결혼을 한 다수의 한국인 남편들이 배우자의 언어를 익히려는 노력이 부족하고 결혼이민자가 한글을 터득하여 한글로 대화하기를 원한다는 점을 들 수 있다. 새로운 환경과 문화에 적응하기에도 벅찬 결혼이민자에게 새로운 언어를 익혀야 하는 상황은 큰 부담으로 작용할 수 있다.

대부분의 이주 여성은 한국에서의 더 나은 생활을 꿈꾸며 이주결혼을 결심하게 되지만 정작 한국문화와 가정생활에 대한 정보는 충분히 접해 보지 못한 채 결혼을 하게 되는 경우가 많다. 또한 이주 여성의 상당수의 나이가 20대 초반이므로 가부장적인 문화를 가지고 있는 한국인 가정에서 며느리와 아내로서의 역할을 감당하는 데 부담이 따를 수 있다. 한국인 남편 또한 배우자의 문화에 대해 이해하고 서로 간의 문화 차이를 극복하기 위해 노력을 하기보다 일단 결혼부터 하고 보자는 식으로 "한국에 왔으면 한국에 적응을 해야 한다"고 강요하는 경우가 많다. 상대방 문화에 대한 이해와 맞추어 가려는 노력의 부족은 부부간의 갈등의 골을 더욱 깊게 만든다.

2) 다중정신보건적 요인(Multi-Modal)

다문화가정의 부부는 경제적 형편으로 인한 스트레스, 문화 차이로 인한 스트레스, 언어의 격차와 대화의 부재로 인한 스트레스 등 다양한 원인의 스트레스를 경험할 수 있다. 이러한 스트레스는 다문화가정의 가정폭력을 유발하는 불씨가 될 수 있다. 스트레스와 더불어 가정폭력을 일으킬 수 있는 잠재적 요인으로 한국인 남편들의 심리적 우월감을 들 수 있다. 매매혼에 의한 보상심리로 인하여 한국인 남편은 여성결혼이민자를 인격적으로 존중해 주기보다 자신의 소유물로 여기는 경향이 있다. 남편의 그릇된 소유욕은 결혼이민여성을 육체적, 정신적으로 자극하여 부부간의 마찰이 발생하게 된다. 또한 국제결혼율이 높은 농촌 남성들의 경우 수치심이나 열등감이 상대적으로 높을 수 있고 이러한 심리적 상태는 결혼이민여성과의 결혼생활에서 부정적으로 작용할 수 있다. 국제 중매결혼가정에서 가부장적인 가치관을 가진 남성은 자신에게 순종적인 아내를 얻고 싶어 하는 반면에 결혼이주여성은 자신을 인격적으로 존중해 주며 사랑해 줄 수 있는 배우자를 만나기 원한다. 서로 간의 깊은 교제 없이 짧은 기간에 혼인을 맺게 된 두 남녀가 상대방에게 원하는 기대치를 충족받지 못할 경우 갈등은 깊어진다.

3) 다중사회지원체계적 요인(Multi-Systems)

국립 필리핀 대학의 메리 루 알시드 교수는 필리핀 출신 서울 거주 결혼여성 16명의 인터뷰와 결혼중매회사의 실태조사를 통해 한국의 상업적 국제결혼 시스템을 비판했다. 그는 한국 남성이 결혼중개회사에 약 2만 달러의 비용을 지불하고 배우자를 대가로 데려오는 '여성이 상품화'되는 관행 자체에 이미 불행의 씨앗이 담겨 있다고 지적했다. 이로 인해 남편은 여성결혼이민자로 하여금 비이성적인 지배 욕구를 드러내고, 여성도 국제결혼을 위해 빚진 돈을 갚아야 한다는 부담감으로 인해 1차적인 충돌이 일어난다고 했다(김옥연, 2009). 이러한 국제결혼의 비인격적인 관행이 불행한 국제결혼의 시발점으로 작용하여 잠재적 가정폭력의 가능성을 높일 수 있다. 이뿐만 아니라 결혼이민자의 가족의 부재 또한 남편이 더 쉽게 폭행할 수 있는 이유가 될 수 있다. 대부분의 결혼이민자는 그들을 보호해 줄 수 있는 가족, 친척, 친지 등이 한국에 거주하지 않기 때문에 필요시에 그들로부터 즉각적인 도움을 받을 수 없고, 반대로 남편은 심리적인 압박이 없이 폭력을 가할 가능성이 높다.

결혼이주여성 중의 상당수는 결혼 자체의 목적보다 한국에서의 정착을 목적으로 결혼을 한다. 이들은 한국의 국적을 취득하기 원하는데 국적 취득 이전에 가정폭력이 발생하는 경우 울며 겨자 먹기로 묵묵히 참고 견디는 경우가 많다. 이혼을 할 경우 신분 유지가 힘들어질 뿐만 아니라 이혼으로 인해 '계약 위약금'을 지불해야 하기 때문이다. 또 주변에서도 가정폭력을 부부간의 다툼 정도로 인식하거나 가정 내에서 해결해야 할 일쯤으로 생각하여 도와주거나 개입하지 않는 경우가 많기 때문에 여성결혼이민자들은 사회환경적으로도 약자의 위치에 놓여 있다.

4. 사례 제시를 통한 MULTI-CMS적 접근: 가정폭력

<사례> 가정폭력을 당하는 결혼이민여성

애너밸씨는 베트남에서 한국으로 결혼이민을 온 지 올해로 3년째인 35세의 베트남 여성이다. 그녀는 어려서부터 경제적으로 어려운 생활을 해 오며 가난을 벗어나고 싶어 했다. 주변 이웃 중 몇 명이 한국인 남자와 중매결혼을 했다는 소식을 접하게 된 그녀는 이를 부러워하며 자신에 게도 기회만 주어진다면 국제결혼을 통해 가난을 벗어나 더 행복한 삶을 살 수 있을 것 같다는 생각을 했다. 그러던 중에 주변 친지의 소개로 한국의 국제결혼정보 회사와 연락이 닿은 그녀는 한국인 농촌 총각인 김영철 씨(45세)와 맞선을 보게 되었다. 김영철 씨는 결혼 시기를 놓친 노총각으로 한국여성과의 결혼을 포기하고 주변 사람들의 계속되는 권유로 결혼정보회사의 문을 두드리게 되었다. 애너밸씨는 농수산물 회사 사장이라고 소개받은 김영철 씨와 만나 매달 일정 금액을 친정으로 송금한다는 것을 조건으로 결혼을 받아들이게 된다. 맞선에서 결혼까지는 불과 일주일이 채 걸리지 않았고 그 짧은 기간에 만난 서너 번의 데이트로는 서로에 대해서 자세히 알기에 턱없이 부족했다. 그들은 3주 만에 모든 결혼 절차를 마치고 한국으로 들어왔다. 그러나 부푼 기대와는 달리 그녀의 결혼생활은 순탄치만은 않았다.

두 사람의 결혼은 사랑이 전제되기보다 서로 간의 이해관계에 의해서 성사된 것이었다. 생소한 한국의 문화와 언어에 적응하기에도 벅찬 상황에서 남편과의 충분한 교제 없이 시작된 애너밸씨의 신혼생활은 점점 삐거덕거리기 시작했다. 뒤늦게 알게 된 사실은 김영철 씨가 농수산물 회사 사장이 아닌 무직자로 직장을 구하고 있는 중이며 어머님이 생선장사로 벌어 오시는 돈으로 힘겹게 생계를 유지해 가고 있다는 것이었다. 애너밸씨는 남편에게 속아서 결혼했다는 사실에 배신감이 들었고 앞으로의 결혼생활에 대한 불안감마저 들었다. 더욱이 가부장적이고 권위적인 남편 김영철 씨의 태도는 애너밸씨를 더욱 힘들게 했다. 또 김영철 씨는 매달 아내의 친정으로 돈을 송금해야 하는 것에 대해 점점 부담감을 표현하기 시작했고 결혼식을 올린 몇 달 후부터는 송금을 중단하였다. 애너밸씨는 서운한 마음을 표현했고 이는 잦은 부부싸움으로 이어졌다. 애너밸씨가 한국어에 익숙지 않아 남편과의 의사소통이 쉽지 않았기 때문에 문제상황을 대화로 풀어 간다는 것 또한 힘든 일이었다.

그녀는 자신이 직접 일을 해서 남편과 가족들에게 떳떳하고 친정에 있는 식구들에게도 경제적으로 보탬이 되고 싶었지만 사회적 편견 때문에 직장을 구하기가 쉽지 않았다. 엎친 데 덮친 격으로 그녀가 계속해서 임신에 실패하자 시어머니는 아이를 갖지 못한다며 구박을 하였고 두 부부 사이의 관계도 더욱 악화되었다. 잦은 싸움 끝에 결국 김영철 씨가 아내에게 손찌검까지 하게 되는 상황이 벌어지자 애너밸씨는 큰 충격을 받았지만 곧 자신의 실수를 인정하며 다시는 그런 일이 없을 거라고 약속하는 남편을 용서해 주었다. 하지만 남편의 손찌검은 한 번에 그치지 않았고 술을 마시는 날이면 상습적으로 아내를 폭행하게 되었다. 애너밸씨는 신혼 초부터 구타와 사과, 그리고 용서가 되풀이되는 악순환을 겪게 된다. 기대를 안고 시작한 그녀의 이민결혼 생활은 곧 후회와 원망으로 이어졌다. 무엇보다 남편에게 구타를 당한다는 사실에 수치심을 느꼈고 이러한 상황에서 하루 빨리 벗어나고 싶어 했다. 주변 사람들도 하나둘 이러한 사실을 알게 되었지만 남의 집안일이라 생각하고 참견하기를 꺼려했다. 그녀는 한국에 연고도 없고 딱히 도움을 청할 곳도 없는 채로 혼자서 고민에 빠져 있었고 보다 못한 이웃이 사회복지사를 소개해 주어 복지관을 찾아오게 되었다.

〈표 4-5〉 Multi-CMS적 접근의 사정-개입-평가 계획

구분	사정(Assessment)	개입(Intervention)	평가(Evaluation)
Multi-Cultural Approach 다중문화적 접근	· 상담에 대한 긴장과 불안 해소 · 베트남에서 사회복지사를 만난 경험 확인 · 사회복지사와의 만남에 대한 오해나 편견 확인 · 진행과정 설명 · 선물(gift)을 제공함으로써 rapport 및 신뢰감 형성 · 클라이언트의 신상정보 파악 · 문화적응의 정도 분석(Helms의 문화적응의 단계 이용) · 한국어 사용능력 파악 · 베트남과 한국의 문화 및 아내에 대한 기대역할 비교 · 남편과 시어머니도 세션에 참석하게 하여 현재 상황에 대한 정보를 얻음 (균형 잡힌 시각 유지, 클라이언트가 변해야 할 부분도 파악). · 클라이언트와 함께 목표설정	<애너벌> · 결혼이민자들이 일반적으로 겪는 문화적 고민에 대한 설명(클라이언트만 겪는 특수한 상황이 아님을 설명) · 클라이언트가 자라온 문화 및 가정환경과 현재 한국에서의 상황과의 비교 · 여성의 직업관에 대하여 베트남과 한국 사이에 차이가 있음을 설명 · 한국의 유교사상과 가부장적 사상에 대한 교육(아기를 낳아 대를 이으려는 생각이 강함) · 다문화가정 지원센터에서 한국문화와 가정문화 및 한국어 교육을 받도록 지원 <남편> · 가정폭력에 대한 문화적 차이 교육 · 외국인 배우자에 대한 인식 변환 · 베트남 문화 및 역사 교육 <시어머니> · 외국인 며느리에 대한 인식 변환 (외국에서 돈을 지불하고 데려온 며느리 → 동등한 인격체로 대우, 문화·경제적으로 무시하는 태도를 버림) · 베트남 문화 및 역사 교육	· 한국문화에 대한 이해와 적응 정도 측정 · 클라이언트의 한국어능력 평가(TOPIK) · 문화 교육 수업 참석 여부와 문화 적응도 평가 · 남편 및 시어머니와의 관계 평가(가족관계 척도, Hudson)
Multi-Modal Approach 다중 정신보건적 접근	· 문제상황과 원인 분석 · 두드러진 행동, 정서적 반응, 감각 반응, 인지, 대인관계 및 생물학적 성향 파악(불면증, 불안, 우울증) · 고국에 대한 그리움과 남편과 시댁과의 가정불화로 인한 불면증 · 남편의 알코올중독 문제 · 클라이언트와 함께 목표설정	<애너벌> · 이완요법, 요가, 명상 등을 이용한 불면증 치료 <남편> · 남편의 알코올중독 치료를 위한 프로그램 적용(알코올중독 자 조모임) <시어머니> · 고부갈등 해결을 위한 과제 부여	· 클라이언트의 불면증 치료 여부 · 클라이언트의 우울증 회복 여부 확인(자기평가 우울반응 척도, Zung) · 남편의 알코올중독 호전상태 평가 · 남편의 알코올중독 치료모임 참석 여부 · 남편의 아버지 학교 이수 여부
Multi-Systems Approach 다중 사회지원 체계적 접근	· 클라이언트가 가정과 이웃, 교회 및 지역사회에서 이용할 수 있는 자원 파악 · 베트남에서의 직장 경력 확인(직장과 연결) · 클라이언트의 장점 파악(직장과 연결) · 클라이언트와 함께 목표설정	<애너벌> · 가정폭력 상담소 연결 <애너벌, 남편> · 부부관계 회복을 위한 '국제결혼 행복 프로그램'에 참석 신청 · 클라이언트와 남편의 직업훈련 및 직업알선	· 가정폭력 집단모임 출석률 체크 · 남편의 폭력 및 분노조절 상태 확인 · 남편과 결혼학교 이수 여부 및 결혼에 대한 이해 증진 여부 확인(부부 적응 척도, Spanier) · 직업훈련 이수 여부 · 직장 취직 및 지속성 여부 점검

1) 사정과정(Assessment)

애너밸씨가 처음 사회복지사를 방문했을 때 그녀는 다소 불안해하며 경계하는 눈치를 보였고 대체로 말수가 적었다. 사회복지사는 우선 그녀를 따뜻하게 맞아 주고 차를 대접하며 안부를 물었다. 어색함을 줄이고 분위기를 호전시키기 위해 사회복지사는 베트남 음식 중에서 특히 월남쌈을 좋아한다고 말하며 베트남 음식에 대한 이야기를 잠시 나누었다. 통성명을 하고 난 후 사회복지사는 자신이 어떠한 일을 하는 사람인지 이야기해 주었다. 우선 사회복지사는 애너밸씨가 사회복지사와의 만남이 생소하거나 다소 어색하게 느껴질 수 있겠다고 판단하여 애너밸씨가 이전에 베트남이나 한국에서 사회복지사를 만나 본 경험이 있는지 묻자 그녀는 이번이 처음이라고 대답하며 우여곡절 끝에 이곳까지 오게 되었지만 자신이 이곳에서 무엇을 해야 하고 또 무슨 도움을 받을 수 있을지 잘 모르겠다고 대답했다. 사회복지사는 첫 만남으로 인해 다소 긴장 상태에 있는 애너밸씨에게 앞으로의 진행 과정에 대해 상세히 설명해 주었다(사정과정 – 과정에 대한 설명). 만남의 목적, 단계, 규칙, 만남을 통해 기대할 수 있는 효과 등을 설명하면서 그녀가 가지고 있었던 사회복지사와의 만남에 대한 생소함과 오해를 줄이고 동기부여를 할 수 있었다. 애너밸씨가 속해 있던 베트남 문화권에서는 가정에서 발생한 문제를 남에게 공공연하게 드러내어 도움을 받기보다는 기본적으로 가정 내에서 해결하는 것을 미덕으로 삼아 왔다. 이 때문에 그녀는 가정폭력과 관련된 일로 사회복지사에게 의뢰되어 상담을 받게 된 상황이 수치스럽기도 하고 개인적인 사생활을 드러내는 것 같아 불편한 마음도 들었다고 털어놓았다. 또한 그녀는 문제가 있는 사람들만 사회복지사를 찾아온다는 편견을 가지고 있었는데 그 또한 사회복지사의 설명으로 바로잡을 수 있었다.

애너밸: 주변 이웃이 저보고 사회복지사를 만나 보라고 했는데 저는 사실 꺼려했어요.

사회복지사: 꺼리신 이유를 여쭤 봐도 될까요?

애너밸: 내 집안 이야기를 사회복지사에게 한다는 게 부끄럽기도 하고 말한다고 해결이 될까 싶기도 하고요. 나랑 다른 나라 사람이기도 하고.

사회복지사: 아, 그런 이유 때문에 사회복지사를 찾아오시는 게 불편하셨군요?

애너밸: 네. 그리고 나는 이상한 사람이나 문제 있는 사람만 사회복지사를 찾아와서 도움받는다고 생각했어요. 근데 나는 이상한 사람이 아니에요. 그래서 찾아오기 싫었어요.

사회복지사: 그렇게 생각하셨군요. 제가 보기에도 애너밸씨는 전혀 이상한 사람 같지 않아요. 그런데 사회복지사를 찾아오는 사람들은 사실 이상한 사람들만 있는 게 아니에요. 그들은 대부분 정상적인 사람들이지만 잠시 힘든 상황에 처해 있어서 사회복지사의 도움을 받으면 더 쉽게 문제를 해결할 수 있기 때문에 사회복지사를 찾아오는 거예요.

애너밸: 아, 그래요? 그럼 제가 잘 찾아온 게 맞나요?

사회복지사: 그럼요. 잘 오셨습니다. 그리고 저는 애너밸씨가 자라온 환경과 다른 한국에서 태어나서 자란 사람이지만 베트남 문화를 잘 이해하고 있습니다. 또 베트남과 한국문화에는 공통점도 많이 있고요. 베트남이나 한국문화권에서는 가정 문제를 다른 사람들에게 말하기 꺼려하는 경향이 있는데요, 그래도 애너밸씨가 이렇게 마음을 열고 찾아와 주신 것만으로도 이미 문제 해결의 과정은 시작된 겁니다.

애너밸: 정말요?

사회복지사: 네, 그럼요. 앞으로 저와 정기적으로 만나면서 애너밸씨와 제가 함께 협력해서 현재 처해 있는 어려움을 어떻게 극복할 수 있을지 한번 생각해 봅시다.

애너밸씨의 오해를 풀어 준 사회복지사는 이어서 그녀가 어떠한 상황에 처해 있는지에 대해서 물었다. 그녀는 얼굴을 약간 붉히며 자신의 고민을 이야기하기 시작했다. 베트남에서 중매결혼을 하여 한국으로 이민을 오게 된 상황과 신혼 초부터 남편과의 문화 차이로 인해 마찰이 시작되었다는 이야기를 꺼냈다. 사회복지사는 한국인 남성과 외국인 여성 간의 국제결혼에 관한 절차를 잘 이해하고 있었기 때문에 애너밸씨의 상황을 더욱 자세히 이해하고 공감할 수 있었다.

사회복지사: 남편 분과는 어떻게 처음 만나게 되셨죠?

애너밸: 베트남에서 우리 동네 사람 중에 몇 명이 한국인 남자와 결혼했어

요. 그래서 나도 기회가 되면 한국 남자와 결혼하고 싶다고 생각하다가 아는 사람이 좋은 한국사람이 있다고 소개해 줘서 만나게 됐어요.

사회복지사: 아, 그러셨군요. 안 그래도 요즘 한국에서 국제결혼이 계속해서 증가하고 있습니다. 혹시 알고 계셨나요?

애너밸: 네, 저도 들었어요. 근데 처음 남편을 만나고 결혼하기까지 일주일도 안 걸렸어요. 별로 얘기도 못 해 보고 결혼했어요.

사회복지사: 그럼 서로에 대해서 알아갈 수 있는 시간이 많이 부족하셨겠네요?

애너밸: 네······.

사회복지사: 사실 저도 요즘 유행하는 한국인 남성과 외국인 여성 간의 국제결혼 과정을 잘 알고 있는데요. 애너밸씨와 같이 첫 만남에서 결혼까지 빠른 시간 안에 모든 절차를 마치는 경우가 대부분이고 그 점이 큰 문제점이기도 합니다.

애너밸: ······.

사회복지사: 혹시 더 말씀하시고 싶으신 이야기가 있으신가요?

애너밸: 사실······ 결혼 전에 들었던 남편에 대한 이야기는 거짓말이었어요. 사장님이라고 했는데 그것도 거짓말이고 베트남으로 매달 돈을 보내 준다고 했는데 그것도 이제 안 해 줘요.

사회복지사: 남편 되시는 분께서 결혼 전에 하셨던 말씀이 사실과 다르고 그때 하셨던 약속도 잘 지키지 않으신다는 말씀이신가요?

애너밸: 네······. 그것 때문에 자꾸 싸우게 돼요.

사회복지사: 네, 그러시군요. 속은 기분이 드시고 정말 속상하시겠어요.

애너밸: 정말 그래요. 이 사람은 거짓말쟁이 같아요.

사회복지사: 애너밸씨께서 그런 생각이 드시는 것이 충분히 이해가 됩니다. 애너밸씨뿐만이 아니라 한국으로 결혼이민을 오시는 분들 중에 애너밸씨와 같은 경험을 하는 분들이 굉장히 많습니다. 많은 결혼이민자들이 같은 문제로 힘들어하고 계세요. 앞으로 이 문제에 대해서 차근차근 이야기를 나눠 보도록 하죠.

애너밸씨는 의지할 곳 없는 외딴 곳에서 자신의 처지를 이해해 주는 사회복지사를 만났다는 사실에 고마워했고 자신의 문화와 처지를 이해하고 존중해 주는 그로부터 일종의 '선물(gift)'을 받은 느낌이었다. 애너밸씨는 사회복지사에게, "내 상황을 이렇게 이해해 준 사람은 지금까지 한국에서 한 명도 없었어요"라고 말했다. 첫 만남을 통해 사회복지사는 애너밸씨로부터 '신뢰감'(사정과정 – 신뢰감 형성)을 얻었고 애너밸씨는 사회복지사를 믿을 수 있는 사람으로 여기게 되었다. 신뢰감이 형성된 후 그녀는 자신의 감정과 생각을 전보다 부담 없이 솔직하게 털어놓을 수 있게 되었다. 이로써 사회복지사는 사정을 위한 정보수집을 더욱 수월하게 진행할 수 있게 되었다(사정과정 – 정보수집).

> 사회복지사: 애너밸씨. 그럼 세션을 더 진행하기에 앞서서 우선적으로 해야 될
> 일이 있는데요. 애너밸씨가 현재 처해 있는 상황에 대한 정확한 이
> 해를 위해서는 애너밸씨에 대한 기본적인 정보가 뒷받침되어져야
> 합니다. 그래야 더 정확한 분석과 앞으로 해결해 나갈 방향을 정할
> 수 있거든요. 그럼 제가 애너밸씨의 상황을 더 자세히 이해하기 위
> 해서 몇 가지 질문들을 드려도 괜찮을까요?
> 애너밸: 네……. 괜찮아요. 그렇게 하세요.

초기 사정과정에서 사회복지사는 클라이언트를 이해할 수 있을 만한 많은
정보 확보가 필수적이다. 주의할 점은 클라이언트와의 대화 중에 자주 필기를
하거나 음성 녹음을 하는 것은 심리적으로 불안정한 상태에 있는 클라이언트
로 하여금 불안감을 느끼게 할 수 있으므로 가능한 기억력에 의존하여 대화
내용을 기억하도록 한다. 필기나 음성 녹음이 불가피하게 필요할 경우에는
반드시 클라이언트의 동의를 구해야 한다.

정보수집 과정을 통하여 애너밸씨에 대한 신상 정보를 얻을 수 있었다. 그
녀는 1976년생(35세) 베트남 태생으로 사회주의 공화국 정권하에서 자랐다.
사회주의적 사상의 영향으로 남녀평등적 사상과 모계제의 영향을 내재화하
여 왔고 그러한 이유로 한국의 가부장적이고 부계제도적 사회에 다소 이질감
을 느낀다. 종교는 불교이나 본인이 절실한 불교 신자는 아니라고 했다. 한국
에 온 이후로는 한 번도 절에 가 보지 않았고 오히려 기독교 신자인 남편을
따라 교회에도 몇 번 나간 경험이 있다고 한다. 남편 역시 절실한 기독교 신자
는 아니다. 그녀는 베트남 국적을 가지고 있고 아직 한국 국적을 취득하지
못하였다. 스스로를 "아직은 한국사람 같지 않고 베트남사람 같아요"라고 말
하는 것으로 미루어 보아 한국문화에 아직까지는 잘 적응하지 못한 것으로
보인다. 그녀는 저소득층 가정에서 경제적으로 힘들게 자랐으며 초등교육까
지 마친 상태이다. 베트남에서는 재봉 일을 하며 가계에 보탬이 되어 왔으나
한국에 온 이후로는 일을 하지 못하고 있다. 본인은 일할 능력이 있고 일을

하고 싶어 하지만 직장을 구하는 것이 쉽지 않다고 한다. 한국어는 어느 정도 의사소통은 가능한 수준이나 아직 표현에 제한이 많다.

　정보수집의 한 가지 방법으로 사회복지사는 애너밸씨에게 가계도를 그려 보도록 했다. 가계도가 무엇인지 생소했던 애너밸씨에게 간단한 설명과 함께 가계도가 갖는 장점을 부각하여 적극적인 참여를 유도했다. 애너밸씨가 그린 가계도를 통하여 사회복지사는 클라이언트의 가족 내에서 보이지 않는 인간관계를 시각화하여 한눈에 파악할 수 있었다. 그리고 클라이언트가 원 가족과 어떠한 방식으로 관계를 맺고 있는지 파악하여 앞으로의 세션의 방향성과 목표를 설정하는 데 도움을 얻을 수 있었다. 클라이언트 본인도 가계도를 그려 봄으로써 자신과 친정의 가족 배경을 시각화하여 살펴볼 수 있었고 양가 가족 내에 어떠한 인간관계적 특징이 있는지 살펴볼 수 있었다.

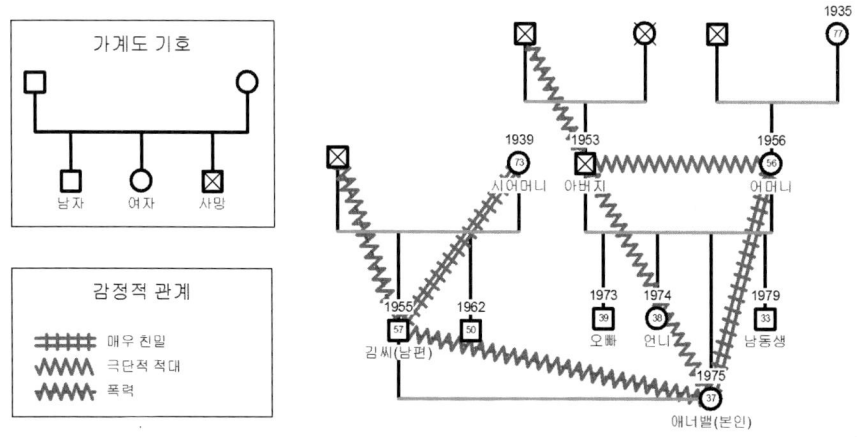

<그림 4-1> 애너밸씨의 가계도

가계도에 표시된대로 애너밸씨는 어머니와 형제, 자매들과는 사이가 돈독하였으나 알코올중독자였던 아버지와는 사이가 좋지 않았다. 아버지는 자주 술을 드셨으며 술을 드신 날은 어김없이 어머니와 애너밸씨의 형제, 자매를 정신적, 신체적으로 학대했다. 애너밸씨는 결혼을 하여 아버지와의 불편한 관계 속에서 벗어났다고 생각했으나 남편이 술을 자주 마시고 습관적으로 구타를 일삼으며 자신의 아버지와 같은 행태를 부렸다. 남편에게 듣기로 남편의 아버지도 항상 술을 마시고 자신에게 폭력을 가했다고 한다.

> 사회복지사: 애너밸씨. 가계도를 그리시느라 수고 많으셨습니다. 한번 그려 보시니까 어떠세요?
>
> 애너밸: 처음에는 어떻게 해야 하는 건지 잘 몰랐는데 다 그리고 보니까 친정과 시댁 가정을 한눈에 볼 수 있고 좋네요.
>
> 사회복지사: 네, 맞습니다. 가족관계를 한눈에 볼 수 있다는 것이 가계도의 장점 중 하나입니다. 그리고 가족구성원 사이에 어떠한 특징이 있는지를 쉽게 살펴볼 수 있는 점도 가계도의 또 다른 장점 중의 하나이지요.
>
> 사회복지사: 그럼, 애너밸씨가 그린 가계도에서 어떤 관계적 특징이 있는 것 같으세요?
>
> 애너밸: 저와 남편 모두 아버지가 알코올중독자이셨고 가족들과 사이가 좋지 않다는 점이 보이네요.
>
> 사회복지사: 네, 맞습니다. 일단 그 점이 이 가계도에서의 두드러진 특징이라고 볼 수 있습니다. 그럼 이 부분에 대해서는 나중에 자세히 이야기를 나눠 보도록 하죠.

애너밸씨가 설명한 대로 애너밸씨와 남편은 모두 알코올중독자였던 아버지로부터 정신적 혹은 신체적인 학대를 받으며 자라왔고 남편은 이를 답습하고 있는 것으로 보인다. 사회복지사는 이러한 가족의 배경과 다른 정보들을 통합하여 목표 설정과 개입 방향을 정하도록 한다.

다음으로 사회복지사는 클라이언트가 한국사회와 문화에 어느 정도 적응하고 있는지에 대해 알아보았다(사정과정 – 문화적응의 정도 분석). 몇 가지 질문과 대화를 통해 애너밸씨의 물리적, 정신적 적응 상태를 파악하고, Helms(1985)의 문화적응 과정에서의 문화적 정체성에 대한 세 단계를 판단의 기준으로 삼았다.

사회복지사: 애너밸씨는 3년 전에 한국에 오셨다고 하셨죠?

애너밸: 네. 이제 결혼한 지 3년 됐으니까요.

사회복지사: 그럼 한국에서의 생활에 어느 정도 적응을 하신 건가요?

애너밸: 뭐…… 그런 면도 있고 아닌 면도 있는 것 같아요.

사회복지사: 그럼 먼저 어떤 면에서 적응을 하신 것 같으세요?

애너밸: 처음 한국에 왔을 때는 사소한 것 하나하나가 신기하고 새로웠어요. 그런데 조금 지나 보니 음식도 잘 안 맞고 이것저것 새로 배우고 익혀야 하는 것들이 너무 많았어요.

사회복지사: 어떠한 것들이 그랬죠?

애너밸: 음…… 먼저 음식이요. 한국 음식이 맛있는 건 맛있는데 저한테 안 맞는 건 정말 못 먹겠더라고요. 청국장 같은 거요. 그런데 이제는 청국장도 먹을 수 있고 또 제가 직접 끓일 수도 있게 됐어요. 시어머니도 제법 잘 끓인다고 칭찬해 주세요.

사회복지사: 와, 정말요? 한국에 오신 지 3년 만에 청국장까지 끓이시는 거 보면 한국사람이 다 되셨네요.

애너밸: 감사합니다. 근데 그렇게 잘하지는 못해요.

사회복지사: 그럼 음식 외에 다른 부분은 어떠셨어요?

애너밸: 처음에는 한국말을 하나도 못해서 슈퍼마켓이나 시장에서 장보는 것도 혼자서 못했는데 이제는 어느 정도 할 수 있고, 동네사람들하고도 오고 가면서 이야기도 조금씩 하고 그래요.

사회복지사: 그렇군요. 비교적 잘 적응하고 계신 것 같네요. 그럼 아직 잘 적응이 안 되시는 부분에 대해서 말씀해 주실 수 있나요?

애너밸: 먼저 아직도 답답한 건 한국말을 잘 못한다는 거예요. 하고 싶은 말이 있어도 잘 전달이 안 되니까 답답할 때가 많아요.

사회복지사: 그렇군요. 평생 써 오던 말이 아닌 다른 나라 말로만 이야기해야 하는 상황이 정말 힘드실 거예요. 그럼 한국어를 따로 배우시진 않으셨나요?

애너밸: 네. 그냥 혼자서 조금씩 책 보면서 하는데 잘 안 돼요.

사회복지사: 그렇군요. 혼자서 언어를 공부한다는 게 애너밸씨가 경험하신 것처럼 어려운 일이거든요. 그럼 한국어 말고 다른 부분은 어떠세요?

애너밸: 사실…… 제가 한국에 온 지 삼 년이 됐지만 처음 왔을 때나 지금이나 사람들이 저를 보는 시선은 별로 달라지지 않은 거 같아요.

사회복지사: 어떤 말씀이신지 좀 더 자세히 설명해 주시겠어요?

애너밸: 나는 그냥 아무렇지도 않은데 사람들이 저만 보면 귓속말하고, 저한테 막 대하는 사람도 있고, 그리고 우리 남편이랑 시어머니도 어떨 때는 내가 베트남에서 와서 이것도 잘 못하고 저것도 잘 못한다고 뭐라고 하기도 해요. 그럴 때는 창피해서 그냥 베트남에 가고 싶고 한국사람들이 밉고 그래요.

사회복지사: 그렇군요……. 그동안 정말 힘들고 속상하셨겠네요…….

애너밸씨와의 대화를 통해 그녀의 물리적, 정신적 적응 상태를 파악할 수 있었다. 먼저 언어적인 면에서 한국어 구사에 미숙함을 보이고 있었다. 언어 사용의 제한으로 인해 불이익을 당하거나 스트레스를 받을 수 있고 또 언어가 문화의 중요한 일부라는 측면에서도 한국어 교육이 필요한 상황이다. 언어를 제외한 일상생활에서의 물리적 적응 상태는 비교적 원만해 보였다. 음식, 장보기 등 일상적으로 필요한 행동들에 있어서는 크게 제약을 받지 않을 만큼 적응해 있었다. 하지만 정신적인 적응 상태에 있어서는 아직 원활히 적응하지 못한 상태이다. 여기에는 여러 가지 복합적인 원인들이 있을 수 있으나 가장 큰 문제점으로는 한국인들의 외국인 배우자에게 갖는 부정적인 인식을 꼽을 수 있다. 지지와 격려가 필요한 애너밸씨에게 차가운 시선을 보내는 주변사람들의 반응은 애너밸씨의 적응을 오히려 힘들게 했다.

애너밸씨의 문화적응의 단계는 Helms의 문화적응 과정에서의 문화적 정체성에 대한 세 단계를 기준으로 볼 때 첫 번째 단계인 다른 문화를 만나기 전 단계(pre-encounter stage)로 볼 수 있다. 무리한 결혼을 감수하면서까지 큰 기대와 꿈을 안고 이민결혼을 온 애너밸씨에게 한국은 동경의 대상이었고 삶의 질을 한 차원 향상시킬 수 있는 터전이었다. 하지만 이러한 동경과는 달리 한국문화에 잘 적응하지 못하고 또 한국사람들의 왜곡된 시선으로 인해 위축되고 수치심을 느꼈으며 출신국가와 문화에 대한 자부심 또한 낮아졌다. 한국에서의 앞으로의 안정된 삶을 위해서는 이러한 문화적응 초기단계를 극복해야 한다. 스스로의 노력과 주변의 자원을 효율적으로 이용하여 문화적응에 성공하게 되면 자신의 문화와 한국의 문화를 모두 존중하고 수용할 수 있게 되면서 양쪽 문화를 상황에 맞게 병행하여 누릴 수 있는 단계인 초월단계(transcendent stage)에 이를 수 있다.

애너밸씨에 대한 기본적인 정보수집을 마치고 그녀가 세션의 분위기에 어느 정도 적응을 한 상황에서 사회복지사는 애너밸씨가 현재 직면해 있고 또 해결하고 싶어 하는 문제에 대한 대화를 시작했다.

사회복지사: 애너밸씨. 적극적으로 세션에 참여해 주셔서 너무 감사합니다. 애너밸씨와 대화를 하다 보니 애너밸씨가 어떠한 문화적 배경을 가지고 계신 분인지, 또 현재 어떠한 상황에 처해 계신지를 잘 알 수 있게 되었네요. 그럼 이제는 애너밸씨가 오늘 저와 가장 중요하게 이야기하고 싶은 점에 대해서 말씀해 주실 수 있겠어요?

애너밸: 네, 사실 적응하는 것도 그렇고 애기 문제도 그렇고 직장도 그렇고 이것저것 힘든 건 많은데요…… 제일 힘든 건…… 사실 남편과의 문제예요.

사회복지사: 남편과의 관계에서 힘드신 부분이 있나 보네요. 그럼 어떤 부분이 힘드신지 좀 더 설명을 해 주시겠어요?

애너밸: 아까 말씀드린 것처럼 처음 만나서 결혼하기 전까지는 저한테 너무 잘해 주고 그랬는데 결혼하고 나서부터 완전히 바뀌었어요. 요즘은 싸웠다 하면…… 저를 때리고 그래요…….

사회복지사: 아…… 그렇군요. 그동안 누구한테 속 시원히 털어놓지도 못하고 얼마나 힘드셨어요?

애너밸: 네…… 창피해서 아무한테도 말 못 했어요. 어떨 때는 얼굴에 멍이 나서 밖에도 못 나가고 일주일 동안 집에만 있기도 했어요. 베트남에 계시는 부모님께도 걱정하실까 봐 말씀도 못 드리고 혼자서 고민만 했어요.

사회복지사: 애너밸씨 이야기를 들으니까 저도 너무 마음이 아프네요. 그래도 지금이라도 저에게 이렇게 속 시원하게 털어놓으셔서 정말 감사하고 너무 다행이라고 생각해요. 그럼 남편 분이 애너밸씨를 힘들게 하실 때 애너밸씨는 어떻게 하세요?

애너밸: 저는 그냥 가만히 있어요. 말대꾸하거나 같이 싸우려고 하면 더 화를 내서 무서워요. 그래서 그냥 참고 있어요.

사회복지사: 그렇군요. 그럼 혹시 남편 분이 술도 많이 드시나요?

애너밸: 네. 술을 너무 많이 마셔요. 그리고 항상 술을 마시면 괜히 욕하고 자주 저를 때리고 그래요. 술 좀 그만 마셨으면 좋겠어요.

사회복지사: 애너밸씨가 행복한 결혼생활을 기대하시면서 먼 한국 땅까지 오셨는데 그동안 정말 힘든 일들을 많이 겪으셨네요.

애너밸: 네…… 많이 힘들었어요…….

사회복지사: 한국인 중에 특히 남자들은 자신이 가정의 기둥이자 권위를 가진 사람이고 아내는 남편을 내조하고 순종적이어야 한다는 여성관을 가지고 있는 경우가 많아요(다중문화적 개입과정). 어떤 사람들은 이런 인식이 지나치게 강해서 부정적으로 표현될 때도 있습니다. 예를 들면 아내에 대한 무한 복종을 요구하거나 심한 경우 욕설, 폭력 등으로 표현되기도 하죠. 아마 애너밸씨도 비슷한 상황을 겪고 계신 것 같은데요. 저에게 힘들게 말해 주신 만큼 이 문제가 꼭 해결되도록 저도 최선을 다해서 돕겠습니다. 애너밸씨와 제가 같이 힘을 합쳐 노력한다면 반드시 해결책이 있을 겁니다. 너무 걱정하지 마세요.

사회복지사는 지금까지 수집한 정보를 토대로 애너밸씨의 문제해결 및 한국으로의 효과적인 정착을 위한 목표설정을 한다(사정과정 – 목표설정). 이러한 목표 설정은 사정과정을 통해 얻어진 클라이언트의 문화적, 개인적, 사회적 배경에 대한 정확한 정보를 기반으로 이루어져야 한다. 또한 목표설정은 앞으로의 세션이 진행될 방향성을 제시해 주고 세션의 효율성을 높여 준다는 점에서 반드시 필요한 과정이다. 먼저 사회복지사는 클라이언트와의 첫 번째 세션을 마무리하며 첫 세션에서 나누었던 정보들을 요약해서 재확인시켜 주고 이를 기반으로 클라이언트와 함께 목표설정을 한다. 사회복지사 혼자서 목표를 세우는 경우 클라이언트의 욕구를 반영하지 못할 수 있고 클라이언트의 자발적인 참여를 저해하는 요소가 될 수 있다. 따라서 목표 설정은 클라이언트와의 상의를 통해 같이 이루어 나가는 것이 바람직하다.

사회복지사: 애너밸씨. 오늘 이곳을 힘들게 방문해 주셨는데 애너밸씨가 가지고 계신 고민까지 솔직하게 말씀해 주셔서 너무 감사했습니다.

애너밸: 아니에요. 저도 이렇게 말하고 나니까 그래도 속이 좀 시원한 거 같아요.

사회복지사: 그렇게 느끼신다니 저도 뿌듯하네요 그럼 오늘 만남을 마치기 전에 마지막으로 애너밸씨와 제가 해야 할 중요한 일이 한 가지 더 있습니다.

애너밸: 그게 뭐죠?

사회복지사: 바로 앞으로의 목표를 세우는 것입니다. 애너밸씨가 가지고 계신 고민을 해결하기 위해서 앞으로 애너밸씨와 제가 지속적으로 만나게 될 텐데요. 계획이나 목표 없이 그냥 만나게 되면 별다른 진전 없이 그저 고민만 들어주다 끝나게 될 수 있거든요. 애너밸씨가 힘들게 시간을 내서 이곳을 방문해 주신 이유는 지금 겪고 계시는 고민을 해결하기 위해서이지 않습니까? 애너밸씨와 제가 이 만남을 통해서 이루고자 하는 것이 무엇인지를 분명히 정해 놓고 그것을 이루기 위해서 우리가 같이 노력한다면 이 만남이 훨씬 더 의미 있을 것 같습니다. 애너밸씨는 어떻게 생각하세요?

애너밸: 선생님 말씀을 듣고 보니까 정말로 그럴 거 같네요. 그럼 목표를 정하려면 어떻게 해야 하죠?

사회복지사: 그럼 먼저 애너밸씨가 오늘 말씀해 주신 여러 가지 내용 중에서 어떤 점을 가장 우선적으로 해결하기 원하시는지부터 얘기를 시작해 볼까요?

사회복지사는 현재 클라이언트의 상황에서 어떠한 부분에 가장 시급한 개입이 필요한지 우선순위를 정하며 목표를 세운다. 목표 설정에 있어서도 클라이언트 개인뿐만 아니라 클라이언트와 직접적으로 영향을 주고받는 사람들의 목표를 같이 설정하여 클라이언트의 문제해결에 보다 근본적이고 효과적인 개입을 가능토록 한다. 다음은 사회복지사와 애너밸씨가 함께 작성한 앞으로의 개입목표이다.

〈표 4-6〉 애너밸씨의 장·단기개입 목표

구분	대상	단기목표(Short-term Goal)	장기목표(Long-term Goal)
다중문화적 접근	애너밸 (Client)	· 한국어 숙지 · 한국문화에 대한 이해(직업관, 한국의 유교적 여성관 등) · 남편 및 시어머니와의 오해를 줄임 (문화적, 언어적). · 임신문제로 인한 갈등 해결(한국인의 자녀에 관한 관점 이해)	· 능숙한 한국어 사용 · 베트남과 한국문화에 대한 적응과 통합 · 남편 및 시어머니와의 관계 회복 · 건강한 자녀 출산
	남편과 시어머니	· 문화적 갈등 완화를 위해 베트남 문화에 대한 이해를 높임. · 임신문제로 인한 갈등 해결 (클라이언트의 입장을 고려)	· 클라이언트의 문화를 수용·인정해 줌. · 클라이언트에 대한 인식 변환(동등한 인격체로 대우) 및 관계의 회복
다중정신 보건적 접근	애너밸	· Relaxation Therapy에 의한 불면증 완화 · 우울증 완화(상담가 소개)	· 불면증 치료 · 우울증 치료
	남편	· 음주를 절제할 수 있게 됨. · 아버지 학교 참석	· 금주 · 남편과 미래의 아버지로서의 바람직한 역할 이해 및 실천
	시어머니	· 클라이언트의 불면증과 우울증 상태를 이해해 주고 극복하기 위해 지원해 줌.	· 클라이언트와의 관계를 긍정적으로 전환
다중사회 지원체계적 접근	애너밸	· 가정폭력에 대한 불안감 저하 및 대처 방안 습득 · 부부간의 건강한 의사소통, 남·여 간의 차이, 행복한 결혼생활에 대한 이해 증진 · 직업훈련학교 교육 참석	· 건강한 결혼생활 유지 · 안정된 직장에 취직
	남편	· 결혼학교 참석 · 직업훈련학교 교육 참석	· 가정폭력 근절 · 아내에 대한 이해와 배려심 향상 · 안정된 직장에 취직
	시어머니	· 아들이 술을 끊을 수 있도록 격려 및 감시 · 아들과 며느리의 분쟁 시 중재 역할	· 아들과 며느리의 지원자 역할을 충실히 감당

2) 다중문화적 개입과정(Multi-Cutural Approach)

사회복지사는 애너밸씨와의 첫 만남인 사정과정을 통해 신뢰를 획득하고 이를 통해 클라이언트의 상황에 대한 정보를 원활히 수집할 수 있었다. 이를 토대로 개입의 장·단기의 목표를 세우고 두 번째 세션부터는 실제적인 개입을 실시한다. 사회복지사의 개입의 방향은 Multi-CMS 모델에 입각하여 총 세 가지 단계인, 다중문화적, 다중정신보건적, 다중사회지원체계적 접근으로 실시한다. 개입의 중점 및 방향은 클라이언트와 함께 세운 목표의 달성을 기준으로 한다.

본 장에서는 클라이언트와 가족구성원 사이에서 문화적 차이로 인해 발생하는 갈등 상황에 개입하기 위하여 문화적 접근을 시도했다. 애너밸씨는 아직 한국의 문화와 언어에 낯설기 때문에 남편과 시어머니의 기대치에 못 미치는 생각과 행동을 하는 경우가 있다. 남편과 시어머니 역시 애너밸씨의 모국 문화와 성장 배경을 이해하려고 하지 않고 자신들의 기준으로만 평가하려 했기 때문에 갈등의 차이는 쉽게 좁혀지지 않았다. 애너밸씨에게 한국문화에 대한 교육을 실시함과 동시에 가족구성원에게도 애너밸씨가 어떠한 문화와 가정 환경에서 자라왔는지에 대해서 충분히 이해시킴으로써 서로 간의 문화적 수용성을 향상시킬 필요가 있었다. 애너밸씨는 결혼 이후 지금까지 이러한 문화적 차이로 인하여 직업, 임신 등의 문제와 한국어의 미숙함으로 인한 의사소통의 문제로 남편과 많은 다툼이 있었고 시어머니와도 보이지 않는 신경전을 벌여 왔다. 사회복지사는 이러한 맥락을 고려하여 문화적 차원에서 클라이언트와 가족이 안고 있는 마찰을 줄이기 위해 개입하게 된다.

(1) 클라이언트에 대한 개입

전형적인 한국인 농촌 남성과 동남아시아 처녀들의 국제중매결혼 관례에 따라 클라이언트는 현재 남편과 충분히 교제할 수 있는 기간을 갖지 못한 채로 법적 혼인을 급속히 맺었다. 한국의 문화에 대한 배경지식 또한 부족한 채로 한국사회에 맞닥뜨리게 된 클라이언트는 가족구성원과의 관계에서 여러 문화적 갈등을 경험하게 되었다. 현재 클라이언트가 안고 있는 고민은 크게 직업문제, 남편과 시어머니의 유교적 사상과 가부장적 행동에서 오는 마찰, 자녀출산, 언어습득의 어려움으로 분류해 볼 수 있다.

사회복지사는 클라이언트의 한국문화 이해와 언어습득을 향상시키기 위해 총 6주의 과정의 문화교육 프로그램을 진행했다. 문화교육의 내용은 다음과 같다. '한국 - 베트남 문화비교'에서는 한국문화에 대해 개괄적으로 이해하고 한국과 베트남 문화의 특징과 차이점에 대해 알아보는 시간이다. 이 세션에는 남편과 시어머니가 같이 참석하여 공감대를 형성하고 서로 간의 문화를 더 깊이 이해할 수 있는 시간을 갖았다. '직업관'에 대한 교육은 한국사회에서 결혼이민자의 신분으로 겪을 수 있는 직업상의 차별에 대해 알아보고, 이에 대한 해결책으로서 취업을 위해 어떠한 준비를 해야 하며 바람직한 직업관과 직업윤리는 무엇인지에 대하여 교육했다. '유교적 가치관과 가부장적 태도' 시간에는 한국인의 정서에 깊이 내재되어 있는 유교적 가치관과 한국의 가부장적 태도에 대하여 알아보고 그로 인해 파생될 수 있는 타 문화권과의 마찰을 사례를 통하여 배우는 시간을 가졌다. 클라이언트는 이 시간을 통해 한국인의 정서를 어떻게 이해하고 반응해야 하는지에 대하여 배울 수 있었다. '자녀계획' 세션에서는 한국인의 남아선호사상과 남존여비사상에 대하여 배움으로써 남편과 시부모가 자녀계획에 대하여 어떠한 바람을 가지고 있는지에 대해 이해할 수 있는 시간을 가졌다. '한국어 교육' 시간에는 한국문화를 이해하는 데 중심 역할을 하는 한국어에 대하여 배우는 시간을 갖는다. 보다 효율적인 학습을 위하여 사회복지사는 인근 다문화가정 지원센터에 클라이언트를 의뢰하여 실시되고 있는 언어 교육에 참여할 수 있도록 하였다. 한국어 강좌의 경우에는 클라이언트의 한국어 수준에 따라 6개월에서 1년까지 연장

교육을 받을 수 있다. 언어교육 시에 한 세션은 남편이 함께 참석해서 간단한 베트남어를 배우는 시간을 가졌다. 이 프로그램을 통하여 남편은 베트남에 계시는 장인, 장모께 전화로 간단한 문안 인사를 드릴 수 있게 되었다. 자신의 모국어를 익히려는 노력을 보이는 남편에게 클라이언트는 더 깊은 문화적 공감대를 형성할 수 있었다.

〈표 4-7〉 클라이언트를 위한 문화 중심의 프로그램

순서	주제	활동	책임자	일 정					
				1회	2회	3회	4회	5회	6회
1	한국 - 베트남 문화비교	한국과 베트남 문화의 특징과 차이점 비교 (남편과 시어머니 참석)	다문화가정 지원센터 담당자						
2	직업관	외국인과 여성에 대한 직업차별, 올바른 직업관과 직업윤리 교육	다문화가정 지원센터 담당자						
3	유교적 가치관과 가부장적 태도	유교적 가치관과 가부장적 태도에 대한 실례를 통한 이해	사회복지사						
4	자녀계획	남아선호사상과 남존여비사상에 대한 교육	사회복지사						
5	한국어 교육	한국어 교육(남편 참석)	다문화가정 지원센터 담당자						

사회복지사는 교육 중간에 클라이언트가 교육 내용을 원활히 소화하고 있는지 지속적으로 점검하며 교육이 끝난 시점에서도 클라이언트에게 미진했던 부분이나 더 자세한 설명이 필요한 부분이 있으면 추가 교육을 실시할 수 있다. 다음은 다문화교육을 받고 있는 클라이언트가 자신의 고민해결을 위해 사회복지를 찾아와 나눈 대화의 일부이다.

> 사회복지사: 남편 분께서 처음 약속과는 다르게 요즘은 친정으로 돈을 잘 보내 주시지 않는다고 하셨는데 그럼 그 부분에 대해서는 어떻게 생각하세요?
> 애너벨: 남편한테 속은 거 같고 너무 서운해요. 그래서 제가 직접 일해서 돈도 벌고 싶었어요. 우리 베트남에서는 여자도 일 많이 하거든요.

사회복지사: 처음이랑 얘기가 달라서 정말 속상하셨겠네요. 속은 것 같다는 마음도 드실 것 같고요. 그런데 애너밸씨는 현재 이곳에서 일자리를 구하고 계신 건가요?

애너밸: 아니요. 일해서 돈을 벌고는 싶은데 남편이 무슨 일이냐고 집에서 살림만 하라고 해서 알아보지도 못하고 있어요. 어떤 일을 할 수 있을지도 모르겠고요.

사회복지사: 그렇군요. 조금 전에 애너밸씨가 말씀하신 것처럼 베트남에서는 예전부터 남녀 평등적 사상이 이어져 왔기 때문에 여성분들도 많이 일을 하고 계시는 것으로 알고 있어요. 하지만 한국의 전통적인 가부장적 가정에서는 여성들이 일하는 것에 대해서 조금 꺼려하는 분위기도 있어요.

애너밸: 아. 맞아요. 저도 수업 때 배웠어요. 한국의 보수적인 남자들이 특히 그렇다고 들었어요.

사회복지사: 네 잘 기억하고 계시네요. 애너밸씨가 다문화교육 시간에 공부를 열심히 하신 것이 도움이 된 것 같아 저도 기쁩니다. 물론 다 그런 것은 아니지만 한국사람들 중에 아직 많은 사람들이 남편은 밖에서 일을 해서 돈을 벌어 오고 아내는 집에서 살림만 잘하면 된다고 생각하거나, 남편이 가정에서 최고 권위를 가져야 하고 아내는 순종적이어야 한다는 유교적인 가족제도의 여성관을 가지고 있어요(2. 교육적 개입과정).

애너밸: 잘 이해가 안 돼요. 아내도 같이 돈을 벌면 더 좋은데 왜 남편만 일해야 되죠? 저도 돈 벌어서 남편이랑 시어머니한테도 떳떳할 수 있고 제가 번 돈으로 베트남에 있는 우리 식구들한테 돈도 보낼 수 있잖아요.

사회복지사: 네. 저도 애너밸씨랑 같은 생각입니다. 그리고 한국남성들도 점점 그런 쪽으로 생각이 바뀌어 가고 있기도 하고요. 하지만 오랜 기간 동안 전해져 내려오는 한국의 가부장적인 가치관이 여성의 경제활동 참여를 권장하는 베트남 문화권에서 오신 애너밸씨에게 다소 생소하게 느껴지실 수도 있겠다고 생각해요.

애너밸: 그렇구나…… 제가 잘 몰랐던 사실이었어요. 아무도 나한테 그런 걸 얘기해 주는 사람이 없었어요. 내 남편은 그런 말도 안 해 주고 나한테 그렇게 막 대하니까 나도 기분이 많이 나빴어요. 그럼…… 내 남편이 이상한 사람은 아니었네요?

사회복지사: 그럼요. 한국인의 이런 문화적 특징을 혹시 잘 모르고 계셨었다면 남편이 지금까지 왜 그렇게 말씀하시고 행동했는지 잘 이해가 안 되고 무척 서운하셨겠어요.

애너밸: 그럼요. 그럴 때마다 얼마나 서운했는데요. 그래도 사회복지사 선생님께서 이렇게 설명을 해 주니까 적어도 내 남편이 어떤 생각으로 그런 말을 했는지는 알 것 같아요.

정도의 차이가 있지만 베트남의 사회주의 체제하에서 자란 클라이언트는 남녀평등적 사상을 내재화해 왔고, 동남아시아 특유의 모계제의 영향을 받아 여성의 적극적인 경제활동 참여를 긍정적으로 보고 있었다(김영옥 외, 2009). 사회복지사는 이러한 배경지식을 바탕으로 애너밸씨와 유교적 가족 제도의 여성관을 가지고 있는 한국인 남편과의 마찰 상황을 이해할 수 있었다.

애너밸씨는 의지할 곳 없는 외딴곳에서 자신의 처지를 이해해 주는 사회복지사를 만났다는 사실에 고마워했고 자신의 문화를 존중해 주는 그로부터 일종의 '선물(gift)'을 받은 느낌이었다. 애너밸씨는 사회복지사에게, "내 상황을 이렇게 이해해 준 사람은 지금까지 한국에서 한 명도 없었어요"라고 말했다. 이를 통해 사회복지사는 애너밸씨로부터 '신뢰감'(사정과정 – 신뢰감 형성)을 얻었고 애너밸씨는 사회복지사를 믿을 수 있는 사람으로 여기게 되었다. 신뢰감이 형성된 후 그녀는 자신의 감정과 생각을 전보다 부담 없이 솔직하게 털어놓을 수 있게 되었다.

(2) 남편에 대한 개입

사회복지사: 애너밸씨, 한 주간 안녕하셨어요?

애너밸: 네. 그런데 남편이 아직도 계속해서 술을 먹고 저한테 욕하고 막 대해요.

사회복지사: 그럼 이번 한 주도 역시 힘든 한 주를 보내셨겠네요. 오늘부터는 지난주에 애너밸씨와 같이 세운 목표를 가지고 실제적으로 무엇을 어떻게 해야 할지 생각해 보고 실천에 옮기려고 합니다. 애너밸씨가 지금 힘든 상황에 처해 계시기 때문에 세션에 빠지지 마시고 꼭 참석하셔서 하나씩 힘든 점들을 해결해 나가기로 합시다.

애너밸: 네. 저도 정말 그러고 싶어요.

사회복지사: 지금 애너밸씨가 가장 힘들어하시는 부분은 남편과의 관계이고 더 자세하게는 남편 분께서 술을 드시고 애너밸씨에게 폭력을 가하는 문제라고 볼 수 있는데요. 저와 애너밸씨만 문제를 심각하게 보고 해결하려고 노력한다고 해서 근본적으로 이 문제가 해결되는 것은 아닙니다. 정말 이 문제를 해결하기 위해서는 남편 분께서 변하시는 것이 중요합니다.

애너밸: 네, 아무래도 그렇겠지요?

사회복지사: 네, 맞습니다. 그런데 그렇게 되기 위해서는 남편 분께서 힘드시더라도 이 모임에 같이 나오셔서 이야기를 나누어 보는 것이 좋은 방

법이 될 수 있습니다.

애너밸: ······.

사회복지사: 남편 분을 이 자리로 모시는 것이 많이 부담되세요?

애너밸: 네, 아무래도 좀 어려울 것 같아요. 제가 같이 여기 오자고 하면 아마 또 화낼지도 몰라요.

사회복지사: 네, 어색한 자리라고 생각하셔서 충분히 그러실 수도 있겠네요. 하지만 애너밸씨가 처음 이곳에 오시기는 힘드셨어도 저와 만나서 대화를 나누시고 난 후에는 잘 오셨다고 생각하신 것처럼, 남편 되시는 분도 처음에 오시기가 힘드셔서 그렇지 저와의 만남을 통해 본인의 문제점을 발견하고 본인도 변할 수 있다는 사실을 알게 되면 마음을 바꾸실 수 있습니다.

애너밸: 정말 그럴까요? 그럼 제가 어떻게 하면 되죠?

사회복지사: 애너밸씨가 말씀하신 대로 무턱대고 이곳으로 나오라고 말씀드리면 혹시 거절하실 수도 있으실 테니까 먼저 저와 통화를 한번 연결시켜 주시면 제가 잘 말씀드려 보도록 하겠습니다.

애너밸: 네, 그렇게는 해 볼 수 있을 것 같아요.

폭력을 행사하는 남편을 강제적으로 세션에 참여시키기에는 무리가 있을 것 같다고 판단한 사회복지사는 우회적인 방법으로 애너밸씨의 도움을 받아 남편과 먼저 통화를 시도했다. 예상대로 남편은 처음부터 이런저런 핑계를 대며 세션에 참여하지 않으려 하며 방어적인 태도를 취했다. 하지만 남편에게 애너밸씨와의 행복한 결혼생활에 대한 동기부여를 함으로써 일단 사회복지사와의 만남을 한 번 갖기로 약속을 받았다. 며칠 후 사회복지사는 애너밸씨의 남편과 만나게 되었다.

사회복지사: 김영철 씨 안녕하세요. 어려운 부탁을 드렸는데 선뜻 허락해 주시고 이곳까지 와 주셔서 감사합니다.

김영철: 아······ 네······ 안녕하세요.

사회복지사: 애너밸씨께 이야기를 들으셔서 대충은 아시고 계시겠지만 김영철 씨와 애너밸씨가 어떻게 하면 더 행복한 결혼생활을 하실 수 있을지 제가 돕고 싶은 마음에 모시게 되었습니다.

김영철: 네······ 그러시군요. 감사합니다.

사회복지사: 사실 부부 사이의 관계에서 크고 작은 문제는 늘 있게 마련이지요. 아시고 계시겠지만 가족문제는 어느 가족에게나 있는 것이기 때문에 가족 내에 문제가 있는지 없는지를 놓고 문제 가족이냐 정상 가족이냐를 나눌 수는 없습니다.

김영철: 그렇죠 뭐. 어디 문제 없는 가정이 있나요.

사회복지사: 네. 맞는 말씀입니다. 제가 지난번에 애너밸씨와 상담을 한 적이 있었는데요. 애너밸씨가 본인의 가정사에 대해서 힘든 부분을 저에게 조심스럽게 말씀해 주셨습니다. 물론 애너밸씨도 행복한 가정을 이루기 위한 방법을 찾기 위해 저에게 마음을 열고 이야기해 주신 것이었습니다. 하지만 제가 애너밸씨의 이야기만 들었기 때문에 현재 상황을 객관적으로 보지 못할 수도 있다고 생각합니다. 그래서 김영철 씨께서도 본인의 이야기를 들려주시면 제가 현재 상황을 좀 더 객관적으로 이해하고 도움을 드릴 수 있을 것 같습니다.

김영철: 네. 그럼 그렇게 하죠 뭐.

사회복지사는 힘든 발걸음을 한 김영철 씨에게 최대한 마음의 부담을 덜어주고 자연스럽게 현재 상황에 대한 설명과 본인의 생각을 표현할 수 있도록 했다. 애너밸씨와의 대화만으로는 상황의 객관적인 평가가 힘들거나 정보가 불충분할 수 있으므로 김영철 씨의 설명 또한 중요한 정보수집의 과정이 된다(사정과정 - 정보수집). 김영철 씨는 처음에는 자신의 사적인 이야기를 공개하는 것을 꺼려하는 눈치였으나 이야기가 진행되면서 점점 자신의 솔직한 생각과 감정을 나누기 시작했다. 가정폭력문제의 원인에 대해서 물었을 때 김영철 씨는 애너밸씨의 설명과는 또 다른 관점에서 이야기를 하였다. 김영철 씨가 설명한 가정폭력의 원인으로는 본인의 음주, 잦은 부부싸움, 아내와의 의사소통의 문제, 아내가 자신이 기대했던 사람이 아니라서(현모양처가 아니라서), 아내가 기가 세서, 자신도 금전적으로 여유가 없는 상황임에도 불구하고 아내가 친정으로 매달 돈을 송금해 달라고 졸라서 등의 이유가 있었다. 사회복지사는 애너밸씨와 김영철 씨의 이야기를 종합하여 이해하고 두 사람에게서 설명되지 않은 가정폭력의 원인에 대해서도 생각해 보았다. 클라이언트의 또 다른 가정폭력의 원인으로는 김영철 씨의 열등감, 권위주의적 사고, 인종차별적 사상, 그리고 애너밸씨의 한국문화와 남편 및 시어머니에 대한 이해 부족을 들 수 있었다. 사회복지사는 이러한 사전 이해를 토대로 애너밸씨와 김영철 씨 간의 가정폭력문제에 본격적으로 개입하기 시작했다.

김영철 씨의 설명을 토대로 사회복지사는 Minuchin의 구조적 가족치료이론을 적용하여 클라이언트의 가족 상황을 분석하였다. 가족치료이론의 관점으로 사회복지사는 클라이언트의 가족을 하나의 사회적 체제(system)로 보았다. 이 체제는 하위체제(부부 하위체제, 부모 하위체제, 형제 하위체제 등)로 구성되어 있으며 한 가족구성원은 다수의 하위체제 내에서 각각 다른 역할을 할 수 있다. Minuchin의 관점에서 정상적인 가족은 명확하고 안정된 경계선을 가지고 있다. 하부체제 간에 뚜렷한 경계가 있을 때 상대방에게 간섭을 받지 않고 자신이 주도할 수 있는 독립적 영역을 확보할 수 있다는 개념이다. 클라이언트의 가족 내에서는 남편 김영철 씨와 시어머니 사이에 유착관계가 뚜렷하고 애너뱈씨는 외국에서 돈을 지불하고 데려온 가족 정도의 의미를 갖는 것으로 보였다. 이는 시어머니의 개입으로 클라이언트의 부부 하위체제의 경계선이 불분명해진 상태로 볼 수 있다. 김영철 씨는 아직까지 어머니로부터 정서적인 독립을 이루지 못한 것으로 보이며 어머니에게 지나치게 의존적인 성향을 보이고 있었다.

구조적 가족치료이론에서 가족구성원에게 어떠한 문제점이 돌출되고 있다는 것은 가족구조체계 안에 문제가 있다는 것을 의미한다. 김영철 씨도 애너뱈씨와 마찬가지로 가계도를 그려 봄으로써 가족구성원의 구조적 문제상황을 살펴볼 수 있었다. 김영철 씨는 알코올중독으로 폭력을 행사하는 아버지로부터 잦은 구타를 당해 왔으며 어머니와는 애착관계를 유지해 왔다. 이러한 김영철 씨는 아버지에 대한 분노가 마음속에 가득하였으며 본인은 절대 아버지와 같은 사람이 되지 않겠다고 다짐해 왔었지만 결국 아버지와 같은 행동을 아내에게도 반복하고 있었다. 아버지를 향해 억눌러 왔던 마음속의 분노가 부정적인 방법으로 아내에게 표출되고 있는 것이었다. 김영철 씨의 폭력 행위는 가족구조의 맥락에서 분석할 때 더욱 폭넓은 해석과 설득력을 가질 수 있었다.

가정폭력 가해자이긴 하지만 김영철 씨도 애너뱈씨와 마찬가지로 행복한 결혼생활을 꿈꾸고 있으며 본인의 잘못을 시인하고 뉘우치고 있었다. 사회복지사는 이러한 김영철 씨의 가족폭력 문제를 해결하기 위하여 6주간의 만남을 갖기로 한다. 만남의 내용은 다음과 같다.

〈표 4-8〉 가정폭력문제 해결을 위한 세션에서 다룰 내용

세션 내용	1회	2회	3회	4회	5회	6회
사정, 동기부여, 만남을 위한 계약, 문제의 정의, 만남의 목표 설정						
가정폭력에 대한 문화적 차이 교육						
알코올중독과 폭력의 이해, 분노와 폭력의 이해						
폭력 가해자와 피해자의 심리 이해, 가족법 교육						
인간관계와 의사소통을 위한 비폭력 대화 교육						
가정폭력 사례 - 가정폭력 영상물 시청 및 토론						
숙제 및 점검(금주, 행복일지, 행복팔찌, 아내에게 편지쓰기, 아내에게 바라는 점 - 아내가 바라는 점을 리스트로 만들어 실천)						

프로그램 시작에 앞서 김영철 씨도 현재의 상황을 탈피하고 행복한 생활을 바라고 있다는 점과 이 세션에 참여했을 때 얻게 될 보상에 대해 강조하며 세션에 대해 동기를 부여했다. 첫 번째 세션에서는 사정을 통해 얻은 정보를 바탕으로 문제의 정의를 내리고 김영철 씨와의 만남의 목표를 설정한다. 첫 세션의 마지막 과정으로 앞으로의 만남에 대한 계약서를 작성했다. 이는 클라이언트와 사회복지사 간의 보다 책임감 있는 멘토-멘토리 관계형성을 위한 약속의 의미이다. 2~6회기까지 진행되는 '가정폭력에 대한 문화적 차이 교육' 시간에는 가정폭력을 일으키는 사회·문화적 요인에 대해 공부하는 시간으로, 특히 가정폭력에 대한 한국과 베트남의 시각 차이에 대하여 알아볼 수 있다. 또한 다른 여러 국가에서 가정폭력을 어떠한 시각으로 다루고 있는지를 살펴봄으로써 김영철 씨의 가정폭력에 대한 관점을 확장할 수 있었다. 3~5번째 세션에서는 가정폭력과 알코올, 심리, 의사소통과의 관계에 대한 교육을 실시했다. 6번째 세션에서는 가정폭력 사례를 다룬 영상물을 시청하고 사회복지사와 김영철 씨가 함께 토론을 하였다. 여섯 번의 모임이 진행되는 동안 매주 숙제가 부여된다. 첫 번째는 금주이다. 가정폭력과 알코올중독과는 밀접

한 관련이 있으므로 김영철 씨는 금주를 하여 가정폭력을 예방하는 것이 시급한 과제이다. 둘째, 매일매일의 체크리스트를 만들어 자신이 아내에게 언어적, 물리적, 정서적 폭력을 가했는지, 아니면 따뜻하게 대해 줬는지를 체크하는 행복일지를 작성한다. 셋째, '행복팔찌'는 왼손에 팔찌를 차고 있다가 아내에게 폭력을 가하게 되면 오른손으로 옮겨 찬다. 팔찌가 어느 손에 있는지를 보게 됨으로써 시각적인 효과를 통해 자신의 행동을 되돌아보게 되고 폭력을 예방하는 효과를 가져올 수 있다. 넷째, 아내에게 일주일에 한 번씩 베트남어로 간단한 편지를 쓰는 것이다. 가정폭력의 중요한 원인 중 하나는 의사소통의 문제이다. 더욱이 애너밸씨는 한국어로 의사소통을 하기 쉽지 않은 상황이므로 남편이 쉬운 베트남어로 편지를 작성하여 자신의 마음을 전달한다면 한국말로 전달하는 것과는 또 다른 효과를 볼 수 있다. 마지막으로 아내에게 남편이 바라는 점, 아내가 남편에게 바라는 점에 대한 리스트를 각자 만들어 나누어 갖고 어느 정도 지켜졌는지를 체크한다. 서로에게 원하는 부분이 있으면 타협을 통해 상대방과 맞추어 가는 조율의 시간을 가질 수 있다.

(3) 남편과 시어머니에 대한 개입

문화적인 면에서 클라이언트와 가족구성원 간에 발생하는 마찰은 클라이언트에게 한국문화를 이해시키고 새로운 문화에 대한 적응력을 키우려는 노력과 동시에 클라이언트의 가족구성원에 대한 문화적 교육이 병행될 때 더 큰 효과를 얻을 수 있다. 앞서 문화이론에서 언급했듯이 결혼이민자들이 새로운 문화권에 정착하는 과정에서 필요한 것은 주입식 교육을 통한 주류 문화로의 흡수라기보다 자신의 고유문화에 대한 정체성을 잃지 않고 새로운 한국문화를 또 다른 자신의 문화로 수용할 수 있게 되는 문화적 수용성을 기르는 것이다. 또한 주류문화권에 속해 있던 클라이언트의 가족구성원들도 클라이언트를 자신의 문화의 틀에 맞추려 하기보다 그들의 고유문화를 존중해 주고 문화적으로 서로 이해해야 할 부분들에 대해 조율해 갈 수 있는 과정이 필요하다. 이러한 과정을 실현하기 위해 사회복지사는 클라이언트와 가족구성원 쌍방 간에 문화적 개입을 실시한다.

먼저 사회복지사는 클라이언트의 남편과 시어머니를 일주일에 한 번씩 정기적으로 만날 약속을 잡고 5주간에 걸쳐 한국과 베트남 문화의 비교, 가정폭력, 클라이언트와 클라이언트의 문화에 대한 인식 변화에 대하여 교육한다. 클라이언트와는 달리 남편과 시어머니는 세션에 참석하는 것 자체를 부담스러워하거나 참석해야 할 필요를 느끼지 못할 수 있다. 사회복지사는 화목한 가정을 이루는 것에 대한 동기부여를 함으로써 남편과 시어머니를 세션에 참석하고 적극적으로 프로그램에 임할 수 있도록 설득하여 목표를 달성할 수 있도록 한다.

'문화비교' 시간에는 베트남 문화에 대하여 이해하고 한국문화와의 차이점에 대하여 배울 수 있는 기회를 갖는다. '가정폭력' 세션에는 다문화가정에서 발생하고 있는 가정폭력의 실태와 심각성에 대해서 교육하고 동기부여를 통한 가정폭력을 근절하기 위한 방법에 대하여 설명한다. 또 가정폭력금지 서약서를 스스로 작성하게 함으로써 재발을 방지한다. '인식변화' 세션에서는 남편과 시어머니에게 내재되어 있는 결혼이민자에 대한 인종차별적인 인식과 클라이언트를 돈을 지불하고 데려왔다는 비인격적 인식을 변화시킨다. 한국인이 가지고 있는 남존여비사상, 남아선호사상, 유교사상 등에 대해 공부함으로써 선입견을 버리고 어떠한 시각으로 클라이언트를 대하여야 하는지에 대해 나누어 본다. '언어교육' 시간에는 결혼이민자인 배우자(며느리)가 사용하는 모국어를 배운다. 마지막으로 '문화체험' 시간에는 다문화가정이 모두 모여 한국과 베트남의 전통음식을 만들어 나누어 먹는 시간을 갖고 다문화가정 구성원 간의 관계 회복을 위해 '상대방에 대한 칭찬 10가지' 표를 작성하고 짤막한 편지글을 작성하여 서로 나누어 읽는 시간을 갖는다.

<표 4-9> 시어머니와 남편을 위한 문화 중심의 프로그램

순서	주제	활동	대상	책임자	일정				
					1주	2주	3주	4주	5주
1	한국 - 베트남 문화비교	• 베트남 문화교육 • 한국문화와의 차이점 교육	남편, 시어머니	다문화가정 지원센터 담당자					

2	가정폭력	• 다문화가정의 가정폭력
		  실태 교육
		• 동기부여를 통한 폭력의
		  근절 방법 교육
		• 폭력금지 서약서 작성
			남편	사회복지사					

3	인식변화	• 인종차별적 인식의 변화	남편, 시어머니	사회복지사					
4	언어교육	• 베트남어 공부	남편	다문화가정 지원센터 담당자					
5	문화체험	• 전통음식 만들기 • 상대방의 장점에 대해 10가지씩 쓰기 • 편지쓰기	클라이언트, 남편, 시어머니	다문화가정 지원센터 담당자 & 사회복지사					

3) 다중정신보건적 개입과정(Multi-Modal Approach)

(1) 클라이언트에 대한 개입

애너밸씨는 낯선 문화와 환경에 적응해야 하는 상황과 남편과 시어머니와의 관계에서 오는 심적 부담감으로 인하여 과도한 스트레스를 받고 있었다. 이에 대한 부정적인 결과로 애너밸씨는 불면증을 호소했다. 사회복지사는 먼저 몸은 피곤한데 잠이 오지 않는다고 하는 애너밸씨에게 도움을 주기 위해 간단한 지침을 주어 지키도록 하고 상태가 호전되는지를 확인한다. 애너밸씨가 따라야 시도해 볼 수 있는 지침은 다음과 같다.

• 취침 전에 따뜻한 물로 샤워를 한다.
• 잠이 안 올 것이라는 불안감을 떨치고 편안한 마음으로 잠자리에 든다.
• 수면 환경을 조용하고 안락하게 유지한다.

- 취침 시간과 기상 시간을 규칙적으로 유지한다.
- 평소 필요한 수면량을 파악하여 유지한다.
- 저녁에 과식을 하지 않는다.
- 규칙적인 생활을 하도록 노력한다.
- 낮잠을 자지 않는다.
- 정기적인 운동을 한다.
- 명상, 요가, 이완요법 등을 이용한다.

지침을 따랐음에도 불구하고 애너밸씨는 상태가 기대만큼 개선되지 않자 사회복지사는 애너밸씨가 의사를 만나 상담을 받을 수 있도록 했다. 이와 더불어 이완 요법(Relaxation Therapy)이나 요가나 명상 등의 서비스를 연결해 주어 불면증 해결에 도움을 받을 수 있도록 하고 불면증 증세가 심각한 경우에는 약물치료를 받을 수 있도록 도왔다.

애너밸씨는 불면증과 함께 자주 우울한 감정이 든다고 하였다. 사회복지사는 먼저 애너밸씨가 어느 정도 심각한 상태에 있는지 알아보기 위해 '자기평가 우울반응 척도'(Zung)를 이용하여 애너밸씨의 우울증 정도를 점검했다. 검사 결과 애너밸씨는 우울증이 있다고 판단되었고 사회복지사는 애너밸씨를 인근 정신과 전문의에게 의뢰하여 상담을 받도록 하였다. 또한 약물치료, 심리치료 등의 서비스를 연계하여 애너밸씨의 우울증이 회복될 수 있도록 도왔다. 우울증 회복을 위한 심리치료에는 인지체계 교정을 위한 '인지치료', 트라우마나 갈등을 분석하는 '정신역동치료', 대인관계 기술을 위한 "대인치료", 우울증이 있는 집단을 대상으로 진행되는 '집단치료', 가족구성원을 대상으로 하는 '가족치료' 등이 있다.

(2) 남편에 대한 개입

알코올중독 상태에 있는 김영철 씨에게 금주를 한다는 것은 굉장히 어려운 결단이고 본인이 강한 의지를 가지고 시작하였더라도 혼자만의 노력으로는 실패할 가능성이 높다. 하지만 금주에 성공한다면 가정폭력의 문제를 가장 효율적으로 예방할 수 있는 방법이 될 수 있으므로 반드시 이루어야 할 목표이다. 사회복지사는 보다 쉬운 방법으로 금주에 성공하기 위해 김영철 씨로 하여금 알코올중독자 자조모임에 참석할 것을 권할 수 있다. 자신과 비슷한 처지에 있는 다른 알코올중독자들과 만남으로 이질감을 줄일 수 있고 서로 간에 긍정적인 분위기가 형성된다면 시너지효과를 얻을 수 있다. 금주와 관련된 내용을 자조집단 일원들과 함께 나눔으로써 서로의 상황을 이해해 주고 금주할 수 있도록 격려를 받을 수 있다. 알코올중독자 자조모임에서 다루어질 수 있는 주제에는 다음과 같은 내용이 포함될 수 있다.

〈표 4-10〉 알코올중독자 자조모임 커리큘럼

순서	주제	내용	책임자	일정					
				1주	2주	3주	4주	5주	6주
1	동기강화	금주로 인해 얻을 수 있는 효를 교육하여 자발적 참여 유도	사회복지사 금주자모임 지부장						
2	정보교환	알코올중독에 대하여, 알코올과 신체질환, 심리적 변화, 정신적 장애, 알코올이 가족에게 미치는 영향, 알코올 의존의 치료방법에 대한 교육	금주자모임 담당자						
3	사례 나눔	선배 금주가가 자신의 경험담을 나눔(성공사례, 가족들에 대한 죄책감, 회복과정과 퇴원 이후의 단주생활)	금주자조모임 담당자 선배 금주가						
4	금주 노하우	선배 금주가들이 자신들의 금주 노하우를 교육(재발 방지 전략, 음주로 인한 가족관에서의 갈등 조정방법 등)	금주자조모임 담당자 선배금주가						
5	금주 서약식	금주모임을 마치며 금주에 대한 서약식을 시행	사회복지사 금주자조모임 지부장						
6	Follow up (7~12주)	금주자조모임 참석 이후 금주 상황 체크 및 격려	사회복지사 가족 모두 참석						

첫 모임에서 금주를 했을 때의 장점을 부각시키며 김영철 씨 스스로가 이 프로그램에 참여할 수 있는 동기를 부여한다. 계속되는 모임을 통해 알코올중독과 금주에 대한 정보교환, 금주자조모임을 성공적으로 마치고 금주에 성공한 선배들의 사례 나눔과 금주 노하우 등을 나눈다. 마지막 모임에서는 금주 서약식을 통해 김영철 씨 자신이 금주자조모임에서 보고 듣고 느낀 바를 직접 실천에 옮길 수 있는 발판을 마련한다. 이 시간에는 가족들이 모두 참석하여 김영철 씨를 격려해 주고 지지해 줄 수 있도록 하여 김영철 씨로 하여금 금주에 대한 동기를 다시 한번 강화받을 수 있도록 한다. 사회복지사는 자조모임 이후로도 지속적으로 김영철 씨의 금주 상황을 체크하고 격려하여 완전한 단주에 성공할 수 있도록 지원한다.

이러한 오프라인 모임뿐 아니라 온라인상으로도 알코올중독자 자조모임을 가질 수 있다. 하나의 예로 '다음 카페'에 개설되어 있는 '알코올중독 치료의 모임'은 많은 회원 수와 풍부한 정보, 그리고 무엇보다도 같은 문제를 겪고 있는 수많은 사람들이 서로를 지지해 줄 수 있다는 것이 가장 큰 장점이다 (http://cafe.daum.net/119alcoholic/).

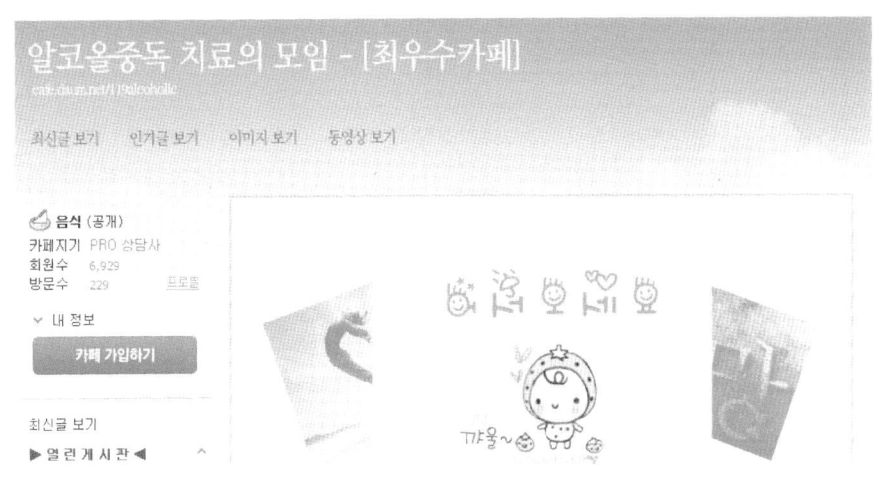

출처: "알코올중독 치료의 모임"(http://cafe.daum.net/119alcoholic/)

〈그림 4-2〉 알코올중독자 온라인 자조모임

김영철 씨가 가정폭력과 알코올중독 모임에 참석하는 동안 사회복지사는 지속적으로 김영철 씨의 상태를 점검하고 적절한 보상을 해 주어야 한다. 김영철 씨의 체크리스트를 매주 모임에서 점검해 주고 주중에 전화 통화로 격려와 지지를 해 줄 수 있다. 김영철 씨에게 주어진 숙제를 하나씩 줄여 주는 것도 하나의 보상으로 작용할 수 있다. 이외에도 알코올중독과 관련하여 김영철 씨가 이용할 수 있는 서비스에는 다음과 같은 것들이 있다.

〈표 4-11〉 알코올중독자의 이용 가능한 서비스

프로그램	활동	특징
단주친목 (Alcoholics nonymous)	• 참여자 자신의 회복을 위한 프로그램 • 집단 내의 다른 참여자를 돕는 프로그램 • 알코올중독의 회복 프로그램에서 성공적인 결과를 거둔 사람이 단주를 원하는 참여자와 개인적인 차원에서 자신의 경험을 나누고 지속적으로 도와줌	• 미국 대다수의 도시에서 실행 중인 활성화된 치료집단 • 중독자 본인의 의지를 활용해 단주를 시도하는 신앙적 프로그램 • 전문 치료법을 활용하기보다 중독에서 이미 벗어난 경험자들이 중독자를 돕는 자발적 성격
KARF (한국음주문화연구센터) (www.karf.or.kr)	• 외래 진료(전화, 인터넷) – 문제성 음주 습관이 있는 사람이나 가족에게 상담 제공 • 몸사랑(협의입원병동) – 해독 및 회복치료와 기본 프로그램 및 상담치료 병행 • 마음사랑(자의입원병동, 교육병동) – 치료 의지가 확고한 사람이 입원을 한 뒤 자율적인 분위기 속에서 알코올 전문프로그램 치료를 받는 과정 • 희망사랑병동 – 치료의 마지막 단계로 퇴원 후 사회에 적응하기 위해 집중적인 전담치료와 가족이 함께 동참하는 과정	• One Stop Shopping 형식으로 예방, 치료, 재활에 이르기까지 금주에 대한 전문적인 서비스를 받을 수 있음
늘푸른 자활의 집 (www.green1004.or.kr)	• 행동수정영역, 심리정서영역, 지적영적, 직업생존영역에서 능력 향상을 위한 각 프로그램을 진행	• 알코올, 빈곤, 실업 등으로 인해 지역사회에서 소외된 이웃의 재활과 사회 복귀를 위한 치료 공동체
임마누엘 금주학교 (http://blog.naver.com/ sulddukorg?Redirect= Log&logNo=1400341 48279)	• 단주를 위한 사색, 명상 • 집단상담, 단주상담, 기타상담 • 기술자격시험 지도 • 원예치료, 음악치료, 직업재활훈련, 자활 사업	• 알코올중독 환우들에게 회복(recovery)에서 자활(self-support)까지 One Stop Service를 제공하는 시스템
병원치료	• 입원치료 • 알코올 치료 프로그램이 있는 신경정신과에 내원	• 본인의 의지로 금주가 어렵고, 음주가 본인과 가족의 생활에 심각한 영향을 미칠 경우 강제 실시

상담센터	
한국기독교금주운동본부	080-9191-7575
알코올중독상담소	02-535-1534
목포알코올상담센터	061-284-9694
구미알코올상담센터	054-474-9791
파주알코올상담센터	031-993-0002
알코올중독상담센터	080-993-0002
부산알코올상담센터	www.busanacc.or
대구가톨릭알코올상담센터	www.alcoholcenter.or.kr
울산알코올상담센터	www.ulsanalcohol.or.kr
성남시알코올상담센터	www.snac.or.kr
달구벌알코올상담센터	www.alcohol21.net
알코올중독상담센터	www.alcohol114.com
짱샘정신과상담센터	cafe.daum.net/zzangsnp

(3) 시어머니에 대한 개입

애너밸씨가 겪고 있는 어려움 중의 상당 부분은 시어머니와의 관계에서
오는 스트레스이다. 일반적인 가정에서도 고부간의 갈등은 일어날 수 있지만
애너밸씨의 경우에는 고부갈등에 문화적인 차이까지 더해져 보다 폭넓은 개
입이 요구되었다. 스트레스가 쌓인 애너밸씨는 불면증과 우울증까지 보이기
시작했고 이를 해결하기 위해 사회복지사는 애너밸씨의 시어머니를 만나 보
았다.

사회복지사: 어머님 안녕하세요. 이곳까지 방문해 주셔서 감사합니다. 혹시 이곳
　　　　　에 오신다는 것이 좀 불편하진 않으셨나요?
시어머니: 괜찮아요. 전에 교회에서도 목사님께 상담받은 적이 있었어요. 그래
　　　　　도 가정일을 가지고 이런 데 오게 돼서 처음에는 좀 망설여졌는데
　　　　　지금은 괜찮아요.
사회복지사: 아, 그러시군요. 그럼 정말 다행이네요. 어머님, 제가 애너밸씨와 한
　　　　　국생활에 적응하시는 데 도움을 드리려고 몇 번 만남을 가졌었는데
　　　　　요, 애너밸씨가 조금 아쉬워하는 부분이 있는 것 같더라고요.
시어머니: 어떤 부분이요?
사회복지사: 애너밸씨는 먼 이국땅에 와서 낯선 삶을 시작하는데 이것저것 새로
　　　　　운 환경에 적응하느라 조금 힘이 드는 모양이에요.

시어머니: 아무래도 그런 부분이 있겠죠.

사회복지사: 네, 그리고 애너밸씨가 시어머니와도 좋은 관계를 유지하고 싶은데 가끔은 그게 쉽지 않게 느껴질 때도 있는가 봐요.

시어머니: 며느리가 저보고 뭐라고 하던가요?

사회복지사: 아니요. 어머님 그런 말씀이 아닙니다. 애너밸씨는 단지 새로운 식구들과 살게 되면서 화목한 가정을 꾸리고 싶은데 문화적인 부분에서 아무래도 차이가 있다 보니 자신이 시어머님의 기대치에 미치지 못하는 부분이 있는 것 같다고 하더라고요.

시어머니: 뭐…… 그런 부분이 좀 있긴 있지요.

사회복지사: 그럼 어머님께서는 애너밸씨의 어떤 점이 마음에 드시고 어떤 점이 좀 불만족스러우세요?

시어머니: 일단 며느리가 착하긴 해요. 일도 시키면 잘하고 근데 말을 잘 못해서 얘기가 잘 안 되는 게 제일 답답해요. 그리고 좋은 곳에 데려와 줬으면 남편 말을 잘 들어야지 기가 세서 대드는 게 영 마음에 안 들어요.

사회복지사: 그러시군요. 그럼 어머님께서도 애너밸씨처럼 화목한 가정을 이루기 원하고 계신가요?

시어머니: 그야 당연하지요. 행복하게 잘 살면 서로 좋지요 뭐.

사회복지사: 그럼 애너밸씨와 시어머님께서 서로 노력해 주셔야 할 부분이 있습니다.

시어머니: 그게 뭐죠?

사회복지사: 제가 몇 가지 과제를 내어 드릴 텐데요. 어머님께서 다음 주에 저와 다시 만나실 때까지 며느리와 함께 과제를 하시고 어떤 것들을 하셨는지 제가 드리는 종이에 체크해 오시면 됩니다.

〈표 4-12〉 애너밸씨와 시어머니의 관계 회복을 위한 과제

주간계획		
요일	활동	수행 여부
월	며느리와 함께 TV 보기	(○) (×)
화	며느리와 함께 30분간 대화하기	(○) (×)
수	시어머니가 며느리에게 바라는 점, 며느리가 시어머니께 바라는 점 5가지씩 써보고 지키기	(○) (×)
목	서로 안마해 주기	(○) (×)
금	장 같이 보기/ 함께 베트남 음식 만들기	(○) (×)
토	간단한 베트남어를 익히기	(○) (×)
일	사돈 어르신께 간단한 안부 전화하기	(○) (×)

월간계획		
주	활동	수행 여부
1	사회복지사와 함께 나들이	(○) (×)
2	고부갈등에 있어 남편의 역할에 대한 교육 (대상: 시어머니, 김영철 씨, 애너밸씨)	(○) (×)
3	사회복지사와 고부갈등에 대한 비디오 시청 및 토론	(○) (×)
4	사회복지사와 고부갈등 근절에 대한 서약서 쓰기 및 기념 촬영	(○) (×)

주중에 사회복지사는 시어머니께 전화하여 과제 진행상황을 체크하고 격려해 드렸다. 한 주 후 다시 만남을 가졌을 때 시어머니는 처음에는 다소 어색했지만 그래도 일주일간 과제를 하다 보니 전보다는 며느리와 많이 친해진 것 같다고 했다. 사회복지사는 장기간 이어져 온 고부갈등이 단기간의 노력으로 좋아지기는 힘들다는 점을 말씀드리며 당분간 지속적으로 이 과제를 수행함으로써 애너밸씨와 시어머니 사이의 관계가 조금씩 호전될 수 있다는 것을 강조했다. 또한 과제에 대한 보상으로서 상품권, 외식권, 영화티켓 등을 줌으로써 과제 완료에 대한 동기부여를 할 수 있다. 이러한 보상은 시어머니와 애너밸씨가 함께 사용할 수 있고 둘 사이의 관계를 호전시킬 수 있는 것으로 정하는 것이 효과적이다.

시어머니와 애너밸씨 사이에 한 가지 더 풀어야 할 숙제는 시어머니가 애너밸씨를 '돈주고 사온 며느리'로 생각하고 있다는 그릇된 인식이다. 시어머니는 자신과 아들이 애너밸씨를 한국으로 데리고 오는 대가로 큰돈을 지불했기 때문에 애너밸씨가 어떠한 모양으로든 가정에 보탬이 되어야 한다는 생각을 가지고 있었다. 애너밸씨가 경험한 국제결혼이 일반 결혼에 비해 거래 돈이 오가는 부정적 특징을 가지고 있지만 결혼을 한 이상 '대가를 지불하고 데려온 며느리'에서 '한 식구'라는 개념의 전환이 필요하다.

사회복지사: 어머님. 며느리가 어떨 때는 마음에 안 든다고 하셨는데 어떨 때 그

러신지 여쭤 봐도 될까요?

시어머니: 그게…… 내가 이 며느리 데려오느라고 돈을 얼마를 썼는지 말도 못 해요. 그렇게 힘들게 돈 다 내고 좋은 나라로 데리고 와 줬으면 말도 잘 듣고 시키는 일도 잘하고 고분고분 지내야 할 텐데 어떤 때는 지가 싫으면 싫다 그러고 자기 하고 싶은 대로 해요. 뭐라고 하면 토라지기나 하고 말이야.

사회복지사: 네, 어머님. 그러셨군요. 어머님께서는 큰돈을 지불하시고 며느리를 살기 좋은 한국으로 데리고 와 주셨는데 며느리가 그에 대한 고마움도 잘 모르고 오히려 말도 잘 듣지 않는 것 같아 섭섭하셨죠?

시어머니: 네. 맞아요. 딱 그거예요.

사회복지사: 어머님. 저도 어머님 상황이 어떠실지 충분히 이해가 갑니다. 어머님 상황에 계시다면 지금 생각하시는 대로 충분히 생각하실 수도 있겠다는 생각이 들어요. 그런데요 어머님. 혹시 며느리는 이 상황에 대해서 어떻게 생각하고 있을지 한번 생각해 보신 적이 있으신가요?

시어머니: 며느리가 어떻게 생각하는지요? 아니요. 자기 나름대로 생각이 있긴 하겠죠.

사회복지사: 네. 어머님 그러시다면 제가 어머님 마음을 충분히 이해했으니까 이번에는 제3자의 입장에서 며느리가 어떻게 생각했을지에 대해서도 한번 같이 얘기해 봤으면 좋겠어요. 괜찮으시겠어요?

시어머니: 네. 그러죠.

사회복지사는 일단 시어머니의 속상한 마음을 이해해 준 뒤 시어머니가 며느리의 입장도 객관적으로 헤아려 볼 수 있도록 사회복지사가 며느리의 입장을 대변하여 설명한다. 시어머니는 며느리의 입장이 되어 생각해 볼 수 있는 기회를 갖게 되고, 보다 균형 잡힌 인식의 변화를 갖게 된다. 시어머니와 며느리가 함께 인종차별에 관련된 영화(「맨 오브 오너」, 「리멤버 타이탄」, 「파워 오브 원」 등)를 시청하게 한 후 사회복지사의 인도하에 그에 대한 소감을 서로 나눠 보는 시간을 가지므로 서로 간의 오해와 편견을 줄이고 공감대를 형성할 수 있는 기회를 가질 수 있다. 무엇보다 중요한 것은 시어머니로 하여금 확실한 동기부여를 통해 며느리에 대한 인식의 변화를 시키는 것인데 이 부분에 있어서 사회복지사는 두 가지 점을 어머님께 강조할 수 있다. 며느리에 대한 부정적 인식을 지우고 동등한 인격체로 대우해 주는 것이 아들 부부의 행복을 위해서 필요하고 그것이 결국 시어머니 본인의 행복과도 연결

된다는 점과 시어머니께서 더 나이가 들어 의지해야 할 사람이 필요해졌을 때 며느리가 그 역할을 할 수 있다는 점을 설명해 줌으로써 시어머니가 며느리에 대한 인식을 더 쉽게 바꾸는 데 이바지할 수 있다.

4) 다중사회지원체계적 개입과정(Multi-Modal Approach)

사회복지사는 사정과정을 통하여 애너밸씨가 처해 있는 상황을 충분히 이해하고 다중문화적, 다중정신보건적 개입과정을 통하여 필요한 서비스를 제공하였다. 하지만 사회복지에게 사용 가능한 자원에는 한계가 있으므로 클라이언트와 그 가족이 겪고 있는 문제들을 보다 효율적으로 해결하기 위하여 다양한 외부 자원의 활용이 필요하다고 판단했다. 가정폭력 문제, 부부관계 회복, 구직문제와 관련하여 애너밸씨와 남편이 이용할 수 있는 서비스를 찾아 연결해 주었다.

(1) 가정폭력 문제

클라이언트가 겪고 있는 가정폭력 문제를 해결하기 위하여 폭력을 행사하는 남편에게 가정폭력 근절을 위한 교육을 실시하였지만 피해자인 클라이언트에게도 상담서비스가 필요했다. 클라이언트는 주변에 자신의 처지를 이해해 줄 만한 지인이 없었고 친정 식구들도 외국에 거주 중이기 때문에 고민을 털어놓을 만한 상대가 없었다. 사회복지사는 시간과 자원이 한정되어 있으므로 클라이언트를 위하여 가정폭력 전문상담센터에 클라이언트를 의뢰하여 보다 전문적인 서비스를 받을 수 있도록 했다.

사회복지사는 클라이언트가 이용할 수 있는 가정폭력 상담소를 연결해 주어 상담서비스를 받을 수 있도록 했으며 언어적인 문제로 의사소통의 장애가 발생할 시에는 클라이언트의 상황을 면밀히 파악하고 있는 사회복지사가 상담원에게 부가적인 상황 설명을 해 주었다. 상담서비스를 통하여 클라이언트는 남들에게 말하기 꺼려했던 자신의 처지를 털어놓고 이해받을 수 있는 기회가 되었다. 또한 결혼이민자로서의 인권과 보호받을 수 있는 권리에 대한 인식을 갖게 되었고 문제상황에서의 대처 방안에 대한 교육받을 수 있었다. 다음은 클라이언트가 이용할 수 있는 가정폭력 상담소의 정보이다.

<표 4-13> 가정폭력 상담소

관련기관	전화번호	상담내용	홈페이지
가정폭력상담소 희망의 전화	051 – 623 – 1399	가정폭력 예방, 피해자 보호, 정서적 지원, 여성 인권 회복	www.woman21.org
여성긴급상담전화	1366	가정폭력, 성폭력, 성매매 등의 긴급전화상담, 긴급보호	www.seoul1366.or.kr
한국여성상담센터	02 – 953 – 2017	가정폭력, 성폭력, 부부갈등 해결, 부부캠프 등	www.iffeminist.or.kr
한국여성의전화	02 – 2263 – 6464	여성인권운동단체, 가정폭력, 성평등 운동	www.hotline.or.kr
푸른아우성	02 – 332 – 9978	건강·성·심리상담, 예비결혼학교 상담	www.aoosung.com

이 밖에도 사회복지사는 클라이언트와 남편이 알코올상담센터, 자조모임, 치료 공동체, 병원 등 다양한 프로그램과 기관을 이용할 수 있도록 하여 클라이언트 가정의 폭력 문제를 근절하고 예방할 수 있도록 도왔다.

(2) 부부관계 회복

클라이언트와 남편은 문화·언어·연령 차이로 인하여 서로에게 적응할 수 있는 충분한 시간이 필요했음에도 불구하고 중매회사의 관행대로 단시간에 혼인신고를 마치고 신혼생활을 시작하게 되었다. 이러한 불안요소와 경제적 문제, 성격차이 등이 서로 맞물리면서 클라이언트의 부부관계는 점점 더 악화되어 갔다. 사회복지사는 두 부부 사이에 중재가 필요하다고 느끼고 이를 위한 방안으로 '국제결혼 행복 프로그램'을 추천하였다. 여성가족부 주관하에 전국에서 실행 중인 국제결혼행복 프로그램은 국제결혼 부부들을 위한 결혼학교로서 국제결혼에 대한 올바른 이해를 돕고 다문화가족의 행복한 결혼생활을 돕기 위한 프로그램이다. 주요 활동은 문화, 대화법, 다문화 정책 등에 대한 교육프로그램과 관광지 방문, 캠프파이어 등의 친교 프로그램으로 구성되어 있다. 다문화가정만을 대상으로 한다는 점에서 클라이언트의 부부는 큰 부담감이 없이 참석할 수 있었고 참여자들과 서로 간의 비슷한 결혼생활 이야기를 공유하며 공감대를 형성할 수 있었다. 자신들이 겪고 있던 부부 간의 마찰이 다른 다문화가정에서도 비슷하게 일어나고 있다는 것을 알게 되었고, 세미나와 교육을 통해서 이를 완화할 수 있는 방안도 배울 수 있는 기회가 되었다. 다음은 국제결혼 행복 프로그램의 예이다.

〈표 4-14〉 영천 다문화지원센터에서 주관한 국제결혼 행복 프로그램

구분	시간	내용
첫째 날	12:00 ~ 14:00	등록/방배정/점심식사
	14:00 ~ 14:30	개회식 및 오리엔테이션
	14:30 ~ 16:30	강의 1: 다문화사회와 양성평등
	16:30 ~ 16:45	휴식
	16:45 ~ 18:15	강의 2: 관계와 소통
	18:15 ~ 19:15	저녁식사
	19:15 ~ 20:15	사례 듣기: 이주여성/남편
	20:15 ~ 22:15	친교 후 취침
둘째 날	07:30 ~ 08:00	기상/체조
	08:00 ~ 09:00	아침식사
	09:00 ~ 10:00	강의 3: 국제결혼관련 법률이해
	10:00 ~ 10:15	휴식
	10:15 ~ 11:45	집단프로그램: 부부목표 설계 및 발표
	11:45 ~ 12:15	종합 및 평가정리
	12:15 ~	점심식사 후 귀가

이 밖에도 지역사회에서 실시하는 결혼학교에 참석을 하여 부부간의 관계를 회복하는 데 도움을 받을 수 있었다. 사회복지사는 부부관계를 회복할 수 있는 프로그램에 대한 정보를 제공하고 참석할 수 있도록 도와줄 뿐만 아니

라 클라이언트와 남편이 서로 간의 관계회복을 위해 진심을 가지고 적극적으로 프로그램에 참여해야 한다는 것을 강조했다.

(3) 직업훈련 및 직업알선

클라이언트 가정이 겪고 있는 중요한 문제 중 하나는 경제적인 어려움이다. 경제적으로 어려운 환경에서 오는 스트레스로 인해 서로가 더욱 예민해지고 서로 부딪칠 일도 더 많아졌다. 현재 클라이언트와 남편은 무직 상태이고 양쪽 모두 안정된 직장을 갖기 원했다. 하지만 특별한 기술이나 재능이 없어서 직업을 구하는 데 어려움을 겪고 있다. 사회복지사는 안정적인 전문 업종에 취업을 위해서는 직업교육이 필요하다고 판단하여 클라이언트와 남편에게 직업전문학교를 소개해 주었다. 국비로 운영되고 있는 전문학교에서 관심 있는 분야의 교육을 받아 기술을 익히고 자격증도 취득하여 높은 취업 경쟁력을 확보할 수 있었다. 직업전문학교에 따라 학비 무료지원, 기숙사비 지원, 그리고 소액의 생활비 지원이 가능한 곳도 있으므로 사회복지사는 다양한 직업전문학교의 정보를 제공하여 클라이언트 부부가 선택할 수 있도록 돕는다. 교육을 이수한 후에는 직업전문학교를 통하여 직업을 소개받거나 직업상담사에게 클라이언트 부부를 의뢰하여 적합한 직업을 찾는 데 도움을 받을 수 있다. 직업상담사는 적성과 흥미에 맞는 직업정보를 제공하여 구직자가 자신에게 맞는 일자리를 찾도록 도와주는 역할을 한다. 또한 사회복지사는 지역사회 네트워크를 통하여 클라이언트 부부에게 적합한 일자리를 찾아 연결해 줄 수 있다.

제3장 다문화가정 자녀의 왕따 문제와 Multi-CMS

1. 왕따의 개념과 현황

최근 '다문화가정 자녀'에 대한 사회적 관심이 모아지고 있는 가운데 이들 자녀에 대한 왕따 문제의 심각성 또한 크게 제기되고 있다. 2010년 초·중·고등학교에 재학 중인 다문화가정 자녀는 30,040명에 달하고 있다. 이는 '09년 24,745명에 비해 21.4%가 늘어난 수치이다(전경숙 외, 2010). 다문화가정 자녀의 급속한 수적 증가와 함께 나타난 이들 자녀의 왕따 문제는 언어발달지체나 외모의 차이 등이 원인이 되어 빈번하게 보고되고 있다. 현재 다문화가정 자녀의 왕따는 약 20%에 이르고 있으며(허미화, 2008) 이를 예방하고 근절하기 위한 효율적 지원과 대책이 시급한 상황이다. 구체적인 왕따 사례에 대해 다중문화적, 다중정신보건적, 다중사회체계적인 접근들을 통합하여 살펴보면 다음과 같다.

1) 왕따의 개념

왕따는 학교에서 학생들 사이에 일어나는 집단괴롭힘으로 매우 잘 알려진 현상이다. Olweus에 의하면 이러한 왕따는 주로 가해자와 희생자 간의 힘의 불균형(imbalance of power)으로 인해 발생되는 경우가 많고, 신체적인 면이나 정신적인 면에 있어 열등한 아동이 일반 아동에 비해 왕따에 노출될 확률이 높아진다고 했다. 특히, 신체적으로 열등하다는 것은 상대적으로 몸집이 작고 왜소하거나, 수적으로 우세한 무리에 속하지 못하는 것을 의미한다. 이렇듯 신체적으로 열등한 학생들은 쉽게 왕따의 희생자가 된다.

Olweus는 왕따는 한 학생이 한 명 또는 그 이상의 다른 학생들의 부정적인 행동에 반복적이고 지속적으로 노출되는 것으로, 이러한 부정적 행동에는 부적절한 신체적인 괴롭힘, 말, 표정, 나쁜 몸짓 등이 해당되며, 무리에서 의도적으로 소외시키는 것 등도 이에 포함된다고 정의하였다 (Olweus, 1995). 또한 김석진(2000)은 왕따를 두 명 이상이 집단을 이루어 특정인 혹은 특정 집단을 그가 소속해 있는 집단 속에서 소외시켜 구성원으로서의 역할 수행에 제약을 가하거나 인격적으로 무시 혹은 음해하는 지속적인 언어적·신체적인 모든 행위로 정의하고 있다. 이와 같이 왕따는 주로 의도적인 해를 끼침 (intentional harm doing), 반복 (repetition), 힘의 불균형(imbalance of power) 등과 같은 특성들을 내포하게 된다(Strohmeier, Spiel & Gradinger, 2008).

왕따라는 용어는 주로 영어로는 mobbing, bullying, social exclusion and harassment 등의 용어로 연구되고 있으며, 한국어로는 유사한 개념으로 집단따돌림, 집단괴롭힘, 또래괴롭힘 등이 있다. 우리나라에서 이러한 용어들이 본격적으로 쓰이기 시작한 것은 일본의 이지메란 용어가 소개되면서부터인데, 이지메를 우리말로 옮긴 말이 왕따이다(서미정·김경연, 2008).

2) 왕따의 유형과 범주

왕따는 크게 직접적인 괴롭힘과 간접적인 괴롭힘으로 구분될 수 있다. 직접적 괴롭힘이란 폭행이나 구타, 위협이나 못살게 굴고 놀리는 등의 공격적 행동을 가하는 것이고, 간접적 괴롭힘은 집단으로부터 소외시키거나 배척하는 행위로 파악하고 있다(이상윤, 2008). 이러한 왕따의 대상은 주로 정서적으로 매우 불안정한 아이들이거나, 낮은 자아존중감 및 부정적인 사고를 갖는 아이들일 경우가 많다(Olweus, 1995). 이들은 주로 수동적인 태도를 보이는 학생들로서 낮은 주장성, 낮은 자존감, 지나친 타인지각 등의 문제를 가지고 있거나, 타인의 평가에 관심이 많고 자신의 행동이 타인에게 어떤 결과를 초래하는지에 대해 아는 능력이 부족한 아이들이 쉽게 왕따의 대상이 된다(김창대, 1999).

이러한 왕따는 일반적으로 그 양상을 크게 세 가지 유형으로 범주화할 수 있다(보건복지부국가건강정보포털, 2011). 첫 번째 유형은 신체적 괴롭힘이다. 신체적 괴롭힘으로는 주먹질하기, 발로 차기, 침 뱉기, 지우개 던지기, 연필이나 볼펜으로 찌르기, 무릎 꿇게 하기, 돌아가면서 때리기, 옷에 낙서하기, 옷 찢기, 피해 학생의 물건이나 신체를 툭툭 건드리거나 치고 지나가기 등이 이에 해당된다. 두 번째 유형은 언어적 괴롭힘이다. 예를 들어, 욕하기, 싫어하는 별명을 부르거나 말로 놀리기, 빈정거리기, 면박이나 핀잔주기, 휴대전화 문자로 욕이나 비난하기 등이다. 세 번째 유형은 간접적 괴롭힘(관계적 괴롭힘이라고도 함)인데, 나쁜 소문내기, 눈 흘기기, 째려보기, 빙 둘러서 다니기, 위협적인 몸짓하기, 도시락 같이 안 먹기, 같이 놀지 않기, 물건 감추기, 전혀 말을 걸지 않거나 상대하지 않기, 사사건건 시비를 걸고 약을 올리기, 물어봐도 대답하지 않고 쳐다보지도 않기, 과잉 친절로 불안하게 하기 등이 이에 해당된다. 남학생의 경우는 주로 신체적 괴롭힘을 여학생의 경우는 간접적 괴롭힘을 주로 사용하는 경향이 있다.

김용태와 박한샘(1997)도 역시 왕따를 3가지 유형으로 다음과 같이 분류하였다. 첫째, 개인적인 차원에서 보다 적극적으로 친구를 따돌리는 방식이다. 예를 들면, 별명을 부르거나 욕을 하면서 조롱하기, 사사건건 시비를 걸고 약을 올리기, 수업시간에 쪽지를 주거나 말을 걸어서 집중하지 못하게 하기 등과 같은 내용들이다. 두 번째 유형은 왕따의 주체가 개인이라기보다 집단으로 특정 아이를 소외시키거나 고립시키는 은밀한 방법들이다. 예를 들면, 전혀 말을 걸지 않거나 상대하지 않기, 쉬는 시간에 같이 놀지 않기, 점심시간에 밥을 같이 먹지 않기, 등굣길이나 하굣길에 자기들끼리만 뭉쳐서 다니기, 부탁할 때마다 거절하기, 공책이나 자기 물건을 빌려 주지 않기, 여러 사람 앞에서 왕따당하는 아이를 은연중에 나쁘게 말하기 등과 같은 것들이다. 세 번째 유형은 따로 불러서 집단으로 구타하기와 같이 집단적인 방식으로 상대방을 공격하는 유형이다.

이러한 다양한 유형으로 구분되는 왕따 문제에 노출된 피해 아동들은 왕따 사실을 부모에게 이야기하는 것에 대한 수치심을 쉽게 느끼거나, 이야기할 경우라도 문제가 더욱 악화될 수 있다. 왕따를 당하는 아이들은 주로 다음과 같은 증상을 보이는 경우가 많다(보건복지부국가건강정보포털, 2011).

- 옷이 찢어지거나 엉망이 되는 경우가 있다.
- 책이나 학용품이 자주 망가지거나 없어진다.
- 멍이 들거나 상처가 있는데 이유를 설명하지 않는다.
- 친구들을 집으로 거의 데려오지 않고, 친구들 집에 놀러가는 일도 전혀 없다.
- 밖에 나가 놀려고 하지 않는다.
- 친구들로부터 전화가 오지 않고, 전화가 와도 부적절하게 받는다.
- 학교에 가는 것을 꺼리고, 식욕이 없으며, 머리나 배가 반복적으로 아프다.
- 전학 가고 싶다는 말을 자주 한다.
- 등교나 하교할 때 다른 아이들이 지나는 길이 아닌 엉뚱한 노선을 택한다.

- 악몽을 꾸면서 잠을 설치고, 꿈을 꾸면서 운다.
- 학업에 대한 흥미를 잃고, 성적이 떨어진다.
- 불행하고, 슬프고 우울해 보이거나, 짜증을 부리고 갑자기 화를 내는 등 감정의 기복이 심하다.
- 가족들에게 공연히 돈을 요구하거나 훔친다(폭력학생들의 요구를 들어 주기 위해서).
- 화를 내지 않아도 될 상황에서 화를 내거나, 동생이나 부모님에게 공격 적인 행동을 보인다(밖에서의 스트레스를 집에서 자기보다 약자에게 표 출하는 경우가 있다).

3) 다문화가정 자녀의 왕따 문제의 현황

현재 다문화가정 자녀들이 겪고 있는 왕따 문제는 그 문제의 심각성에 비 해 전국 규모의 실태조사나 각종 대응방안들이 매우 미흡한 실정이다. 그럼에 도 불구하고 다문화가정 자녀들의 왕따 문제에 관한 몇몇 연구결과들을 통해 살펴본 특성을 요약해 보면 다음과 같다.

첫째, 일반적으로 다문화가정 자녀의 왕따 빈도는 일반아동의 왕따 빈도보 다 높고, 그 정도도 더욱 심각하다. 일반아동이나 청소년의 경우, 2000년 청소 년보호위원회가 전국 초·중·고등학생 2만 명을 대상으로 실시한 실태조사 에서, 초등학생은 5.6%, 중학생은 2.7%, 고등학생은 1.4%가 왕따 피해경험이 있는 것으로 보고되었다. 하지만 최근 2007년 도시와 농어촌지역 다문화청소 년만을 대상으로 한 사회적응 실태분석에서 살펴보면, 다문화가정 청소년들 의 왕따나 폭행에 대한 경험은 초등학생은 19.6%, 중학생 22.0%, 고등학생 13.5%로 그 수치가 현저하게 높게 나타났다. 다문화청소년의 초·중·고등 학교 학력별 왕따 경험 정도를 구분해 보면 다음 <표 4-15>와 같다.

〈표 4-15〉 학력별 왕따 및 폭행경험 여부

구분	최근 1년 동안 학교나 학교주변에서 왕따나 폭행을 당해 본 경험	
	없다	있다
초등학생	37(80.4%)	9(19.6%)
중학생	39(78.0%)	11(22.0%)
고등학생	45(86.5%)	7(13.5)
전체	121(81,8)	27(18.2%)

출처: 우룡, 『도시와 농어촌지역 다문화청소년의 사회적응 실태분석』, 2007.

둘째, 다문화가정 자녀의 왕따 문제는 연령이나 학년이 낮은 집단에서의 피해율이 더욱 높게 나타나고 있다. 다문화가정 자녀의 왕따 경험은 취학 전이나 초등학교 아동에게서 더욱 빈번히 나타나고 있으며, 실제 다문화가정 자녀가 아닌 일반 아동의 경우에도 주로 10세부터 14세 사이에서 왕따 문제가 많이 발생하는 것으로 조사되었다(서미정·김경연, 2008 재인용). 피해비율은 초등학교 4학년에서 고등학교 1학년까지 학년이 증가할수록 조금씩 낮아지는 경향을 보인다(서미정·김경연, 2008). 이러한 연구결과는 위에서 언급된 도시와 농어촌지역 다문화청소년의 사회적응 실태분석에서 나타난 내용과는 조금 상이한 부분이 있으나, 여기서 주목해야 할 사실은 현재 다문화가정 자녀들 중 왕따에 노출될 확률이 가장 높은 대상이 초등학생들이라는 점이다.

셋째, 다문화가정 자녀 중 외모의 차이가 클수록 왕따의 경험 정도도 높은 것으로 나타나고 있다. 교우관계에 있어 왕따 경험은 중국동포들과 같이 외모의 차이가 거의 없는 다문화가정 자녀들보다 외모의 차이가 확연히 드러나는 국적의 다문화가정 자녀들이 훨씬 왕따에 많이 노출되는 것으로 보고되고 있다. 이러한 결과는 일반가정 자녀의 왕따 문제에서도 비슷한 경향을 보인다. 일반초등학생들의 학년별 왕따의 이유를 살펴본 조사에서, 학년이 낮을수록 외모적인 요인에 더 많은 영향을 받는 것으로 드러났다(정은순 외, 2002). 이 조사에서 29.6% 정도가 못생기고 말을 못 하기 때문에 왕따의 피해를 입는다는 응답을 하고 있어 모습과 피부색 등의 외향적 차이가 현저하게 큰 다문화가정의 자녀들이 더욱 빈번히 왕따 문제에 노출될 수 있음을 시사하고 있다. 그 외에도 다문화가정 자녀의 언어발달장애로 인한 의사소통이나 학업 수행능력 부족 역시 왕따의 주요 원인이 되고 있다.

넷째, 다문화가정 자녀들의 왕따 경험 정도는 거주 지역별로 그 차이를 보이고 있는데, 다문화가정 자녀들은 도시지역보다 농촌에 거주하는 경우 왕따 경험이 훨씬 높은 것으로 조사되었다. 2007년도 도시와 농어촌지역 다문화청소년의 사회적응 실태분석에서 농촌지역의 다문화가정 자녀들의 왕따 경험이 얼마나 높은가를 확인할 수 있다. 농촌지역 다문화 자녀의 따돌림 경험은 31.3%, 도시지역은 14.7%로 농촌지역의 왕따 문제의 심각성이 더욱 크게 드러나고 있다. 아래의 <표 4-16>에서와 같이 다문화가정의 자녀인 경우 도시보다 농촌지역의 자녀들이 더 많이 왕따를 경험하는 특징을 나타냄을 알 수 있다. 다문화가정 자녀의 거주지역별 특성을 파악하여 왕따 피해를 사전에 예방할 수 있는 대책을 마련하는 것이 바람직하다.

〈표 4-16〉 지역별 왕따 및 폭행 경험 여부

구분	최근 1년 동안 학교나 학교주변에서 왕따나 폭행을 당해 본 경험	
	없다	있다
도시(동)	99(85.3%)	17(14.7%)
농어촌(읍, 면)	22(68.8%)	10(31.3%)
전체	121(81.8%)	27(18.2%)

출처: 우룡, 「도시와 농어촌지역 다문화청소년의 사회적응 실태분석」, 2007.

2. 사례제시를 통한 MULTI-CMS적 접근: 자녀의 왕따 문제

<사례> 다문화가정 자녀의 왕따문제

철수는 12살이며, 한국인 아버지와 베트남에서 온 결혼이민자인 어머니(32) 사이에서 태어났다. 한국인 아버지는 전 부인과의 사이에서 낳은 아들(17)이 한 명 더 있다. 철수의 외모는 여느 한국아이들과는 많이 다르고, 한국말 표현이 매우 어눌하다.

철수의 가정은 최근 가정불화가 더욱 심해졌다. 아버지(48)는 건설업에 종사하다가 지병인 당뇨가 심해져서 지금은 집에 머무르고 있다. 이로 인해 철수네 가정의 경제적 어려움도 심해졌다. 철수아버지는 건강이 더 악화되면서 신경질이 늘고 화를 자주 내며 폭력을 쓰기도 한다. 철수아버지는 요즘 부쩍 철수엄마와의 다툼이 늘어 철수는 항상 두렵고 불안하기만 하다.

철수의 할머니(75)는 한국인 손자만을 좋아하신다. 철수에게는 매우 무관심하며 크게 잘못이 없어도 심한 꾸지람을 일삼는다. 엄마를 제외한 가족 모두가 철수에게 호의적이지 않다. 그래서 철수는 가정에서 소외감을 느끼는 경우가 많다. 학교에서도 역시 친구들에게 자주 따돌림을 당하고, 친구들은 엄마가 외국인이라며 놀리거나, 가끔 말을 더듬거나 어눌하게 하면 바보라고 한다. 철수의 의붓형 역시 철수와 이야기를 나누거나 함께 시간을 보내는 일은 거의 없다. 의붓형은 철수를 특별히 괴롭히는 것은 아니지만, 함께 놀아 주려고 하지 않는다. 철수는 학교나 집에서 대화를 나눌 사람이 없다. 유일하게 대화를 나눌 수 있는 사람은 엄마인데, 요즘은 아빠 대신 식당에서 일하기 때문에 더욱 함께 할 시간이 없어졌다.

철수는 한국말이 많이 서툴다. 특히 읽고 쓰는 것을 매우 어렵게 느낀다. 최근 철수는 학교에서 발표하거나 친구들에게 말하는 것이 극도로 두려워졌다. 친구들 앞에 서면 목소리가 자꾸 떨려 말을 할 수가 없다. 학교에서 친구들과 함께 지내는 것이 늘 불안하고 힘겹기만 하다. 선생님께서 질문을 하시면 철수는 말을 심하게 더듬고 아무런 생각이 나지 않는다. 쉬는 시간이나 점심시간은 혼자 자리에 앉아 손을 물어뜯거나 혼자 서성거리기도 하지만 친구들과는 어울리지 않는다. 철수는 불안한 눈빛과 태도를 자주 보이며 혼자 있는 것을 좋아한다. 이러한 증세는 철수가 왕따를 당하고 있다는 느낌이 들기 시작한 6개월 전부터 더욱 심해졌다.

얼마 전 철수엄마는 같은 반 아이들에게 철수가 자주 매를 맞는다는 이야기를 옆집 아이에게서 들었다. 하지만 철수 엄마는 어떻게 대처해야 할지 막막하기만 했다. 자신이 개입하면 철수에 대한 친구들의 놀림과 폭행이 더 심해질 것 같아 아무런 말도 할 수 없었다.

철수엄마는 철수가 학교에 가기 싫다고 이야기할 때마다 가슴이 아프지만, 철수에게 참으라는 말밖에 할 수가 없다. 이러한 상황을 아버지가 알고 있음에도 불구하고, 철수에게는 관심도 없고 조금만 잘못해도 화를 내서 상의할 수 없었다.

학교 선생님은 준비물도 가져오지 않고, 학업수행능력이 현저하게 떨어지는 산만한 철수를 늘 엄하게만 대하신다. 그래서 친구들에게 왕따를 당해도 철수는 선뜻 선생님에게 도움을 요청할 수가 없었다. 철수는 매일 아침 학교가 가기 싫다고 울며 떼쓴다. 하루하루가 철수에게는 너무 힘겹기만 했다.

1) 철수의 왕따 문제에 대한 Multi-CMS적 접근의 요약

철수의 왕따 문제를 개입하는 데 있어 Multi-CMS적 접근을 다음과 같은 사정, 개입, 평가 단계로 크게 나누어 그 진행과정을 요약해 볼 수 있다. 사정 단계에서 파악된 철수의 왕따 문제에 있어 위험요인과 보호요인을 참고하여 개입에 대한 목표를 설정하고, 이를 기초로 평가에 대한 구체적인 틀을 잡았다. 그 내용은 다음 <표 4-17>과 같이 크게 요약될 수 있다.

〈표 4-17〉 왕따의 Multi-CMS적 접근

구분	사정(Assessment)	개입(Intervention)	평가(Evaluation)
Multi Cultural Approach 다중문화적 접근	• 클라이언트의 국적을 고려한 문화적인 관심과 호감 표현 • 도움을 요청하는 것에 대한 오해나 편견이 없는지 살피고 이해시킴. • 진행과정이나 상황에 대한 충분한 설명을 통한 클라이언트의 불안 해소 • 라포(rapport) 형성 및 신뢰감 형성을 위한 적절한 선물(gift) 활용 • 철수와 철수네 가족의 문화적응 정도 분석 • 왕따의 원인을 문화적인 측면에서 파악 • 클라이언트와 함께 문화이해 및 적응을 위한 목표설정	• 철수는 물론 가족 개개인의 문화적 특성을 고려한 차별화된 개입 • 철수에게 학교문화 적응 프로그램 제공(다문화교육, 상황극을 통한 왕따의 예방과 대처기술 습득, 다문화 관련 비디오 및 영화관람 후 토론, 왕따 및 다문화 관련 책 읽기) • 철수어머니: 한국에서 자녀를 키울 때 꼭 필요한 한국 학교문화와 가정문화에 대한 교육을 받도록 지원(다문화가정지원센터) • 철수아버지: 베트남에서 이주해 온 결혼이민자를 아내로 둔 남편들의 소그룹 모임에 참여하여 베트남문화와 언어를 배움. • 철수할머니와 의붓형: 다문화 교육 제공(베트남 영화관람, 베트남 음식 함께 만들어 먹기) • 학교, 선생님, 및 학생: 다문화교육 및 교사연수/ 철수어머니가 명예교사로 학급의 다문화 교육 제공	• 철수와 가족구성원들의 한국문화에 대한 이해 정도를 개입 전·후 조사를 통해 확인된 수치로 평가 • 다문화교육을 위한 개별프로그램 참여 정도 체크 • 학교 담당교사와 학생들을 대상으로 개입 전·후 다문화에 대한 인식변화 및 이해 정도를 측정 • 철수의 교우관계 개선 정도를 개입 전·후 조사를 통해 확인

Multi Modal Approach 다중 정신보건적 접근	· 철수의 심리적 개입에 필요한 발달상태와 심리적 상태를 파악하기 위해 사전 검사를 통한 정보 수집 · MBTI 실사: 철수의 성격유형 파악 · 언어 발달 검사: 언어 및 인지 발달 정도의 파악 · 철수의 대인공포증: DSM IV 활용 · 적성검사: 철수의 강점 발견 · 철수네 가족관계에 관한 정보 수집 · 철수의 왕따 문제에 영향을 줄 수 있는 철수엄마와 아버지를 비롯한 가족구성원들의 정서적, 심리적, 정신적 상태 파악	· 왕따 경험이 있는 친구들과 함께하는 집단상담프로그램: 성격유형이 맞는 친구들과 그룹형성 · 언어치료(다문화가족지원센터) · 철수의 대인공포증을 위한 인지행동치료 · Bowen의 가족치료(7세션)	· 집단심리치료 참석 여부 확인 · 집단심리치료 전·후 교우관계 개선 정도를 점검 · 인지행동치료에 의한 개입 전·후 대인공포증 개선 정도 확인 · 가족치료 개입 후 가족들의 불안 및 자아분화 정도 점검
Multi Systems Approach 다중 사회지원 체계적 접근	· 지역사회의 지원 및 후원체계 파악 · 가족구성원의 스케줄과 강점 파악 · 학교에서의 선호 활동이나 집단에 대한 파악	· 방과 후 축구교실 · 왕따 인터넷교육 프로그램 연결 · 다문화가정 관련 복지센터에서 주관하는 각종 왕따예방 프로그램 활용 · 멘토를 활용한 리더십 훈련 · 가해 아동들과의 만남과 그룹활동 · 문화바우처를 활용하여 전시 및 공연 관람 · 과제 및 학습지원: 지역아동센터 · 다문화가정 자녀를 위한 캠프 참여 · 학교친구들을 대상으로 '마니또 되어 주기' 캠페인 실시 · 다문화자녀를 둔 학부모 모임결성 및 후원 · 철수엄마: 직업훈련(요리사 자격증 획득을 위한 코스) · 철수아버지: 철수의 준비물 챙기고 학교에서 있었던 일 들어주기 및 책 읽기, 그리고 아버지 학교 참여	· 축구교실 참석 여부 · 축구교실 참석 전·후 조사를 통한 교우관계 개선에 관한 평가 · 멘토링 횟수 및 결과 점검 · 공연 및 전시 관람 여부 파악 · 학습개선 정도 점검 · 마니또 캠페인의 참여 학생 수와 참여학생들의 다문화가정 자녀의 이해 정도를 전·후 조사를 통해 평가 · 요리사 자격증 획득 여부 · 철수의 학교 성적 점검 · 아버지학교 참석 여부 점검

2) 사정과정(Assessment Process)

(1) 초기사정(Initial Assessment)

철수엄마는 고민 끝에 철수아버지와 할머니를 설득하여 함께 지역사회 복지관에 있는 사회복지사를 찾았다. 이러한 상담으로 인해 철수의 문제가 더욱 심각하게 확대되는 것은 아닌지, 긴장되고 불안한 마음에 도움을 요청하였지만 한편으론 후회스럽기도 했다. 사회복지사와의 첫 대면에서 철수네 가족은 모두 경계하는 눈빛과 태도를 보였다. 철수아버지는 몸이 아프고 힘든 상황에서 불편한 만남을 가져야 한다는 사실에 대한 저항이 매우 컸다. 상담은 문제 있는 사람들이 받는 것이라는 편견을 가지고 있는 할머니 역시 좋지 못한 일로 복지관을 찾은 것이 좁은 지역사회에 혹 소문이라도 날까 염려되어 계속 철수와 철수엄마에게 핀잔을 주곤 했다. 철수엄마는 분위기가 어색하고 부담스러운 듯 많이 위축되어 있었고 철수는 사회복지사가 질문하는 내용에 대해 가끔 "예", "아니오" 정도의 간단한 대답만 했다.

철수아버지: 철수엄마가 함께 상담을 받으러 가자고 해서 왔는데 아이 문제를 여기에서 상담받는 것이 맞나요?

사회복지사: 네, 철수의 어떤 문제 때문인가요?

철수할머니: 다른 집 아이들은 모두 문제없이 학교에 잘 다니는데 철수는 친구들이 많이 괴롭힌다고 하네요.

사회복지사: 친구들의 따돌림 문제 때문에 오셨군요.

철수엄마: 벌써 오래되었어요. 철수가 친구들에게 왕따를 당하는 문제 때문에 많이 고민을 하니, 제가 일하고 있는 식당주인이 지역사회복지관에 있는 사회복지사를 찾아가 상담을 해 보라고 하더군요. 이곳에 오면 도움을 받을 수 있다고 해서……

사회복지사: 잘 오셨습니다. 철수가 친구들 때문에 많이 힘들었나 보군요.

철수엄마: 예, 그런데 철수가 그동안 말하지 않아서 최근에 알게 되었어요. 철수가 자주 친구에게 매맞는다는 이야기를 옆집 아이에게 들었어요.

사회복지사: 이름이 철수라고 했나? 참 씩씩하게 생겼구나! 친구들이 철수를 그동안 많이 괴롭혔구나?

철수: ……예.

사회복지사: 그런데 철수어머니는 어느 나라에서 오셨나요?

철수엄마: 베트남에서 왔어요.

사회복지사: 아…… 그러시군요…… 제가 베트남 쌀국수를 좋아해서 평소 참 즐겨 먹고 있습니다. 베트남 분들이 매우 성실하시다는 이야기 많이 들었어요.

철수엄마: 네, 감사합니다.

철수아버지: 집사람도 쌀국수를 잘 만들어요.

사회복지사: 네, 그러시군요. 철수할머니 되시나요?

철수할머니: 네, 철수 때문에 속이 상하네요. 아이가 학교 갔다 와서 아무 말도 안 하고 웅크리고 앉아 있으니 알 수가 있어야죠. 학교에서 매를 맞는지? 공부는 따라가고 있는지? 아이가 표현하는 것이 없어 답답해요.

사회복지사: 그렇군요.

사회복지사는 상담에 대한 오해나 불편한 마음을 없애고 긴장을 풀어 주기 위해 앞으로 진행될 과정에 대해 간략하게 설명하면서, 철수엄마의 모국인 베트남의 음식과 문화에 대해 잠깐 언급하였다. 베트남 쌀국수를 무척 좋아하고 베트남 사람들의 근면성에 대해 매우 좋게 생각한다는 사회복지사의 이야기에 불편한 마음을 많이 표현하던 철수아버지의 안색이 밝아졌다. 또한 철수엄마도 매우 적극적인 태도로 베트남 문화나 음식에 대해 한참을 설명해 주었다. 베트남 문화에 대한 대화가 오가면서 철수네 가족은 다소 긴장을 풀 수 있는 기회를 가졌고, 철수엄마는 베트남에 대해 호감을 표시하는 사회복지사에게 감사의 마음을 느낄 수 있었다. 사회복지사가 베트남 문화에 대해 이해하고 호감을 나타낸 부분은 철수네 가족 모두에게 '선물(giving)[01]'이 되었고 상호 신뢰감을 구축하는 데 큰 역할을 하였다.

(2) 과정설명

사회복지사는 철수네 가족이 앞으로 참여할 세션에 대한 이해가 많이 부족

---

01 '선물(giving)'이라는 개념은 사회복지사에게서 무엇인가를 받았다는 클라이언트의 인식을 말한다. 일반적으로 클라이언트는 그들이 노력한 만큼 사회복지사로부터의 대가를 기대하게 된다. 이러한 기대를 충족시키는 것은 개입에 있어 클라이언트의 '귀찮음이나 포기' 등과 같은 즉각적인 욕구(immediate needs)를 조절해 줄 수 있다. 선물에 해당될 수 있는 것들로는 행동적 개입이나 위기 상황에 대한 정확한 분석, 그리고 문화적인 맥락에서 그들의 상황을 이해해 주는 것 등이 해당되며, 경우에 따라 클라이언트에게 책과 같이 실제적인 선물을 주도 것도 효과적인 경우가 있다.

하다고 판단하여 이에 대한 좀 더 구체적인 설명을 해 주기로 결정했다. 우선 철수네 가족이 느끼는 상담에 대한 불편한 마음을 없애 주기 위해 상담에 참여할 때 가질 수 있는 몇 가지 오해들을 풀어 주기 위한 설명을 덧붙였다. 사회복지사는 우선, 철수네 가족처럼 평범한 사람들도 사회복지사의 지원이 필요할 수 있다는 것을 언급했다. 그리고 베트남에서 이주해 온 철수엄마에게 철수가 현재 겪고 있는 왕따 문제가 문화적 차이로 인해 베트남에서 느꼈던 왕따 문제와는 다소 차이가 있을 수 있음을 설명했다. 또한 앞으로의 개입이 일시적인 개입이 아니라 중·장기적이고 경우에 따라 철수네 가족 모두의 참여가 요구될 수 있음을 언급하면서 적극적인 참여를 부탁하기도 했다.

사회복지사는 철수네 가족구성원들에게 앞으로 있을 세션에 대해 설명하는 동안 가족 구조에 대해 세밀히 관찰하였다. 가족구성원들의 자리배치에서 철수와 철수엄마의 관계가 상당히 밀착되고 다른 가족들과 유리되어 있음을 알 수 있었다. 가족구성원들 중 철수의 형은 초기 면접에 아예 참석하지 않았다. 가족 중에서 아버지의 결정이나 발언이 상당히 무게를 가지고 있었으며 시어머니 역시 가정의 중요한 결정을 내리는 사람 중 한 사람이라는 것을 알 수 있었다.

(3) 신뢰감 형성

사회복지사는 가족들에게 초기 면접에서 앞으로 진행될 세션들에 대해 자세히 설명하는 동안 철수네 가족 모두에게 세션 참여에 대한 강한 의지와 긍정적 반응을 얻을 수 있었다. 가족구성원들은 모두 이번 초기 면담에서 사회복지사와의 신뢰감을 형성할 수 있었다. 사회복지사는 철수는 물론 가족 모두가 세션에 참여하는 것을 쉽게 포기하지 않고 잘 따라올 수 있도록 평소 철수의 관심사나 좋아하는 것들을 알아보며 격려했다.

(4) 정보수집(Gathering Information)

사회복지사는 철수의 가정과 학교에서의 생활이나 심리적 상태에 대해 가족구성원들의 이야기를 들으며 정보를 수집했다. 철수의 문제상황에 대한 이야기는 주로 철수엄마가 주도적으로 이야기하였고, 철수의 문제상황에 대해 자세히 들을 수 있었다. 또한 사회복지사는 철수가 가족 모두가 함께 자리한 상황에서 구체적으로 이야기하는 것이 어려울 것으로 판단하여 다른 가족구성원들은 상담실에서 잠시 나가 있도록 권유하고 철수와 일대일로 대화를 나누는 시간을 가졌다.

상담하는 동안 철수는 매우 소극적이고 위축되어 보였으며, 손을 물어뜯거나 산만한 행동을 지속하였다. 불안한 눈빛의 철수는 사회복지사와 눈을 맞추지 못했으며 질문에 심하게 말을 더듬기도 했다. 철이 조금 지난 낡고 작아 보이는 옷을 입고 있는 것으로 보아 철수가 가족들의 보살핌을 많이 받고 있지 못하고 있음을 알 수 있었다. 철수는 사회복지사의 질문에 적극적으로 대답하지 못했으며, 대답하려는 의지 또한 크지 않아 보였다.

사회복지사는 철수가 겪고 있는 문제들 이외에도 철수가 재미있어 하거나, 하고 싶어 하고, 흥미로워하는 것들에 대해서도 알아보았다. 의사소통이나 학업수행능력 및 가족관계 등과 관련된 질문들은 철수를 당황하게 할 수 있다고 판단하여 직접적으로 질문하는 것을 피하도록 주의했다. 철수는 정보수집 과정에서 시간이 지남에 따라 서서히 자신의 마음과 상황을 조금씩 이야기했고 중간 중간 자신이 표현하고 싶지만, 적절한 용어나 표현을 찾지 못해 힘들어할 때마다 사회복지사는 철수가 표현할 수 있는 단어들을 선정할 수 있도록 도움을 주었다. 철수는 왕따에 대한 이야기가 언급될 때 눈물을 글썽이기도 했다. 철수의 눈빛은 많이 불안하고 피곤해 보였다.

철수와의 상담과정에서, 철수에 대한 심리적 상태를 좀 더 정확히 파악하기 위해 첫 번째 단계로 몇 가지 사전검사를 통한 진단을 내리거나 정보를 얻기로 했다. 정확한 검사 데이터나 결과물을 근거로 적합한 개입프로그램을 결정하기로 했으며, 사회복지사는 복지관 내 보유하고 있는 검사 도구를 활용함은 물론 전문인에게도 의뢰하기로 했다. 오늘 당일 실시하기 어려운 검사는 다른 날로 약속을 잡아 실시하기로 했다. 철수를 위해 실시될 검사는 MBTI 검사, 언어발달 검사, 적성검사, 대인공포증에 대한 검사 등이었다.

〈표 4-18〉 심리상담에 필요한 사전 검사 및 점검사항

검사 및 진단	결과	책임자
MBTI 실시	철수의 성격유형 파악	사회복지사
언어발달 검사	언어 및 인지 발달 정도의 파악	사회복지사
DSM-IV	대인공포증으로 진단	사회복지사
적성검사	철수의 강점 발견	사회복지사

① MBTI(Myers-Briggs Type Indicator) 검사

MBTI는 간단하게 실시할 수 있는 성격유형검사 프로그램 중 하나이다. 이 번 MBTI 검사가 철수에게 특히 필요하다고 생각된 이유는 철수의 성격유형 을 파악하는 것이 개입과정에서 매우 효과적일 것으로 판단했기 때문이다. MBTI를 통해 파악된 철수의 성격유형은 개별활동이나 그룹활동의 형태 및 그룹 친구들을 결정하는 데 유용하게 활용되었다.

② 언어발달 검사

다문화가정의 특성상 언어적 장애가 있는 여성결혼이민자들이 아동의 양 육을 전담하게 될 때 다문화가정 아동들은 자연스럽게 발달단계에 적합한 언어습득을 하는 데 실패하게 된다. 서울시가 운영하는 서울글로벌센터의 조 사에 따르면, 현재 다문화가정 자녀 75%가 언어발달에 뒤처져 있는 것으로 나타났다(영남일보, 2009.5.29). 철수의 언어 및 인지발달 정도의 파악이 중요 한 이유는 언어 및 인지발달 지체가 왕따의 중요한 원인이 되고 있기 때문이 다. 철수는 언어발달 검사를 기초로 가정 내 이중언어 사용방법이나 자녀의 언어발달을 위한 바람직한 상호작용 및 언어 자극방법 등의 교육을 제공하기

로 결정했다.

③ DSM-IV를 이용한 대인공포증에 대한 평가

철수는 왕따라는 사회적 외상(social trauma)을 경험하고 난 후 유사한 상황
을 회피하려는 태도를 자주 보였고, DSM-IV의 기준에 의해 대인공포증 또한
진단되었다.

④ 적성검사

마지막으로 철수에게 아동적성검사를 실시했다. 장시간의 검사로 힘들었던
철수에게 복지관 제과제빵 교육프로그램에서 만든 맛있는 빵을 선물(gift)했
다. 평소 간식으로 빵을 좋아했던 철수는 갓 구워 낸 빵을 받고 환한 웃음을
지었고 기꺼이 적성검사에 참여하겠다고 했다. 오랜 검사로 지친 철수에게
따끈하게 구워진 빵은 큰 보답이 되었고, 잠시 휴식을 취하고 철수가 컨디션
을 회복하고 난 후 검사를 실시했다. 아동적성검사는 복지관에서 한 기업의
후원으로 운영되고 있는 프로그램이기도 했다.

3) 문화적응의 정도 분석(Determining the Stage of Acculturation)

사회복지사는 결혼이민자가족의 특수한 상황을 고려하여 가족구성원 각자
의 문화적응 정도에 대해 분석했다. 먼저, 철수의 경우 베트남에서 이주해
온 엄마의 문화와 기존의 권위주의적인 한국인 아빠의 문화 사이에서 오는
문화적 정체성 혼란이 있는 것으로 판단되었다.

철수의 엄마는 베트남에서 21살에 한국으로 이주해 왔기 때문에 한국의
학교문화에 대한 경험이나 이해가 매우 부족하였다. 그래서 철수의 학교생활
이나 또래집단 활동을 위해 조언을 해 주고 싶지만 그럴 수 없었고, 오히려
철수가 엄마에게 설명해야 하는 상황이 더 많았다. 학교에서 진행하고 있는

학교수업 체계나 진행, 교과목 이해, 시험, 방과 후 활동, 학교행사 등에 대한 이해가 어렵기만 했다. 철수가 학교준비물이나 과제에 대해 엄마에게 부탁하지만 복잡하고 어렵게만 느껴져서 도와주지 못할 때가 많았다. 특히, 왕따 등과 같은 한국문화에서 두드러지게 나타나는 또래집단 행동들도 어떻게 대처해야 할지 그 정도가 얼마나 심각한지 판단이 서지 않았다. 철수엄마는 이미 한국에 온 지 10년이 넘어 이제는 음식점에서 사람들과 소통하며 일할 수도 있고 한국음식도 제법 잘 만든다. 제사를 치르는 것도 시어머니의 도움 없이 혼자서 할 수 있을 정도이다. 하지만 철수의 학교생활은 베트남 상황과 많은 차이를 보이고 낯설게 느껴져 어렵기만 했다. 특히, 최근 경제적으로 힘들어지면서 학부형들이나 학교선생님을 만나 이야기해 볼 시간도 없이 바삐 돈을 벌어야 했다. 이에 사회복지사는 철수어머니에게 한국의 교육시스템이나 교육문화를 이해할 수 있는 교육이 필요하다고 판단했다.

우리 엄마는 학교에서 준비물이나 과제가 있어서 보여 주어도 어떻게 해야 하는지 잘 몰라요. 그래서 엄마한테 알림장을 보여 주지 않은 적도 많아요. 엄마는 집안일도 많이 하고 식당에서 일해야 하기 때문에 알림장 볼 시간이 없어요. 선생님은 나만 보면 화를 내세요. 항상 준비물도 챙겨 오지 않고 숙제도 안 한다고……. 내 친구는 내가 바보래요. 난 바보가 아닌데……. 엄마한테 해 달라고 하면 물어 본다고 하면서 그냥 잊어버려요. 한번은 가족신문 만드는 과제가 있었는데 반 친구들 중에 저만 하지 않았어요. 항상 숙제도 안 하고 야단맞기 때문에 친구들도 나를 싫어해요. 그리고 전 수업에 집중이 되지 않아요. 선생님은 내가 산만하다고 하시지만, 수업시간에 어려운 선생님의 설명을 이해할 수가 없어요. 어려운 수업을 오랜 시간 듣는 것이 너무 힘들어요.

철수아버지와 할머니 그리고 형의 경우도 역시 베트남 문화에 대한 이해나 가족관계에 있어 개선의 노력이 필요하다고 판단되었다. 가족구성원들 모두가 철수엄마에게 일방적으로 한국문화에 대해 적응하고 따라 줄 것만을 기대하고 요구하였고, 철수엄마가 고국에 대한 그리움을 위로받거나 고국문화를 즐길 수 있는 기회는 무시되고 있었다. 오랜 가족 간의 불화는 철수엄마의 문화는 물론이고 정서적인 부분까지도 배려하지 못하고 있는 것으로 판단되었다.

4) 철수의 왕따에 영향을 미치는 주요 요인들: 위험요인과
보호요인을 중심으로

왕따에 영향을 미치는 주요 요인들은 흔히 위험요인(risk factors)과 보호요인(protective factors)들을 중심으로 고려해 볼 수 있으며, 이러한 위험요인과 보호요인은 다음과 같이 정의 내려 볼 수 있다. 먼저, 위험요인이라고 하는 것은 주어진 상황에서 특정 문제를 일으키거나 유지시킬 가능성을 더욱 증가시키는 요인들로, 어떤 무질서하거나 어려운 상황이 발생될 때 개인이나 그룹을 더욱 취약하게 만드는 잠재적인 변수들이나 상황들을 말한다. 반면, 보호요인들은 단순히 위험요인의 반대 개념이라기보다는 위험요인에 저항하고 이를 조절하며 완화하는 역할을 하는 요인들이라 할 수 있다. 철수의 왕따 문제에 있어 위험요인들은 철수에게 있어 취약점들(weaknesses)이 될 수 있지만 보호요인들은 철수에게 강점들(strengths)로 작용하는 것들을 일컫는다.

철수의 왕따문제 해결을 위해 Multi-CMS적 접근을 시도할 때 위험요인과 보호요인을 파악하는 것은 사정 단계에 있어 매우 중요한 작업이다. 철수의 왕따 문제의 위험요인과 이러한 위험요인을 조절하거나 완화시킬 수 있는 보호요인이 무엇인지를 개인, 가족, 학교, 지역사회 차원에서 알아봄으로써 왕따 문제를 해결하거나 예방하는 데 기여할 수 있다. 여기서 구축된 보호요인 및 자원들은 Multi-CMS에 의한 사례 개입에 있어 효과적으로 반영될 수 있다. 왕따 문제에 영향을 미치는 주요한 요인으로서의 위험요인과 보호요인 및 자원들은 Multi-CMS를 적용한 개입에 있어 단기 및 장기 목표를 설정하는 데 지표가 될 것이다. 철수의 왕따 문제에 영향을 미치는 주요한 요인으로서의 이러한 위험요인들과 보호요인들을 살펴보면 다음과 같다.

<표 4-19> 철수의 개인 영역에서의 위험요인과 보호요인

위험요인	보호요인/자원
집, 학교, 지역사회에서 안전함을 느끼지 못함.	집, 학교, 지역사회에서의 안전함을 느낌.

철수 부모님의 지속적인 지원과 보살핌이 결여됨.	부모님과의 긍정적인 지지와 관계 유지
가정, 학교, 지역사회에서의 격리·소외됨.	지역과 기관에서 함께 적절한 역할이나 활동 부여
친구들과의 관계에서 불안감을 많이 느끼고 계속 피함.	그룹활동을 통해 감정을 조절할 수 있는 기술 습득
철수는 학교, 종교단체 및 지역사회에서의 스포츠나 기타 창의적인 활동에 참여하지 못함.	운동 등 다양한 활동에 참여할 수 있도록 지원
언어발달 지체로 인한 의사소통 및 학습 장애	언어발달 수준을 끌어올릴 수 있는 교육 제공
철수는 일반학생들과 외향적 차이가 크며 문화적 이해가 많이 떨어짐.	철수의 문화적 역량을 강화할 수 있는 교육지원
철수는 친구들과의 갈등을 조절할 수 있는 능력이 약함.	철수의 대인관계 기술을 개발하고 갈등을 조절할 수 있는 능력을 기를 수 있도록 함
철수는 주로 혼자 많은 시간을 보냄.	함께 시간을 보낼 수 있는 좋은 친구들과의 만남을 지원하고 긍정적인 관계 유지시킴
철수는 자신의 장래에 대해 비관적이며 무슨 일이 일어나도 별로 크게 개의치 않음.	미래의 대한 자신의 목표와 희망이 무엇인지를 심어 주고, 사회적 정의와 평등이 무엇인지에 대해 경험하고 이해할 수 있도록 지원
가정이나 학교에서의 생활이나 감정을 통제하고 조절할 수 있는 능력을 배울 수 있는 기회를 놓침.	자신의 생활을 스스로 통제할 수 있는 힘을 기르고 스스로 계획하고 결정하는 기술을 배우고 자신이 생각한 생각을 적절히 표현할 수 있도록 훈련
친구들과 선생님 앞에 나서는 것이 너무 두렵고 떨림.	즐겁고 긍정적인 학급활동을 경험하게 함
어려움을 느끼거나 힘들 때 의논할 대상이 없으며 어떻게 도움을 요청해야 하는지도 모름.	주변에 자신에게 도움을 줄 수 있는 사람과 지원을 확보

〈표 4-20〉 가족영역에서의 위험요인과 보호요인

위험요인	보호요인/자원
철수와 긍정적으로 소통하지 못함.	철수와 부모님 사이의 긍정적인 소통이 이루어질 수 있도록 훈련
철수 부모님은 다문화가정으로서의 어려움을 경험할 때의 대처능력이 매우 약함.	문화적 다양성을 지닌 가족문제를 해결해 나갈 수 있는 기술과 교육 지원
철수 부모님은 철수를 대할 때 일관되지 않고 기대조차 없음.	자녀의 발달단계에 맞는 욕구가 무엇인지 이해할 수 있는 부모교육 지원
철수 부모님의 부부갈등과 가정적 불화	자녀에게 모범이 될 수 있는 책임 있는 행동에 대한 교육
철수아버지의 건강상의 문제로 인한 실직과 경제적 어려움.	철수네 가정의 경제적 어려움을 극복할 수 있는 좀 더 다각적인 생활 지원
철수네 가족구성원의 문화적 개인주의	가족이 함께 할 수 있는 시간과 활동의 중요성을 느끼고 문화와 여가를 공유할 수 있도록 함
철수 부모님은 철수가 알고 지내는 친구가 몇 명인지 그리고 누구인지 전혀 알지 못함.	철수의 부모님이 철수의 친구가 누구인지 어떻게 지내고 있는지를 파악하고 있을 수 있도록 함
엄마의 언어적 장애와 문화적 이해부족: 철수의 학교문화 적응에 도울 수 없음.	부모에게 학교문화를 이해할 수 있도록 교육 제공
폭력이나 상호작용	가정폭력을 극복할 수 있도록 도움 제공

<표 4-21> 학교영역에서의 위험요인과 보호요인

위험요인	보호요인/자원
철수의 학교생활을 돕기 위한 학교 활동에 전혀 참여하지 않는 부모	철수 부모의 학교에 참여를 지원
학업에 전혀 관심이 없고 적극적이지 않음.	철수가 학업에 관심을 느낄 수 있도록 숙제를 돕기나 읽기 능력을 향상시킬 수 있도록 지원
선생님과 부정적인 관계가 지속됨.	선생님과 다문화가정 아동과의 허물없는 교류
학교에 대한 애착이 없음.	소속감을 느낄 수 있도록 격려하고 참여시킴.
다문화가정 아동을 위해 학교가 특별한 학습 욕구를 충족시킬 만한 자원을 갖고 있지 못함.	다문화가정 아동의 특별학습을 위한 다양한 지원 제공
철수와 같은 다문화가정 자녀의 교육을 위한 가정, 학교, 지역사회 간의 상호작용과 소통의 결여	지역사회와 학부모의 학교활동 참여
학교의 왕따 가해 아동과 피해 아동 방관함.	학교에서 다문화가정 아이들의 왕따를 막기 위한 프로그램 개발
철수는 모든 방과 후 활동에 참여하지 않음.	철수에게 적합한 방과 후 활동 제공
다문화를 이해하지 못하는 선생님과 친구들	문화적 이해와 역량을 높일 수 있도록 선생님과 학생들을 대상으로 다문화 교육이나 자료 제공
학교 선생님들은 다문화가정의 부모나 학생이 가지는 사회적 욕구에 응답할 수 있는 자원 결여	다문화가정 자녀와 부모의 사회적 욕구를 충족시킬 수 있는 가능한 교칙, 지원, 및 자원이 있음.

<표 4-22> 지역사회 영역에서의 위험요인과 보호요인

위험요인	보호요인/자원
철수네 가정과 같은 저소득 다문화가정을 지원하지 못함.	저소득 다문화가정을 위해 주어지는 폭넓은 기회와 서비스 마련
지역주민과의 소통 단절	지역사회에 다문화가정이 통합될 수 있는 기회를 마련하고 지원
다른 문화와 인종적 배경을 지닌 사람들에 대한 지역사회주민의 편견	지역사회의 문화적 역량(cultural competence)을 높일 수 있도록 교육 지원 및 정보 제공
지역사회의 왕따나 학교 폭력에 대한 이해 부족	지역사회 내 다문화가정 자녀를 왕따 가해 아동들의 근본 원인을 해결하도록 애씀으로써 지역사회의 안전을 도모

5) 목표 설정(Outlining the Goals)

철수의 왕따 문제의 개입을 위한 목표 설정은 사정과정에서 파악한 위험요인과 보호요인 및 자원 등을 토대로 구축되었다. 하지만 위에서 언급된 모든 항목의 위험요인과 보호요인 및 자원 등을 배려하여 목표를 설정하는 데 어려움이 있다고 판단하여, 이번 Multi-CMS의 개입에 있어 필요한 목표 설정은 왕따 문제에 영향을 미치는 위험요인과 보호요인 중 상대적으로 더 중요하다고 판단되는 항목들을 우선적으로 선별하여 만들었다. 왕따 문제 개입을 위한 구체적인 단기적 목표와 장기적 목표는 다중문화적 접근, 다중정신보건적 접근, 그리고 다중사회지원체계적 접근이라는 세 가지 영역으로 구분하여 세워졌으며, 그러한 구체적인 내용은 아래의 <표 4-23>과 같다.

〈표 4-23〉 철수의 왕따 문제 개입의 단기적 목표와 장기적 목표

구분	대상	단기목표(Short-term Goal)	장기목표(Long-term Goal)
Multi-Cultural Approach 다중문화적 접근	철수	• 다문화교육실시 • 학교문화 적응 프로그램에 참여: 상황극을 통한 왕따 예방과 대처, 비디오 및 영화 관람 후 토론/ 왕따를 경험한 아이들과의 모임/ 관련 도서 읽기/ 또래집단에서의 리더십 교육	• 학교와 지역사회에서 문화적 이해를 통한 또래집단과의 소통 및 통합
	엄마	• 다문화교육(다문화가정지원센터) • 한국의 학교문화에 대한 이해	• 한국의 문화와 특히, 학교문화에 대한 이해를 통한 철수의 학교생활에 대한 안정감 증진에 기여 • 문화적 다양성을 지닌 가족의 문제나 갈등 해결을 위한 기술습득
	아빠	• 다문화 이해를 위한 배우자교육 참여	• 베트남 문화의 이해를 통한 가족갈등 예방 및 부부관계 개선
	할머니/ 형	• 다문화교육 참여	• 다문화에 대한 이해증진을 통한 철수와의 관계 회복 및 지원
	교사/ 친구	• 다문화교육 제공 • 다양한 다문화 교육자료 활용 • 지속적으로 다문화교육 연수 참여 • 다문화 이해증진을 위한 학교교칙 및 관련 자녀들을 위한 지원 마련 • 다문화가정의 외국인 엄마를 학급의 명예교사로 활용 • 정기적인 다문화관련 애니메이션 관람	• 교사와 학생들의 다문화에 대한 지식과 이해를 증진시킴 • 문화적 이해와 역량을 높일 수 있는 지속적인 다문화 교육 활성화 • 학교에서의 다문화이해 부족으로 인한 왕따 문제 예방 및 지원

Multi-Modal Approach 다중정신보건적 접근	철수	• 대인공포증 회복을 위한 심리치료에 참여 • 집단치료에 참여(철수의 성격유형을 고려한 집단 선정) • 언어발달 수준을 끌어올릴 수 있는 언어치료 • Bowen의 가족치료 참여	• 친구들 앞에서 떨지 않고 자신감 있게 발표하고 의사 표현함 • 발달단계에 맞는 언어능력 갖춤 • 자아정체성 확립 및 자아존중감이 높아짐 • 또래집단과의 갈등을 조절할 수 있는 능력을 회복하고 잘 어울림 • 부모님과의 긍정적 관계 유지
	엄마	• 우울증 회복을 위한 상담치료 • Bowen의 가족치료 참여	• 심리적 치유와 정서적 안정감 회복을 통해 철수에게 든든한 심리적 지원자가 되어 줌 • 가족 간의 갈등을 조절하는 기술습득
	아빠	• 만성질환과 장기간의 실직 및 가족갈등으로 인해 생긴 분노를 조절을 위한 상담치료 참여 • Bowen의 가족치료 참여	• 분노를 조절하고 가족에 대한 배려와 갈등 조절능력 회복 • 가족과의 관계회복과 철수의 정서적, 심리적 지원자가 되어 줌
	할머니/형	• Bowen의 가족치료 참여	• 가족관계 회복을 위한 기술 습득 및 이해 증진
Multi-Systems Approach 다중사회지원 체계적 접근	철수	• 학교 방과 후 그룹활동 참여(축구교실) • 멘토를 활용한 리더십 훈련 참여 • 가족이나 친구들과 함께 정기적으로 영화관람 및 공연관람 • 학교과제와 학습활동에 꾸준히 참여 • 캠프 참여	• 대인관계 기술을 개발하고 갈등을 조절하는 방법을 그룹활동을 통해 습득함으로써 또래 친구들과의 원만한 생활 유지 • 자신의 생활을 통제하고 스스로 계획하고 결정할 수 있는 기술 습득 • 스스로 학습과제를 파악하고 방과 후 실천 • 또래집단 아이들에게 리더의 역할 수행
	엄마	• 직업훈련 참여 • 자녀교육 및 부모역할 교육 참여 • 부부관계 개선을 위한 강좌 참여 • 베트남에서 온 결혼이민자 모임 참여	• 안정된 취업 • 철수와의 학교생활 및 가정생활에 대한 긍정적 소통이 이루어짐 • 철수아버지와의 갈등 회복 • 베트남 결혼이민자들과의 소통을 통한 정보 습득 및 여가 활용
	아빠	• 방과 후 철수를 돌보고 간단한 가사활동에 참여	• 가족의 역할분담이 이루어지고 갈등이 해소됨
	할머니/형	• 철수와 다양한 문화활동 참여	• 철수에 대한 갈등 해소
	교사/학생	• 철수의 그룹활동이나 방과 후 활동 지원 • 철수의 학업기술 및 교재활용 방법에 대한 교육 • 다문화가정 자녀의 왕따 예방을 위한 프로그램 개발	• 다문화가정 학생들의 교육지원 방법 구축 • 다문화가정 학생들을 위한 왕따 프로그램 구축과 안정적 제공

6) 개입과정(Intervention Process)

(1) 다중문화적 접근(Multi-Cultural Approach)

철수의 왕따 문제에 대한 초기 세션에서는, 철수네 가족 모두에게 Multi-CMS에 대한 과정을 상세히 설명하고 신뢰감도 충분히 형성할 수 있었다. 또한 가족 모두의 관련 정보를 수집하여 현재 가족구성원들의 문화적응상태를 파악하였으며, 왕따 문제의 개인, 가족, 학교, 지역사회 차원에서의 위험요인을 보호요인 및 자원으로 구축함으로써 철수의 왕따 문제를 해결하기 위한 장·단기 목표를 설정하였다. 이어지는 세션에서 철수는 물론 가족구성원 모두가 베트남과 한국의 서로 다른 문화에 대한 이해를 높일 수 있는 교육에 참여하기로 결정했다. 가족 개개인의 문화적 배경이나 욕구를 고려한 차별화된 문화교육을 실시함으로써 가족 상호 간의 이해와 지지를 높이고 철수에게 또래집단에서의 자신감을 불어넣어 주기로 했다.

① 철수엄마에 대한 다중문화적 개입

철수엄마가 철수의 학교생활을 자율적이고 독립적으로 지원할 수 있도록 한국의 학교문화에 대한 구체적인 이해를 높이기 위한 문화교육을 실시하였다. 학교문화를 한마디로 정의하기에는 어렵지만, 다문화 교육적 측면에서의 학교문화를 굳이 정의하자면, 학생들의 기대, 선생님들의 기대, 공식적·비공시적 대화채널, 정보공유, 학교규칙, 부모와 선생님과의 커뮤니케이션 패턴, 교우 간의 놀이문화 등과 같이 학교라는 울타리 안에서 학생, 교사, 학부모 사이에서 일어나는 모든 상호작용과 행동양식, 규범, 가치 등으로 정의 내릴 수 있다.

철수엄마에게 이러한 한국의 학교문화에 대한 교육이 필요하다고 판단한 이유는 한국의 학교문화를 이해함으로써 철수의 왕따 문제를 적절히 대처 및 예방할 수 있을 것으로 판단했기 때문이다. 한국처럼 여러 학생들이 집단적이고 지속적으로 한 학생을 신체적으로나 심리적으로 괴롭히는 사례는 베트남에서 쉽게 경험하지는 못했을 것이다. 베트남에 한국과 같은 왕따가 있다 해도 문화적 차이로 인해 그 유형과 대처방법 면에서 다를 수 있으므로 이러한 학교문화에 대한 교육적 접근은 매우 긍정적일 수 있다.

철수엄마는 두 차례에 걸쳐 지역에 있는 다문화가정지원센터에서 학교문화에 대한 교육을 받았다. 식당일로 최근 바쁜 시간을 보내고 있는 철수엄마를 배려하여 교육시간을 철수엄마의 스케줄에 맞추어 철수엄마가 결정할 수 있도록 했다.

철수엄마의 학교문화에 대한 교육내용은 다음과 같다. 첫째, 현재 한국에서의 철수와 비슷한 연령대의 아동들이 겪는 왕따 유형과 패턴을 교육하였다. 그뿐 아니라 다문화가정 자녀들의 왕따 피해 사례들을 통해 그 심각성과 후유증에 대한 정확한 정보를 제공하고 관련 비디오들도 감상했다. 셋째, 철수의 학교생활과 교우관계를 적절히 파악하고 대처하기 위해서는 정기적으로 학교에서의 학부모 활동에 참여하는 것이 바람직하다고 일러 주었다. 현재 초등학교에는 도서관 봉사, 명예교사, 교통도우미로 활동하는 녹색어머니회 및 급식도우미 등 학부모가 참여할 수 있는 다양한 활동들이 있으며, 이러한 활동에 참여하면서 철수의 학교생활을 관찰하거나 상의할 수 있는 기회를 많이 가질 수 있다는 점을 일러 주었다. 하지만 철수엄마와 같이 생업에 종사하기 때문에 바쁜 경우, 학기가 시작하거나 아이에게 문제가 느껴질 때 선생님을 찾아뵙고 소통하는 것이 중요하다고 교육했다. 그리고 생일과 같이 특별한 날에 친구들을 초대하여 함께 시간을 보낼 수 있는 기회를 마련해 주는 것 또한 왕따 문제에 대한 바람직한 방법임을 교육했다. 하지만 때론 피부색이 다른 결혼이민자들의 학교활동 참여가 그 자녀의 왕따 문제를 더욱 심하게 할 수도 있기 때문에, 학교활동 참여 전에 부정적인 영향을 미칠 수 있는 점들도 함께 고려해 보았다.

마지막으로 한국의 학교문화가 베트남에서 경험했던 학교문화와는 크게 차이가 있고, 왕따 문제는 소극적 대처보다 적극적인 대처가 필요함을 교육했으며 학교나 지역사회에서 왕따 문제를 대처하고 방지하기 위한 다양한 자원들을 소개했다. 예를 들어, 왕따 문제에 대한 초기 대처방법으로 상담을 원할 수 있는데 이러한 상담 방법들은 매우 다양하다. 크게 전화상담, 직접상담, 사이버 상담 등이 있으며, 전화상담의 경우는 헬프콜(1388)이 대표적인 예이며, 왕따 문제에 대해 24시간 전국 어디서나 이용하고 상담할 수 있는 시스템이다. 그리고 직접 상담사를 만나 의논하고 싶을 경우, 대부분의 지역사회복지관이나 학교, 다문화가정지원센터 등에서 운영하는 상담실을 방문하여 상담하는 것도 효과적인 방법이다. 최근에는 온라인상에서도 왕따 문제를 의논하고 상의할 수 있는 카페나 블로그 등이 많이 생기고 있다.

사회복지사: 철수문제 때문에 많이 속상하시겠네요?
철수엄마: 철수가 아이들에게 따돌림당하는 사실을 알면서도 어떻게 해야 할지 몰랐어요. 그냥 일시적일 것이라고 생각했어요.
사회복지사: 그래서 철수를 그냥 내버려 두셨군요?
철수엄마: 어느 시점에서 괜찮아질 것이라고 생각했어요. 베트남에서도 친구들끼리 서로 괴롭히고 힘들게 하는 일은 많이 있어요…….
사회복지사: 철수어머니, 철수와 같이 친구들에게 심한 왕따를 당할 때는 그냥 계시면 안 돼요. 학교에 가서서 도움을 주실 수 있는 선생님이나 상담사와 의논을 하셔서 적극적으로 대처해야 합니다. 아이에게 돌이킬 수 없는 큰 상처가 될 수 있답니다.
철수엄마: 지금이라도 철수에게 도움을 주고 싶어요.

② 철수에 대한 다중문화적 개입

철수엄마가 다문화교육을 받는 동안 철수 역시 학교문화에 대한 상담과 교육을 실시하기로 했다. 철수는 가정불화나 경제적 어려움 등으로 학교생활을 하는 데 있어 부모의 관심이나 지원을 늘 받지 못했다. 사회복지사는 철수가 학교생활은 물론 또래집단 문화에 대한 이해가 부족하다고 판단하여, 아래와 같이 학교문화 적응 프로그램들을 실시했다.

<표 4-24> 학교문화 적응 프로그램 일정

학교문화 적응 프로그램	1회	2회	3회	4회	5회	6회
다문화교육	■					
상황극을 통한 왕따 예방과 대처기술교육			■			
비디오 및 영화 관람 후 토론		■				
왕따를 경험한 아이들과의 모임				■		
왕따를 주제로 한 책 읽고 토론					■	
또래집단에서의 리더십 교육						■

철수의 또래집단이나 학교문화에 대한 교육은 6회의 세션에 걸쳐 다양하게 제공되었다. 특히, 철수의 학교생활과 또래집단의 이해와 관련된 교육에서는 학교담임선생님과 상담선생님이 점심시간이나 방과 후 시간을 통해 철수와 함께 시간을 가지면서 도움을 주기로 했다.

또한 왕따와 관련된 비디오나 영화를 관람하고 토론하기로 했다. 이러한 프로그램에 적합한 비디오로는 「인형의 집으로 오세요」, 「나의 장미 빛 인생」, 「뮤리엘의 웨딩」, 「녹색나라 삐삐의 모험」 등이 감상하기에 매우 유익하다고 판단되어 선정되었다. 이러한 비디오 감상을 통한 토론은 왕따를 당하는 철수의 마음을 위로하고 격려할 수 있는 기회가 되었다.

세 번째 만남에서는 철수가 또래집단 아이들과 함께 실제 왕따를 당할 때의 상황을 재현해 보는 기회를 가졌다. 이러한 가상의 역할극을 통해 철수는 이러한 상황에 어떻게 대처해야 하는지를 스스로 체득할 수 있었다.

그 외에도 다문화교육 전반에 걸쳐 왕따와 관련된 책을 소개하고 읽는 시간을 가졌다. 책을 읽는 활동은 철수의 엄마가 함께 참여하도록 했다. 철수와 함께 책을 읽으면서 왕따에 대한 사례도 접하고 함께 이야기도 나누고 공감할 수 있었고, 특히 한글 읽는 것이 어려운 철수엄마에게 한글을 익힐 수 있는 좋은 기회를 제공했다. 최근 왕따 문제가 심각해지면서 관련 서적들이 많이 출판되고 있기 때문에 책을 선정하는 데 큰 어려움은 없었다. 관련된 책으로 『까마귀 소년』, 『양파의 왕따일기』, 『문제아』, 『무서운 학교 무서운 아이들』,

『고맙습니다. 선생님』 등을 철수에게 추천했고 그중 3권의 책을 3주에 걸쳐 읽게 하였다.

철수가 가장 좋아했던 문화교육은 리더십교육이었다. 또래아이들과 함께 모여 맘껏 이야기도 하고 토론과 발표도 했다. 철수는 태어나서 처음으로 그룹 리더가 되어 아이들 앞에서 발표도 하고 칭찬도 받았다. 사실, 철수는 평소 친구들 앞에서 심하게 목소리를 떨거나 말을 하지 못했는데, 이번 리더십교육을 통해 철수의 이러한 문제점이 상당히 개선되었다.

③ 철수아버지에 대한 다중문화적 개입

사회복지사는 철수아버지에 대한 문화적 개입으로 베트남어를 배우는 그룹모임에 참여시키기로 결정했다. 베트남어를 배우기 위한 이 모임은 베트남에서 이주해 온 여성결혼이민자를 아내로 둔 남편들이 자발적으로 결성한 모임이며 인터넷을 통한 온라인 활동도 매우 활발하다. 모임의 목적은 베트남어를 배우는 것이지만, 그 외에도 여성결혼이민자의 배우자로서 자녀를 키우는 방법이나 결혼생활의 다양한 어려운 점들을 서로 소통하고 공감할 수 있었다.

철수아버지는 매주 일요일 오전에 모임에 참여하기로 결정했으며, 일단 3개월 정도를 꾸준히 참석하기로 사회복지사와 약속했다. 철수아버지는 소모임에서 베트남어로 편지도 쓰고, 인터넷 교육도 받았다. 그리고 매번 그룹소모임에서 과제를 내주어 베트남어를 반복적으로 연습할 수 있도록 했다. 편지쓰기와 인터넷 이용 및 간단한 일상회화들을 통해 아내의 친정 가족들과 간단한 인사나 안부를 전화상으로 직접 물을 수 있도록 도왔다. 건강이 좋지 못해 늘 집에 머물러야 하는 상황에서 인터넷을 통한 교육 및 동호회 활동은 철수아버지에게 다문화교육은 물론 생활에 큰 활력을 주었다. 사회복지사는 철수아버지가 모임에 잘 참여하고 있는지 꾸준히 점검했고, 참여 정도에 따른 보상을 해 주기도 했다. 언어는 곧 문화를 이해하는 수단이고 문화적 이해를 통해 아내와의 관계가 개선됨으로써 철수의 불안함이나 우울 등이 많이 치유될 것으로 기대되었다. 이러한 정서적·심리적 개선은 또래 집단에서의 왕따 문제를 치유하는 역할을 했다.

④ 기타 가족에 대한 다중문화적 개입

철수할머니와 의붓형 역시 다문화 교육에 참여했다. 가족 모두가 함께 시간을 가짐으로써 가족 간의 문화적 이해는 물론 그동안 서먹하고 힘들었던 관계가 개선될 수 있었다. 철수의 할머니와 의붓형은 두 차례에 걸쳐 함께 베트남 영화를 감상했다. 영화에 한국어 자막은 있지만 낯선 베트남어로 영화를 보면서 철수엄마가 한국에 와서 겪었을 문화적·언어적 고통에 대해 잠시나마 이해할 수 있는 기회가 되었다. 그 외에도 함께 베트남 음식을 만들어 먹는 시간을 갖기도 했다. 이를 계기로 베트남 문화에 대해 항상 폄하했던 할머니의 태도가 많이 개선되었으며 의붓형은 베트남 음식을 매우 좋아하게 되었다. 가족들의 다문화교육은 이번 세션으로 마무리하는 것이 아니라 필요하면 세션이 진행되는 과정 중간에 추가적으로 더 실시하도록 했다. 그동안 가족 모두가 함께 시간을 보낼 기회가 없었던 가족구성원 모두에게 무척 귀중한 교육이 되었다.

⑤ 교사와 학생에 대한 다중문화적 개입

다문화가정 자녀의 왕따 문제를 예방하거나 실제 왕따 문제가 발생했을 때 현명하게 대처하려면, 우선적으로 학교교사와 일반학생을 대상으로 다문화에 대한 이해를 높이고 편견을 없애는 교육이 필요하다고 판단했다. 따라서 사회복지사는 철수가 다니고 있는 학교교사와 학생들을 대상으로 다문화교육을 실시했다.

먼저, 다문화가정학생 교육지원 관리자 및 담당교사들을 대상으로 다문화가정지원센터에서 현재 실시하고 있는 교육연수에 참여시키도록 했다. 1회에 걸친 연수이긴 하지만 시도에서 개발한 교육자료를 기반으로 체계적인 교육이 이루어지기 때문에 교사들에게 큰 도움이 되었다.

둘째, 학생과 교직원들은 의식 개선을 위한 동영상 애니메이션을 관람하는 시간을 가졌다. 초등학생들이 시각적인 교육에 더욱 크게 반응하는 것을 착안하여 실시하게 되었고, 이와 관련된 자료로는 충청북도 교육청에서 개발한 자료를 활용했다. 학생용 교육자료로「나 자장면이 아니야」와「우리는 마니또 특공대」이며 교직원용으로는「교환일기장」등이 수록되어 있었다.

또한 일반학생들의 다문화에 대한 이해를 높이기 위해 철수엄마가 학급의 명예교사가 되었다. 철수엄마는 다문화교육을 실시할 때 베트남 고유의 의상인 아오자이를 입고 베트남 문화를 소개했으며, 학급을 방문할 때 베트남 음식을 간식으로 만들어 갔다. 식당일로 시간이 많이 부족하지만, 철수를 위해 성의를 다하고 싶은 마음에 열심히 준비해서 베트남 문화와 말을 소개했는데, 베트남 언어를 구사할 때는 아이들의 웃음이 터져 나왔다. 아이들은 철수엄마의 다문화교육을 통해 베트남에 대한 이해는 물론 다문화가정의 자녀인 철수를 더욱 따뜻하게 포용할 수 있었다. 모습과 피부색이 다른 결혼이민자인 엄마가 학교에 오는 것이 처음에는 무척 두려웠지만, 명예교사로서의 철수엄마의 역할은 기대 이상으로 성공적이었다.

(2) 다중사회지원체계적 접근(Multi-systems Approach)

다중문화적 접근에 이어 이번 세션에서는 철수의 왕따에 대한 체계적인 접근을 시도하기로 했다. 체계적 관점에서 보았을 때, 철수의 왕따 문제의 특성은 복잡성에 있었다. 철수의 문제해결을 위해 단순히 왕따라는 문제에만 치중하기보다 철수를 둘러싼 가정, 학교, 지역사회 등의 다양한 체계적 수준에 따른 접근을 시도하기로 결정했다. 다양한 체계를 통해 철수의 문제상황에 영향을 미치는 긍정적인 요인들과 부정적인 요인들을 찾아내어 긍정적인 요인은 더욱 강화하고 부정적인 요인들은 점점 줄여 가도록 결정했다.

① 철수 개인에 대한 개입(Individual Intervention)

철수에 대한 사회지원체계적 접근은 철수를 6개월에 걸쳐 다양한 프로그램에 참여시킴으로써 가정, 학교, 지역사회에 필요한 역량을 강화하는 데 초점을 두었다. 먼저, 철수의 왕따 문제는 또래집단과의 소통이나 그룹활동을 통한 접근이 필요하다고 판단하여 방과 후 축구교실에 참여시키기로 했다. 평소 친구들과 운동하는 것을 좋아했지만, 기회가 없었던 철수에게는 행복한 선물이 되었다. 일주일에 두 번씩 방과 후에 같은 학년 친구들과 함께 참여하였다. 축구교실에 참여하는 동안 자연스럽게 팀이 형성되었고 그 팀 안에서 소속감이나 책임감 등을 느낄 수 있는 좋은 기회가 되었다. 6개월 진행 후 철수가 참여를 더 원할 경우 지속적인 지원을 하기로 결정했다.

철수가 또래집단과 조화롭게 어울리고 생활할 수 있는 방법들을 배울 수 있도록 대학생 멘토와 연결해 주었다. 철수에게 멘토링하는 대학생은 특별히 다문화가정 출신으로 철수와 유사한 어려움을 경험했던 학생을 선정했다. 다문화가정의 자녀라는 특수한 환경과 입장을 배려하고 이해할 수 있는 학생이 멘토로서 더욱 훌륭한 역할을 할 것으로 판단했기 때문이다. 멘토링은 철수가 학기 중에 너무 많은 프로그램에 참여하는 것이 힘들 수 있음을 판단하여 여름방학 기간인 7월과 8월 2개월 동안 일주일에 한 번씩 멘토를 만나기로 했다. 만남은 일주일에 1회이지만, 철수가 궁금한 사항이 있거나 대화를 원할 때는 전화나 인터넷을 통한 소통을 함께 병행해 주기로 결정했다. 또한 철수에게 왕따 예방과 대처와 관련한 인터넷교육 프로그램 등도 소개해 주었다.

주말을 이용해 철수의 의붓형과 함께 영화관에 간다거나 스포츠 관람을 함께 하도록 했다. 형과의 만남은 다문화가정의 문화활동을 위해 지원되는 바우처를 활용하기로 했다. 철수는 아직 영화관에 가 본 적이 없었다. 가정형편이 너무 어렵기도 했지만 결혼이민자인 철수엄마의 언어적·문화적 제약으로 인해 문화활동을 자유롭게 할 수 없었고 그 욕구나 지식 또한 크지 않았다. 이러한 철수엄마의 소극적 태도가 철수에게 늘 영향을 미쳤다. 하지만 이번 바우처를 활용한 다양한 활동들은 의붓형과의 관계개선은 물론 친구들과 함께 공감하고 이야기를 나눌 수 있는 많은 이야깃거리를 제공해 주었다.

철수는 지역아동센터의 공부방에 가서 방과 후 과제를 하고 학습지도를 받기로 했다. 토요일과 일요일을 제외하고 매일 철수는 당일 학습한 내용을 복습하고 부족한 부분을 보충했다. 학업수행에 있어 아직 전반적인 이해와 능력이 부족한 것으로 판단하여 예습보다는 기초를 다지는 부분에 역점을 두었다. 과제를 이해하지 못해 하지 못하는 경우가 많아 과제는 지역아동센터의 선생님의 도움을 받아 해결했다. 또한 철수가 학교에서 써 오는 알림장 점검을 해서 반드시 챙겨야 할 준비물이나 행사가 있을 경우 철수엄마에게 전화나 메시지를 이용해서 전달했다. 지역아동센터의 공부방을 이용하면서 철수는 교과 관련 다양한 문제를 접하게 되었고, 과제를 잊어버리거나 준비물을 챙기지 않는 일도 현저히 줄었다.

마지막으로, 철수에게 가족과 떨어져 그룹활동에 참여할 수 있는 기회를 주는 것이 필요하다고 판단했다. 이번에도 역시 다문화가정을 위한 바우처를 활용하여 철수를 여름캠프에 참여시키기로 했다. 여름캠프는 3박 4일 일정으로 1회 참여를 목표로 하였다. 철수는 친구들과 함께 캠프에 참여하면서 리더십과 독립심 등을 강화할 수 있었다. 또래집단끼리의 활동이 매우 신나고 재미있고 역동적이라는 것을 철수가 느끼면서 왕따에 대한 상처를 많이 위로받고 잊을 수 있는 계기를 가졌다. 철수는 이번 캠프를 통해 친구들과의 활동이 두렵고 무섭다는 편견에서 많이 벗어날 수 있었다.

<표 4-25> 활동 및 일정

No	활동	책임자	일정					
			3월	4월	5월	6월	7월	8월
1	방과 후 축구교실	사회복지사 축구교실 선생님						
2	멘토를 활용한 리더십 훈련 및 왕따 인터넷 교육 프로그램	사회복지사 대학생 멘토						
3	영화 및 공연관람 – 다문화가정을 위한 바우처 사용	사회복지사						
4	학습지원 – 과제 및 교과 관련	사회복지사 지역아동센터						
5	캠프참여 (다문화가정을 위한 바우처 사용)	사회복지사						

② 철수의 학교에 대한 개입(School Intervention)

철수의 학교에서의 건강한 교우관계를 돕기 위한 다중사회지원체계적 접근에 있어 학교선생님과 친구들의 참여를 유도하기로 했다. 다문화가정 아동들의 왕따 방지를 위한 학교와 친구에 대한 개입으로 '마니또 되어 주기' 캠페인을 실시했는데, 교사와 학급친구들을 대상으로 이루어진 이 캠페인은 효과적이었다.

다문화가정 아동의 왕따 방지를 위한 마니또 되어 주기 캠페인은 일주일에 한 명씩 지정하여 다문화가정 자녀들을 위한 수호천사가 되어 주는 캠페인이다. 마니또들은 다문화가정 친구들의 어려운 문제나 고민을 들어주고 함께 도와줌으로써 서로 가깝게 소통하는 단짝 개념의 새로운 친구이다. 마니또 되어 주기 캠페인이 진행되는 동안 철수는 왕따로부터 받은 상처를 어느 정도 치유받고 친구들에게 큰 위로와 힘을 얻을 수 있었다. 친구들은 철수를 더욱 가까이에서 이해하게 되었고 철수는 매주 새로운 친구들과 더불어 소통하고 생활하면서 교우관계가 조금씩 개선되었다. 상처를 받은 아이들은 항상 함께 해줄 수 있는 친구가 있는 것만으로도 큰 위로와 힘을 얻을 수 있다는 점을 고려했다. 철수는 물론 다수의 다문화가정 아동들도 이 캠페인을 통한 긍정적인 효과를 많이 얻을 수 있었다. 아래의 <그림 4-3>은 다문화가정아동 마니또 되어 주기 캠페인의 전반적인 흐름도이다.

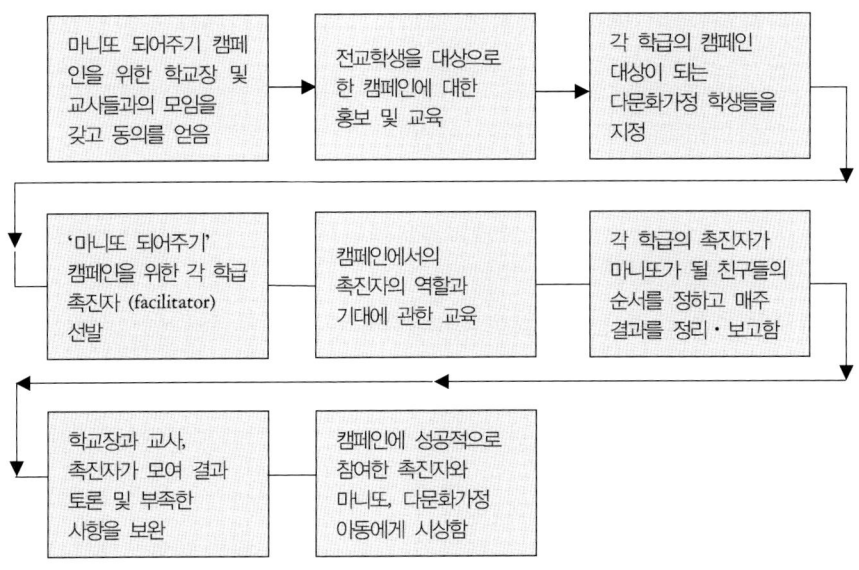

〈그림 4-3〉 다문화가정 아동 마니또 되어 주기 캠페인 흐름도

　마니또 되어 주기 캠페인의 특징은 다음과 같은 3가지의 특징을 가지고 있다. 먼저, 학급단위의 활동을 기초로 한 전교학생 모두를 대상으로 한 캠페인이며, 학급 단위의 소규모 활동이 아닌 전교학생 모두를 대상으로 한 캠페인이며, 앞으로 제2, 제3의 철수와 같은 희생자를 예방하는 것이다. 둘째, 학교장과 담임선생님들이 다문화에 대한 간접적인 교육이나 연설을 하는 것보다 훨씬 적극적이고 긍정적인 이해를 가져올 수 있다. 셋째, 촉진자(facilitator)를 활용한 방법이다. 각 학급의 마니또들 중 이 캠페인의 촉진자가 될 수 있는 대표를 뽑아 먼저 교육하고 이 촉진자들이 다시 학급으로 돌아가 교육하는

방식으로 진행했다. 캠페인에 대한 교육이 학교장이나 학급 담임이 아닌 촉진자인 친구들에 의해 이루어지고 격려됨으로써 학생들이 적극적으로 참여하고 소통할 수 있었다. 각 학급에 한 명씩의 촉진자(facilitator)를 선발하여 교육하면 그 촉진자들이 다시 학급으로 돌아가 마니또들에게 정보를 알려 주고 격려하는 방법을 활용했다. 촉진자들은 효율적으로 캠페인을 시행하는 데 매우 큰 역할을 했다.

마니또 되어 주기 캠페인과 함께 철수네 학교에서는 다문화가정 자녀들 둔 학부모 모임을 결성하여 다문화가정 자녀들의 왕따 예방은 물론 학교생활 적응을 위해 다문화가정 자녀를 둔 어머니들이 함께 모여 다양한 정보를 공유하고 자녀들의 교우관계에 있어 힘든 점들을 의논할 수 있도록 했다.

③ 가족에 대한 개입(Family Intervention)

이번에는 가족에 대한 다중사회지원체계적 접근을 시도하기로 했다. 먼저, 사회복지사는 철수엄마에게 직업훈련의 기회를 주기로 했다. 평소 요리하는 것에 관심이 많고 재주가 많았던 점을 감안하여 철수엄마에게 요리사 자격시험에 임할 수 있는 기회를 주기 위해 관련 교육을 받을 수 있도록 하였다. 일주일에 한 번 식당 일을 쉬는 날을 이용하여 참여하기로 했으며, 이러한 직업훈련을 통해 철수엄마는 4대 보험이 보장되거나 아니면 시간을 자유롭게 활용할 수 있는 보다 안정된 일을 찾게 될 것이다. 현재 철수네 가정의 주요한 경제활동의 책임을 맡고 있는 철수엄마에게는 희소식이 아닐 수 없다. 향후 경제적 어려움을 극복하는 데 큰 도움을 줄 것으로 판단되었다.

그리고 철수아버지와 철수할머니 및 의붓형은 함께 철수엄마를 대신하여 가사활동 및 철수를 돌보는 일을 분담하기로 했다. 주로 철수엄마가 모든 가사활동을 전담하고 식당일까지 했기 때문에 처음에는 가족 모두가 일을 분담하더라도 많이 서툰 부분이 있을 것으로 판단하여 사회복지사는 가족과의 면담을 통해 각자 가장 쉽게 소화할 수 있는 가사활동을 하나씩 맡기기로 했다.

철수할머니는 철수엄마가 자리를 비운 동안 식사를 준비하거나 설거지 등

부엌일을 도와줄 것을 약속했으며, 철수아버지는 철수가 학교에서 돌아왔을 때 알림장을 확인하고 다음 날 학교 준비물을 챙기고 생활습관을 바로잡는 일을 돕기로 했다. 그리고 하루에 한 번씩 철수가 학교에서 친구들과 어떤 활동을 했는지, 혹 왕따에 노출되었거나 노출될 위험은 없는지 그날그날 철수의 학교생활을 체크하기로 했다. 이러한 일련을 활동들은 하루에 40분에 걸쳐 한 시간 정도만 투자하면 충분히 소화할 수 있으므로 하교 후 특정 시간을 정하여 그 시간에 철수와 아빠가 함께 시간을 보내도록 격려했다.

의붓형은 주말에 철수와 함께 운동도 하고 TV도 시청하면서 취미활동을 해 주기로 했다. 아직 친한 친구를 사귀지 못한 철수에게는 무척 반가운 선물이 될 것이다. 가족의 경제적인 어려움을 해소하고 철수의 교우관계나 학교생활 개선을 위해 가족 모두가 조금씩 애써 나감으로써 철수에게 자신감을 불어넣어 주었다.

〈표 4-26〉 가족구성원들의 개별 활동

구성원	내용	일별(Daily)	주별(Weekly)	달별(Monthly)
철수	주요 활동	알림장 확인, 과제, 학습활동하기	스포츠 활동 등 그룹활동에 참여, 독서(1권 이상)	문화활동이나 행사 참여 (1회 이상)
	책임	담임선생님	사회복지사	사회복지사
	점검사항	담임선생님이 매일 확인	1회 참여	전화
철수엄마	주요 활동		요리강습수강(1회)	요리강습수강(4회)
	책임		사회복지사	사회복지사
	점검사항		출석점검 및 전화	출석점검과 매달 요리수강 장소를 방문하여 격려
철수아버지	주요 활동	철수의 과제와 준비물 챙기기, 학교에서 있었던 이야기 나누기	매우 한 권씩 철수와 책 읽기	철수와 함께 지역사회 내에 있는 아동도서관 가기
	책임	사회복지사	사회복지사	사회복지사
	점검사항		전화	매달 철수가 읽은 책과 활동 점검, 철수 담임선생님과 통화하기
철수할머니	주요 활동	저녁식사 준비	빨래, 대청소(1회)	김치 담가 주기(1회)
	책임	사회복지사	사회복지사	사회복지사
	점검사항		전화	가정방문을 통한 모니터링

	주요 활동	반갑게 인사하고 대화하기	스포츠 활동 (1회 이상)	영화나 관람 참여 (1회 이상)
의붓형	책임	사회복지사	사회복지사	사회복지사
	점검사항			사회복지사가 활동에 함께 참여

④ 지역사회에 대한 개입(Community Intervention)

학교나 친구 및 가족에 대한 개입과 함께 다문화가정 자녀들의 왕따 문제를 해결하기 위해 지역사회차원에서 다양한 노력을 시도해 보기로 했다. 이러한 노력으로 먼저 방송국의 편파적인 인식을 주는 드라마나 보도가 현재 심해지고 있다는 점을 고려하여 이메일 보내기나 편지쓰기 등의 방법을 이용하여 이러한 잘못된 미디어 활동을 정정하기로 했다.

다문화가정에 대한 부정적 이미지를 담은 미디어 활동에 대한 수정을 건의하는 목적은 지역사회 아동, 학생, 주민들의 다문화가정에 대한 편견을 제거하고 자연스러운 통합을 유도하기 위함이다. 여성결혼이민자나 다문화가족을 무조건 도움이 필요한 온정적 수혜자의 입장에서만 묘사하는 점은 바람직하지 않다고 판단했기 때문이다. 가장 단시간에 빠른 효과를 보이는 미디어의 특성을 고려했을 때 다문화가정이나 이들 자녀에 대한 올바른 보도와 방송이야말로 제2, 제3의 왕따 문제를 예방하는 데 큰 역할을 할 것이다.

다문화가정에 대한 편파적인 방송을 고려해 줄 것을 건의하는 편지나 이메일은 철수네 학교 선생님들과 학급친구들의 도움을 통해 수행되었다. 최근 학교에서 이루어지고 있는 다문화교육을 위해 일정 시간이 배정되어 있어 편지 쓰는 작업은 매우 효과적으로 이루어졌다. 편지는 철수를 가르치는 담임 선생님과 철수와 함께 생활하는 친구들이 철수와 같은 다문화가정의 자녀의 입장에서 마음을 담아 쓰고 사회복지사가 이 편지를 방송국에 전달했다. 방송국의 편파보도에 대한 건의는 다문화가정에 대한 좀 더 건강한 보도에 긍정적인 영향을 미칠 것으로 판단되었고, 참여 학생들의 다문화교육에도 매우 효과적이었다.

또한 지역사회에 대한 다문화가정 자녀들의 왕따 문제를 해결하기 위한 방법으로 지역사회 차원에서 퍼플리본 행사를 추진하기로 결정했다. 퍼플리본의 목적은 지역사회 다문화가정 아동의 왕따 예방과 지원을 위한 지역사회 주민들의 인식 개선을 위한 행사이다. 이러한 행사를 통해 다문화가정 자녀에 대한 지역사회주민들의 편견을 해소함은 물론 왕따 피해 아동을 위한 기금을 마련하는 등 다양한 효과를 기대할 수 있었다.

현재 미국에서는 다양한 색깔의 리본을 이용하여 사람들에게 관련 메시지를 전달하고 있다. 핑크리본은 유방암 환자들을 지원하기 위해 사용되고 있으며, 그린리본은 환경문제와 관련된 캠페인에 사용되고 있다. 보라색 리본의 경우는 주로 가정폭력이나 학대, 노숙자 문제 등 다양한 사회적 이슈와 관련된 그 원인에 대한 사람들의 인식을 깨우치기 위한 취지에서 사용되고 있다. 이번 퍼플리본 행사 역시 계속 증가 추세를 보이고 있는 다문화가정 자녀들의 왕따 문제에 대한 심각성을 알리고 다문화 자체에 대한 관심은 물론 그 가정의 아동들이 왕따에 대한 예방과 지원을 촉구하는 차원에서 실시했다. 퍼플리본 행사는 지역사회 차원에서뿐 아니라 전국 단위로 확대할 수 있는 활동임을 고려했을 때 그 파급 효과가 더욱 클 것으로 기대되었다.

지역의 다문화가정지원센터를 중심으로 제작된 퍼플리본을 아동 및 청소년들은 물론 지역사회주민들을 대상으로 홍보하기로 했다. 퍼플리본의 종류는 차에 부착하는 차량 부착용 스티커와 학생들의 가방이나 공책에 부착할 수 있는 작은 종이 형태의 스티커를 제작하였으며, 일반 학생들이나 지역사회 주민들이 일정기간 옷에 착용하고 다닐 수 있는 배지 형태로 다양하게 제작되었다. 이번 퍼플리본 행사에서 가장 반응이 효과적이었던 부분은 차량이나 학생들의 소지품에 부착하는 스티커였다. 한번 부착된 스티커의 경우 고의로 제거하지 않는 이상 오랜 기간 차량이나 학생들의 소지품에 부착되어 다문화가정 자녀들의 왕따 문제를 환기시키는 좋은 기회를 제공했다. 이번 다문화가정 아동들을 위한 퍼플리본 행사는 학생이나 지역사회주민들의 참여에 있어 큰 수고스러움을 요구하는 것이 아니어서 반응이 더욱 좋았다. 또한 학교에서 배포할 때는 다문화가정 아동의 왕따와 관련된 비디오를 상영하거나 예방을 위한 간단한 교육을 함께 실시함으로써 더욱 큰 효과를 얻을 수 있었다.

퍼플리본 행사는 이번 3월부터 시작하여 2011년 12월까지 9개월간 실시하기로 하였다. 현재 철수와 같이 다문화가정 자녀들이 초등학교에 가장 많이 분포되어 있음을 감안하여 초등학교의 경우는 12월까지 매달 한 달에 한 번씩 관련 행사를 열기로 했으며, 중·고등학교는 2달에 한 번씩 실시하기로 했다. 사람들이 많이 분비는 장소에서 두 번에 걸친 행사를 실시하고, 다문화가정지원센터에서 진행하고 있는 행사에 함께 참여하여 퍼플리본을 나누어 주면서 왕따에 대한 예방을 알리기로 했다. 그리고 거리행사는 6월과 9월에 두 번에 걸쳐 실시했으며, 2~3명이 한 팀이 되어 퍼플리본을 나누어 주고 이 행사에 대한 취지를 설명하기로 했다. 퍼플리본 배포와 함께 피해 아동을 돕기 위한 성금마련을 추진함으로써 왕따 피해아동들이 상처를 회복하고 학교에서 정상적인 학습활동을 할 수 있도록 지원하도록 했다.

기금마련을 위한 또 다른 방법으로는 지역 출신의 유명한 연예인이나 프로야구팀이나 축구팀과 같이 대중문화에 영향력이 있는 사람들을 찾아가 도움을 요청하기로 했다. 쉽게 사람들의 이목을 끌고 관심을 유도할 수 있기 때문에 기금마련에 매우 효과적일 것으로 판단되었다. 앞으로 다문화가정 자녀의 왕따 문제를 예방하고 왕따에 피해를 입은 아동을 지원하기 위한 비용으로 쓰일 것이다.

또한 이번 핑크리본 행사는 수많은 자원봉사자들의 참여가 있었다. 사회복지사는 좀 더 적극적으로 활동할 수 있는 자원봉사자 그룹으로 각 대학에 소속된 대학사회봉사단과 기업에 소속된 봉사단과 연락했다. 한국대학사회봉사단 홈페이지에서 각 대학의 사회봉사단 웹 주소나 연락처를 입수한 후 개별 대학에 연락하여 자원봉사자 모집을 요청했다. 현재, 각 대학별로 사회봉사활동 학점제나 장학금을 받을 수 있는 자격을 주는 조건으로 대학사회봉사활동을 대학생들에게 적극적으로 권장하고 있기 때문에 자원봉사자들을 모집하는 방법에 있어 효율적으로 시간을 단축할 수 있었다. 기업의 사회봉사활동 역시 기업의 홍보차원에서 적극 활용되고 있는 것을 감안하면 자원봉사자를 모집하는 데 크게 어려움이 없을 것으로 생각되었다. 대학생들은 주중에 주로 수업이 없을 때의 시간을 활용할 수 있도록 계획하고, 기업의 사회봉사자들의 경우는 일이 없는 토요일이나 일요일을 이용한 주말 봉사활동으로 계획을 잡고 인력을 확보했다.

〈표 4-27〉 퍼플리본 행사일

행사장소 \ 월	3	4	5	6	7	8	9	10	11	12
초등학교	O	O	O	O	O	O	O	O	O	O
중·고등학교	O		O		O		O		O	
불특정 장소			O					O		
다문화가정 관련 행사장			O					O		
거리행사				O			O			
기금마련 행사										O

(3) 다중정신보건적 접근(Multi-modal Approach)

철수의 왕따에 대한 다중사회지원체계적 접근에 이어 다중정신보건적 접근에 있어서는 철수를 포함한 가족 모두의 참여를 유도해 보기로 했다. 오랜 기간의 왕따와 가정불화에 노출된 철수의 심리적 문제는 가족 모두의 유기적인 관계를 통한 치료가 함께 이루어지지 않는다면 근본적인 문제해결이 어렵다고 판단했기 때문이다. 철수는 다문화가정지원센터에서 언어치료를 받으면서, 가족 전체가 참여하는 Bowen의 가족치료와 대인공포증 치료를 위한 개별상담치료에 참여했다.

① 철수의 대인공포증에 대한 인지행동치료(Cognitive Behavioral Therapy for Social Phobia)

철수의 왕따 문제에 대하여 철수엄마와 가족들이 함께 사회복지관의 사회복지사를 찾아와 상담을 받았다. 사회복지사는 철수의 대인공포증에 대한 심리적 문제를 파악하고, 대인공포증(Social Phobia) 진단을 위한 간단한 검사를 실시했다. 사회복지사는 심리치료가 필요하다고 판단하고 심리치료를 제공할 수 있는 다른 기관의 사회복지사에게 철수의 문제를 의뢰하였다.

㉠ 철수의 심리적 문제의 요약

대인공포증 치료를 위해 심리 치료사에게 의뢰된 철수는 현재 12살 초등학교 5학년 남학생이며, 어머니가 베트남에서 결혼이민 오신 다문화가정의 자녀로서 친구들과 함께 어울리지 못하고 외톨이로 학교생활이 매우 어려운 상황이었다.

철수의 주요 심리적 문제는 학교에서 친구들 앞에서 발표를 하거나 편안하게 말할 수 없다는 점이었다. 목소리가 심하게 떨리고 너무 긴장이 되어 철수는 선생님이 하는 질문에 대답할 수가 없을 때가 많다. 친구들 앞에서 책을 읽고 발표를 해야 할 일이 있어도 어떤 말도 할 수가 없고 가끔 하더라도 너무 떨리고 긴장된다. 다문화가정 자녀인 철수는 외모가 한국인 아이들과 다르고 말을 많이 더듬기 때문에 친구들로부터 빈번하게 놀림을 당하거나 왕따를 당한 경험이 많다. 철수는 원래 말을 더듬긴 했지만, 친구들의 왕따를 경험한 후 더욱 사람들 앞에서 말을 하거나 발표하는 것이 더욱 두렵고 힘들어졌다. 그래서 학교에서 철수는 수업에 적극적으로 참여하지도 못하고 친구들과 어울리지 못하며, 늘 혼자 서성거릴 때가 많았다. 철수는 어릴 때부터 부끄럼이 많고 행동을 억제하는 성격이었다. 다문화가정의 자녀로서 경제적인 어려움이나 가정불화 등으로 성장 과정에서 부모님의 사랑과 격려를 충분히 받지 못했으며 할머니나 아버지로부터 심하게 배척당한 경험이 많다.

ⓛ 정신장애 진단 및 통계편람 제4판(DSM-Ⅳ)에 의한 진단

만성적으로 왕따에 노출된 철수는 사회적 외상(social trauma)을 가질 수밖에 없었다. 철수는 뚜렷한 이유도 없이 친구들 앞에 서면 목소리가 떨리고 말을 제대로 할 수 없었다. 이러한 대인공포증은 학교생활까지도 제대로 수행하기 어렵게 만들었다. 철수의 대인공포증은 정신장애 진단 및 통계편란 제4판(DSM-Ⅳ)의 다음과 같은 기준을 적용하여 정밀히 진단되었다(American Psychiatric Association, 1994).

ⓐ 대인관계 상황에서 눈에 띄게 지속적으로 불안과 두려움을 나타낸다. 어린이의 경우는 어른들과 관계는 이상이 없으나 동료들과의 관계에서 불안함을 느낀다.

ⓑ 두려운 대인관계 상황에 노출되면 불안함을 일으키는데, 어린이의 경우에는 울거나 성질을 부리거나 그렇지 않으면 꽁꽁 얼어붙게 된다.

ⓒ 어른들의 경우는 두려움이 과도하게 되는 것이 이유가 없음을 알고 있지만, 어린이의 경우는 이를 알지 못한다.

ⓓ 두려운 대인관계 상황은 피한다.

ⓔ 회피, 예견된 불안, 대인관계 상황의 두려움 때문에 직업, 학업, 사회활동에 지장을 초래하게 된다.

ⓕ 18세 이하일 때는 진단 전에 6개월 이상 지속한 경우에 해당한다.

ⓖ 약물, 질병 때문에 두려움, 회피가 생긴 것이 아니다.

ⓗ 열거된 증상들이 다른 정신장애의 결과가 아니다.

철수의 대인공포증은 주로 불안장애(anxiety disorder)의 한 유형이며, 우리 주위에서 흔히 볼 수 있는 심리적 장애로 타인과 관련된 지속적이고 비합리적인 공포를 말한다(백용매, 2001). 다문화가정의 아동으로서 왕따의 경험이 있는 철수가 겪는 대인공포증은 다음과 같은 특성들을 보이게 된다. (주)한국

상담문화센터(www.koreaccc.kr)에 따르면, 대인공포증을 가진 경우 첫째, 대인 관계 상황에서 눈에 띄게 두려움을 보이고, 당황해서 어쩔 줄 모른다. 회피, 두려움, 불안 예견이 일상생활을 간섭하게 되며, 학업이나 친구들과의 교우생활 등을 간섭하게 된다.

둘째, 대인공포증은 사람을 두려워하는 것이 아니라 다른 사람들이 자신을 좋지 않게 판단할 것을 두려워하게 되는 것을 말한다. 즉, 다른 사람들의 평가를 두려워하는 것을 말한다. 다른 사람 앞에서 발표, 말하는 것을 두려워한다. 손이 떨리고 목소리가 떨린다. 다른 사람과 대화를 할 때 극도로 불안하여 말을 더듬거리기도 한다. 대인관계 상황에서 불안 증세를 경험하게 되면, 심장 박동이 증가, 호흡이 빨라지고, 맥박이 증가하고 손이 떨리거나 땀이 난다. 소화 불량, 설사, 근육 긴장, 얼굴이 붉어지기도 한다. 예견된 불안 때문에 다가올 상황 등을 미리 걱정한다.

또한 행동적인 면에서 나타나는 증세로는 말을 더듬거나, 눈 맞추기를 피하거나, 손톱을 물어뜯거나, 목소리가 떨린다. 또는 학생들의 경우에 쉬는 시간이나 점심시간에 자리에 앉아서 책을 보거나 혼자서 서성거리며 동료들과 잘 어울리지 않으려 한다. 인지적인 면에서 나타나는 증세로는 대인관계 상황에서 도망가고 싶다는 생각, 부정적인 평가, 실패, 모욕, 당황에서 어쩔 줄 모르거나 자아 비평, 부적당하다는 생각 등이 떠오른다. 신체적 증세들은 심장박동이 빨라지거나, 얼굴이 붉어지거나, 부들부들 떨거나, 땀이 난다

ⓒ 인지행동치료 적용 및 근거

대인공포증의 여러 부적응 행동들은 대인공포증이 있는 아이들이 가진 비합리적 신념에서 비롯되는데 이러한 비합리적 신념이 왕따나 학교폭력 등 충격적인 경험 후 나타나기도 한다(백용매, 2001). 대인공포증이 있는 아이들의 핵심적인 인지적 특징은 타인의 부정적 평가에 대한 두려움을 느끼는 것이다. 대인공포증 환자들의 안전행동으로는 타인의 주의를 끌지 않으려고 노

력하는 것, 시선접촉을 회피하는 것, 자신이 말하는 것을 스스로 검열하는 것, 자신의 결정을 타인에게 노출하지 않도록 하는 것 등이 있고 이는 대인관계를 회피하게 만든다(백용매, 2001). 대인공포증을 가진 아이의 비합리적인 사고는 부정적인 행동으로 나타나는 경우가 많기 때문에 비합리적 신념을 변화시켜 적절한 행동을 취할 수 있도록 도움을 줄 수 있는 인지행동치료가 대인공포증 환자에게 효과적인 치료방법이 될 수 있다.

실제로 백용매(2001)의 사회공포증 환자의 인지행동치료 사례에서 대인공포증 환자에게 인지행동치료기법을 적용한 사례를 분석한 결과 인지적 변화가 대인공포증의 성공적인 치료에 결정적인 역할을 하는 것으로 나타났다.

ⓒ 인지행동치료 과정

철수의 인지행동치료는 총 8세션으로 구성되었으며 매주 한 번의 세션을 2시간에 걸쳐 실시하기로 했다. 철수의 대인공포증에 대한 전체적인 진행은 철수를 적극적으로 프로그램에 참여시키기 위해 활동지를 작성한다거나 역할놀이, 심리극, 과제하기와 그에 대한 보상 등으로 다양하게 구성하여 철수가 프로그램을 참여하면서 포기하거나 싫증 내지 않도록 했다.

구체적으로, 첫 번째 세션에서는 철수를 위한 인지행동치료의 절차 및 사회복지사와 클라이언트의 역할을 설명한 뒤 철수가 스스로 치료에 대한 동기를 갖도록 했다. 그리고 대인공포증이 무엇인지 철수가 쉽게 이해할 수 있도록 설명하는 교육시간을 가졌고, 철수가 대인공포증을 느끼는 불안상황들을 리스트로 작성하는 시간을 가짐으로써 프로그램 참여에서 느끼는 부담감이나 긴장을 해소하도록 했다.

두 번째 세션에서는 합리적 사고와 비합리적 사고가 무엇인지 알 수 있도록 첫 번째 세션에서 작성되어진 불안상황들에서 자신에게 나타나는 부정적인 자동사고와 비합리적인 생각들이 무엇이 있는지 알아보았다. 이를 통해 철수가 학급활동에서 부적절한 행동(발표하거나 친구들 앞에서 말할 때 심하게 목소리를 떠는 행동)을 하게 되는 원인이 비합리적 사고의 결과임을 이해하도록 도왔다.

세 번째 세션에서는 철수가 학급 친구들 앞에서 목소리가 떨리고 불안하게 되는 비합리적인 생각들을 합리적인 생각으로 바꾸어 보는 작업을 했다. 이러한 과정을 통해 철수가 일상에서 자동적으로 떠오르는 비합리적 사고들을 합리적 사고로 전환시킴으로써 대인불안을 감소시킬 수 있도록 했다.

네 번째 세션에서는 철수에게 불안상황에 모의 노출하기 전 노출에 대한 기본 개념을 설명하였고 모의 노출상황을 설정하여 이를 직면하는 훈련과 역할놀이 및 심리극을 실시하여 이를 통해 학급친구들 앞에서 철수가 느끼는 불안을 경감시키도록 했다.

다섯 번째 세션 역시 모의 노출상황에서 철수가 자신의 문제를 직면하게 되고 이 과정에서 자신의 비합리적 생각들을 합리적 생각으로 전환시켜 행동의 변화를 가져오도록 했다. 인지행동치료는 기본적으로 철수가 느끼는 모든 감정은 생각과 행동의 산물들이라고 생각한다. 이번 세션에서는 모의 노출상황에서 철수가 직면하는 역할놀이를 비디오로 촬영해 보았다.

여섯 번째 세션에서는 지난 세션에서 촬영한 비디오를 감상하고 비디오 속에서의 철수 스스로의 모습에서 느낀 점들을 이야기 나누었다. 철수가 대인공포증을 느낄 수 있는 모의 노출상황에서 보이는 비합리적 생각으로 인한 부정적인 행동에 대한 도움을 주었다.

일곱 번째 세션에서는 실제 상황에 노출되는 훈련을 시도해 보기로 했다. 철수의 학급 선생님과 친구들의 사전 동의로 얻고 그들의 협조에 따라 수업 진행 도중 철수가 학급 친구들 앞에서 발표할 기회를 가지기로 했다. 실제 상황에서 철수가 실제 목소리 떨림 없이 잘 발표할 수 있도록 기회를 제공했다. 모의 노출이 아닌 실제 노출을 통해 철수의 달라진 행동 변화를 기대할 수 있다.

마지막 세션에서는 친구들에게 다짐 편지를 써 봄으로써 그동안 인지행동치료를 통해 바뀐 생각과 행동을 지속적으로 유지하고 노력할 것을 약속했다.

〈표 4-28〉 철수의 인지행동 치료과정

세션	날짜	활동내용	목표
1	2011/07/08	· 프로그램 소개 · 불안상황 리스트 작성	· 프로그램의 목적, 성격, 진행방식에 관한 내용을 이해한다
2	2011/07/15	· 비합리적 생각과 합리적 생각이란 무엇인지에 대해 설명 · 자신이 가지고 있는 부정적인 자동사고와 비합리적 생각들의 알아보고 목록 만들기	· 철수의 학교생활에서 부적절한 행동을 하게 되는 원인이 비합리적인 사고의 결과임을 이해한다
3	2011/07/22	· 철수 자신과 친구들에게 다짐 편지 쓰기	· 비합리적 생각을 합리적인 생각으로 바꿀 수 있다
4	2011/07/29	· 노출에 대한 기본 개념 설명 · 모의 노출상황을 설정하여 노출훈련과 역할놀이나 심리극 실시	· 모의 직면을 통한 불안 경감
5	2011/08/05	· 모의 노출상황을 비디오 촬영	· 모의 직면을 통한 불안 경감
6	2011/08/12	· 비디오를 보기 및 feedback 주고받기	· 모의 직면을 통한 불안 경감
7	2011/08/19	· 실제적인 노출훈련 및 노출훈련을 위한 과제 부과 – 철수의 학급에서 실시	· 실제 노출에서 행동변화가 생긴다
8	2011/08/26	· 철수 자신과 친구들에게 쓰는 다짐 편지 쓰기	· 성취도 점검

㉢ 상담 목표

이번 철수의 대인공포증을 위한 인지행동치료 상담에서는 철수 스스로가 이번 프로그램에 참여하면서 표현한 목표와 사회복지사와 철수가 함께 세운 단기 및 장기 목표를 중심으로 프로그램을 진행하였다.

먼저, 철수 스스로가 표현한 치료에 대한 목표로는 학급 친구들 앞에서 좀 더 마음이 편안해지고 목소리 떨림 없이 당당하게 말할 수 있는 것이었다. 또한 사회복지사와 철수가 함께 이 프로그램에서 설정한 단기목표는 철수가 자신의 비합리적 생각을 이해하고 합리적인 생각들로 바꿈으로써 친구들 앞에서의 자신의 불안한 감정과 행동을 조절하는 것이었다. 장기목표로는 철수의 대인공포증으로 인한 심한 목소리 떨림을 없앰으로써 학교생활과 교우관계를 원만히 하는 것이었다.

ⓗ 과제 부여

철수의 대인공포증에 대한 인지행동치료는 자신의 문제를 극복하려는 동기와 의지를 가지고 적극적으로 치료기법들을 연습하고 철수 자신에게 적용시킬 때 충분한 효과가 나타날 수 있으므로 매주 과제도 부여했다. 철수는 각 세션에서 부여된 과제를 학교에서 수행해 봄으로써 프로그램을 통해 훈련한 내용들을 강화할 수 있었다. 예를 들어, 매주 학급에서 철수가 친구들 앞에서 말을 하거나 발표할 때 느꼈던 불안이나 목소리 떨림 정도를 1~10까지의 숫자로 표현해 적어 오도록 했다. 또는 친구들 앞에서 가장 최근에 느꼈던 불안했던 상황이 있었다면 생각해 오기로 했다. 이러한 과제들을 수행하고 사회복지사와 함께 이야기하면서 철수는 자신의 부정적인 감정이나 생각들을 표현할 수 있었고, 이는 프로그램을 진행하고 철수의 상태를 이해하는 데 더욱 도움을 주었다.

② Bowen의 가족치료

왕따 문제는 자녀 자체만의 문제로 파악하기보다 자녀와 역동적인 상호작용이 이루어지고 있는 가족체계 안에서 이해되는 것이 바람직하다. 가정은 자녀의 최초의 사회환경이며 기본적인 행동양식을 배워 나가는 곳이다. 가정은 단순히 자녀에게 있어 물리적인 환경뿐 아니라 가족구성원들 간의 상호작용으로 이루어지는 심리적 환경이기도 하다. 이는 다문화가정 자녀에게도 똑같이 적용될 수 있는 사실이다. 철수의 왕따 문제 역시 가족차원에서의 접근이 바람직하며, 이러한 가족차원에 있어서의 개입은 철수가 또래집단이나 학교에서의 자율성과 독립성을 강화하는 데 기여했다.

Bowen의 가족치료의 경우 다른 이론의 가족치료와는 달리 핵가족에만 초점을 두기보다 확대가족을 모두 중요하게 고려한다. 또한 가족구성원들이 모두 가족치료에 참석하기보다 부부나 한 명의 가족구성원이 치료과정을 통해 가족 모두의 변화를 도모한다. 가족 모두가 매번 가족치료에 참여하지 않아도 된다는 것은 가족치료에 대한 초기의 거부감을 줄일 수 있다. 이러한 이유로

Bowen의 가족치료는 철수의 가족치료를 위해 매우 효과적이었다.

⊙ Bowen의 가족치료 이론에 근거한 문제 분석

철수는 독립적이고 주체적으로 생각하거나 자신의 일을 스스로 처리하는 것이 부족했으며, 이는 철수의 학교생활에도 영향을 미쳤다. 이러한 철수의 문제는 가족체계 안에서 이해하는 것이 필요했다. 이를 Bowen의 가족치료 이론에 근거하여 살펴보면 다음과 같다.

철수아버지와 엄마는 서로 갈등관계에 있으며 철수엄마는 철수와 융합된 삼각관계를 나타내고 있었다. 철수아버지는 직장을 잃고 오랜 지병과 경제적 어려움 때문에 철수엄마와 지속적으로 심한 갈등을 겪었다. 이때 철수가 갈등 관계에 참여하게 되었다. 평소에는 철수에게 무관심하지만 철수아버지가 철수엄마에게 감정적으로 화가 날 때면, 철수에게도 몹시 심하게 화를 냈다. 두 사람은 서로에 대해 불만이 있거나 싸움이 있을 때마다 감정을 아들인 철수에게 전이함으로써 갈등상황에서 편안함을 느끼고자 했다. 철수는 이러한 삼각관계 속에서 부모님의 심리적 갈등을 함께 겪어야 했다. 철수의 엄마는 철수와 매우 밀착되어 있었고 자신의 우울한 감정이 철수에게 강하게 투사될 때가 많았다.

철수는 삼각관계로 인해 자신의 주변 환경에서 일어나는 자극들을 제대로 제어할 수 없게 되었다. 불안한 마음들이 줄어들기보다 더욱 가중되어 갔고 이는 소극적이고 의존적인 태도를 보이게 했다. 부모님과의 삼각관계 속에서 불안을 느끼면서 철수는 자신감을 많이 잃었고, 자신에게 주어진 일들 또한 독립적으로 수행하는 것이 매우 어렵게 되었다. 특히, 학교숙제나 준비물 챙기기 등의 5학년 학생으로서 쉽게 할 수 있는 일들마저 할 수 없었다.

철수는 엄마와 아빠의 삼각관계 속에서 건강한 자아분화를 하지 못했다. 일반적으로 가족구성원들의 분화 정도가 낮을수록 삼각관계를 만들려는 노력은 더욱 강하게 되는데, 철수네 가족의 삼각관계는 가족의 미분화에 의해 더욱 강하게 형성되었다. 즉, 철수아버지와 엄마가 자신의 갈등문제를 해소하기 위해 삼각관계에 의존하는 것이 철수의 미분화를 높이는 결과를 가져왔다.

ⓛ 치료적 개입 단계

철수네 가정의 가족치료를 위해 Bowen의 가족치료기법들을 활용한 가족치료 프로그램을 다음과 같이 7세션으로 일주일에 한 번씩 2달에 걸쳐 진행하기로 하였다.

〈표 4-29〉 보웬의 가족치료 프로그램 과정

세션	치료기법을 활용한 프로그램 내용	치료기법
1세션	사정과 진단	질문, 가계도 사용, 치료적 삼각관계, 나 입장 (I-position) 취하기, 코칭(Coaching)
2세션	가족 내의 문제 인식 및 가족패턴 파악	
3세션	가계도(genogram) 면접	
4세션	철수와 가족의 변화를 위한 계획 세우기	
5세션	코칭(Coaching)	
6세션	가족구성원들이 치료자의 역할수행하기	
7세션	가족 간의 마음 전달하기 및 평가	

ⓒ 목표설정

철수의 왕따 문제를 다루는 데 있어 Bowen의 가족치료적 개입의 궁극적인 목표는 철수는 물론 가족들의 불안을 감소시키고 자아분화 돕는 것이었다. 가족치료를 통한 탈삼각화(de-triangulation)와 분화의 과정을 통해 가족체계에 지속적인 변화를 가져올 것으로 기대했다. 구체적으로 철수에 대한 가족치료 프로그램의 목표는 아래와 같았다.

첫째, 철수네 가족구성원들의 분화수준을 높여 서로 감정반사행동들이 줄어들도록 한다. 감정반사행동들을 줄여 갈등과 불안을 해소하여 철수에게 안정적인 가정환경을 제공한다. 둘째, 가계도를 활용하여 가족구성원 스스로를 보다 객관적인 관점에서 바라보고 가족의 문제와 행동을 인식하게 한다. 셋째, 가계도를 통해 삼각관계를 인식하고 철수아빠와 엄마가 서로를 격려하고 배려하여 삼각관계를 벗어나도록 한다. 마지막으로, 이러한 탈삼각화를 통해 철수가 적절한 자기 분화가 자유로워지고 자신의 목표를 성취하여 만족스러운 친구관계를 유지할 수 있도록 한다.

ⓛ 치료기법

철수를 위한 가족치료에 활용된 다양한 Bowen의 가족치료 기법 중에 가계도 그리기와 코칭은 다음과 같은 내용이었다.

ⓐ 가계도(Genogram)

이번 가족치료에 있어서 가계도 그리기를 활용한 교육은 매우 중요한 Bowen의 치료방법이었다. 가계도란 가족의 세대에 걸쳐 나타나는 가족의 패턴과 특징을 알기 위해 그린 가족도표이다(조준, 2007). 가족구성원들과 함께 하는 가계도 작업은 철수의 문제행동원인을 유추해 볼 수 있었고 가족구성원의 특징과 문제를 보다 객관적인 입장에서 바라볼 수 있었다(조준, 2007). 가계도를 이용한 교육은 가족구성원의 불안한 삼각관계를 인식하게 하여 안정된 관계로 점차 변화되도록 도왔다.

ⓑ 코칭(Coaching)

철수네 가족에 대한 가족치료에서 코칭의 방법은 마치 운동경기의 코치와 같은 치료자의 역할을 나타내는 개념이다. 치료자는 가족구성원들로 하여금 치료의 초반기부터 철수에게 자기 자신의 자세, 자기 자신의 자리를 확고하게 격려했다. 다른 사람이 자신에 대해서 어떻게 생각할까에 초점을 맞추기보다 자기 자신이 어떠한 문제에 대해서 어떻게 생각하는가에 초점을 맞추도록 하고 그것을 말할 수 있는 용기를 가지도록 도와주었다. 또한 분화를 위한 방법들을 코칭해 주었다(정보영, 2010).

치료자는 철수네 가족들에게 의사소통 방법 역시 새롭게 제시해 보도록 하였다. 가족구성원들이 불안에 휩싸인 채, 감정적인 민감한 반응을 보이는 대신에 좀 더 침착하고도 이성적으로 행동하고 의사소통하게 될 때, 다른 구성원들도 역시 가라앉고 평온한 가운데 서로 상호작용하게 된다(정보영, 2010). 치료자는 이러한 의사소통이 감정적 의사소통 방법보다 훨씬 더 유익하다는 것을 알려 주었고 또 그들이 이것을 실제로 시행해 봄으로써 실제 의사소통 방법을 익히게 되었다.

④ 다중정신보건적 접근을 위한 기타 프로그램

㉠ 집단상담프로그램

왕따 문제를 경험한 철수를 위한 또 다른 정신보건적 접근으로 인지행동적 집단상담이 효과적일 수 있다. 실제로 권효진·강영심·김재은(2008)에 의한 인지행동적 집단상담이 왕따 피해학생의 자아존중감과 대인기술에 미치는 효과에서 아래의 집단상담 프로그램이 자아존중감과 대인기술에 효과가 있었던 것으로 조사되었다. 철수의 집단상담 프로그램으로 아래의 인지행동적 집단상담이 바람직할 수 있다.

〈표 4-30〉 인지행동적 집단상담

구성단계	세션	제목	목표	활동내용
관계형성단계	1	친구야 반갑다!	프로그램의 목적, 성격, 진행방식에 관한 전반적인 내용을 안다. 별칭 짓기, 자기소개를 통하여 집단원들의 긴장된 분위기를 해소한다.	자신의 목표 세우기와 행동기록표에 대한 소개, 다짐하기. 별칭 짓고 소개하기
	2	알리고 싶은 나	자기소개를 통하여 다른 집단원들에게 친밀감을 느낀다.	짝에게 안마해 주기. 자기소개 바꿔서 하기

자기탐색단계	3	행복은 마음에 있어요	일상생활에서 부적절한 정서와 행동을 하게 되는 원인 중에 하나가 비합리적인 사고의 결과임을 알게 한다. 비합리적 사고를 합리적 사고로 바꾸어 보는 연습을 한다.	합리적 생각과 비합리적 생각이란? 짝과 함께 합리적 생각 연습하기
	4	내가 가지고 있는 건강하지 못한 생각	자신이 가지고 있는 비합리적 생각을 합리적 생각으로 바꾸어 본다.	자신이 가지고 있는 비합리적 생각 알아보기. 다 같이 합리적 생각으로 바꾸어 보기
	5	특별한 나	자신의 지난 삶을 되돌아보며 자신의 소중함을 느낀다. 자신의 성격과 행동 특성을 파악하고 현재의 삶의 모습을 안다.	내 인생의 발자취(성취과정 그래프). 나의 특성 발견하기
	6	다른 사람의 마음에 보이는 나	타인이 표현해 주는 자신이 어떤지 알아보고 자기를 이해하는 데 도움이 될 수 있도록 한다.	다른 사람의 마음에 보이는 나
대인기술 습득단계	7	가는 말이 고와야 오는 말이 곱다	어렵고 어색한 상황에서 자신의 마음을 정리하여 제대로 표현하는 방법을 안다. 부정적인 감정도 부드럽고 예의 바르게 표현하는 방법을 배운다.	가는 말이 고와야 오는 말이 곱다 (나 – 전달법 강의와 연습). 나 – 전달법 역할극
	8	나를 표현하자	친구들에게 자신의 의견을 전달할 수 있는 힘을 기른다.	갈등대상 떠올리기, 응어리진 감정 풀기(심리극). 갈등이 있을 때 나를 표현하는 방법들 인식. 숙제 – 나의 갈등을 풀어 보자와 만화 완성하기
	9	다른 친구들의 이야기를 잘 듣자	다른 사람의 이야기를 잘 듣는 법과 그 태도의 중요성을 깨닫는다. 공감적 표현을 상황에 맞게 구사한다.	경청하기 게임. 관심기울이지 않기 역할극. 공감하지 않기에 대한 역할극. 경청법과 공감법에 대한 강의. 경청하며 공감하는 방법에 대한 역할극
종결단계	10	나와 친구에게 쓰는 편지	친구의 고민을 자신이 상담자가 되어 조언해 보는 시간을 가지면서 문제를 다른 관점에서 생각하는 힘을 기른다. 자신에 대한 반성하는 시간을 갖는다. 활동정리 및 초기에 세웠던 목표와 성취도 점검하기	상담 게시판에 리플 달아보기. 자신에게 쓰는 사과편지. 출석점수와 활동참여도 등을 계산하여 시상식 하기

출처: 권효진 · 강영심 · 김재은(2008).

ⓛ 우울감 해소를 위한 예술치료 프로그램

철수의 왕따 문제를 사정하는 단계에서 철수네 가족구성원들이 조금씩의 우울 증세를 보이는 것으로 나타났다. 철수네 가정과 같은 다문화가정의 가족구성원들의 우울감 해소를 위해 다음과 같은 예술치료 프로그램 등도 적용 가능하다.

〈표 4-31〉 우울증 해소를 위한 예술치료

단계	치료목표	회기	프로그램	기대효과
초기(통찰) 공감적 이해와 정서적 수용	대상관찰 및 파악. 관계형성과 상호작용 (라포 형성)	1	오리엔테이션 및 집 나무, 사람 그리기 (HTP검사, 진단)	프로그램에 대한 이해와 참여 동기 유발. 내담자의 심리상태를 진단, 피험자의 성격이해에 효과적.
		2	동적 가족화 그리기 (KFD검사, 진단)	집단 활동에 대한 자세정립, 가족구성원의 심리적 상태, 가족의 역동성을 진단하는 데 도움.
		3	난화 그리기	그린다는 것에 대한 부담감을 줄여 심리적 안정을 추구, 긴장 이완. 자유로움과 무의식과 의식의 탐색. 매체 탐색과 연상능력을 통해 가족과의 대인관계 진단
		4	가족벽화 그리기	가족과의 행동관찰, 상호 교류, 행동 토의. 공감대 형성과 대화 성립. 가족구성원의 긍정적인 관계 확립과 상호작용
중기(정서적 정화) 투사적 동일시를 통한 전이와 역전이	감정표출과 감정수용 이해단계	5	감정 그리기	감정 표출을 통한 카타르시스 경험. 억제된 감정을 수용. 신체적, 정신적 이완. 나에 대한 긍정적, 부정적 인식과 통합적인 인식. 욕구를 충족하여 감정 해결 능력 향상
		6	콜라주 만들기	나에 대한 탐색과 환경에 대한 갈등을 감정으로 표출시켜 억압된 감정표출, 자기이해, 우울 및 부정적 인지 감소, 불안 감소
		7	점토 만들기	긍정적 관계형성, 성취감, 긴장이완, 정서표출, 촉각적인 매체로 자유를 경험, 재료와의 동일시. 부정적인 감정을 승화시키고 자신과 타인과의 조화 경험
		8	만다라 그리기	자아 존중감 향상, 긍정적 사고, 자기 통합, 선택과 결정능력의 향상. 개인차의 다양성 인정. 가족과의 공감과 독립적인 수용
		9	자유화 이어 그리기	가족과의 생각 반영하기. 무의식의 의사소통, 의사결정 및 자기 생각능력 향상. 집단의 반영과 구성원의 관심표현

출처: 김송실, 2010.

# 제4장 다문화가정 자녀의
학습부진과 Multi-CMS

한국으로 이주해 오는 결혼이민자들이 매년 증가함에 따라, 국제결혼 다문화가정 출신 자녀의 수도 급속하게 늘고 있다. 국제결혼 가정에서 태어난 학생 수는 2007년 1만 3,445명, 2008년 1만 8,778명, 2009년 2만 4,745명, 2010년 3만 40명으로 3년 동안 두 배 이상 증가했다(헤럴드경제, 2010.9.30). 1997년「국적법」개정 이후 국제결혼 자녀들은 한국 국적을 취득하게 되면서 교육을 포함한 모든 면에서 내국인과 동일한 권리를 가지게 되었다(조영달, 2006). 하지만 다문화가정의 자녀문제(14.2%)는 언어문제(22.5%)나 경제문제(21.1%)와 함께 심각한 사회문제로 지적되고 있다(김승권 외, 2010). 특히, 자녀양육 및 학습지원에 대한 욕구(62.7%)는 다문화가족이 느끼는 복지욕구 중 가장 높은 것으로 조사되었다(김승권 외, 2010). 자녀양육 및 학습지원에 대한 복지욕구는 한국어 교육(60.4%)이나 한국사회 적응교육(51.4%), 가족상담 교육(41.2%) 및 임신·출산지원(38.4%)보다 훨씬 높게 나타났다(김승권 외, 2010). 학령기의 다문화가정 자녀들은 학습 부진과 학교생활 부적응 문제가 표면화되면서 학업을 포기하는 경우도 발생하고 있다. 실제 다문화가정 자녀들의 학업진학 포기율은 24.5%로 일반가정의 자녀들에 비해 4배에 이른다(장온정, 2010). 전국적으로 기초학력 미달학생 비율이 평균보다 두 배 이상 높은

'학력위기 초등학교' 16곳 가운데 3분의 2가 다문화가정 학생들이 출석하는 학교들로 파악되고 있다(KBS뉴스, 2010.9.27). 다문화가정 자녀의 학업수행이나 성취와 관련된 문제들은 학교 적응에 매우 중요한 부분이다. 그러나 현재까지 시행된 다문화가정 자녀의 학업개선을 위한 프로그램들은 문화나 한국어 교육이 주를 이루고, 그들의 문화적 특성, 심리적 문제, 사회적 지원을 고려한 통합적인 접근을 전무한 상태이다. 따라서 본 장에서는 다문화가정 자녀의 학습부진 문제에 대한 전반적인 현황 및 문제점, 위험요인, Multi-CMS를 적용한 통합적 개입을 살펴보도록 한다.

1. 다문화가정 자녀 학습부진의 개념과 학습특성

일반적으로, 학습부진(school underachievement)의 사전적 의미는 정상적인 지적 능력과 정규 학교수업을 수행할 수 있는 잠재력을 지니고 있으면서도 학습 장애나 주의력 결핍, 학교생활 부적응, 가정환경, 건강 문제 등의 내적 또는 외적 요인으로 인하여 교육 목표에서 설정한 최저 수준의 학업 성취에 미치지 못하는 경우를 일컫는다. 학습부진의 개념은 중추신경계 또는 유전적인 요인 등의 기질적 문제로 인해 발생되는 학습장애와는 다른 개념으로서 아동의 지적능력 부족에 의해 발생하기보다는 아동의 학업성취를 도모할 만한 사회적 · 경제적 · 심리적 환경이 적절히 제공되지 못한 상황에서 발생할 수 있다(두산백과사전, 2011).

학습부진을 보이는 다문화가정 자녀들의 학습에 관련하여 보이는 특징으로는 기초 학습능력 부족, 산만한 학습태도, 소극적 수업 참여, 낮은 학업성취도가 있다(황매향 · 고홍월, 2010).

1) 기초학습능력 부족

기초학습능력이란 읽기, 쓰기, 셈하기와 같이 어떤 교육을 받는 데 기초적으로 필요한 학습능력을 의미한다(서울대학교교육연구소, 1994). 다문화가정 자녀들 대부분은 한국어발달 지체 및 문화부적응으로 인해 일반가정 학생들에 비해 전반적으로 학교 수업에 대한 이해도가 낮다(교육인적자원부, 2006). 특히, 일상적인 의사소통에는 큰 문제가 없으나 독해와 어휘력, 이해력, 작문능력 등에서 매우 떨어지고 있다(조영달, 2006). 다문화가정 자녀들은 어휘력과 사회문화적 지식이 요구되는 국어와 사회과목을 어려워할 뿐만 아니라, 문제가 지시하는 내용을 이해해서 풀어야 하는 수학과목 또한 수업을 따라가기가 힘든 것으로 나타났다(조혜영 외, 2008).

2) 산만한 학습태도

한국어 실력이 또래에 비해 뒤처지고, 기초학력이 부족한 다문화자녀들의 경우, 수업시간에 산만한 학습태도를 보이는 경우가 많다. 이들이 보이는 대표적인 태도로는 주로 수업시간에 교사를 응시하지 않기, 책에 그림을 그리거나 낙서하기, 다리 떨기, 창밖 보기, 수업시간에 엎드려 자기, 돌아다니기, 옆친구와 이야기하기 등을 들 수 있다(황매향·고홍월, 2010). 이러한 산만한 행동이 발생하는 원인은 한국어 부진으로 인해 수업내용이나 교사의 지시내용을 잘 이해하지 못하여 학습에 대한 흥미를 잃기 쉽기 때문이다.

3) 소극적 수업 참여

한국어발달 또는 기초학력에 문제가 있는 다문화자녀들은 수업시간에 배우려는 열정이 적거나 수업 중 교사의 지시 불이행, 토론이나 만들기와 같은 활동에 불참여 등 수업에 소극적으로 참여하는 모습을 보이기도 한다. 다문화 가정 자녀들이 수업에 소극적으로 참여하는 구체적인 원인으로는 학습준비물 미지참, 숙제 미완성, 예·복습 등의 수업준비 부족, 알림장 미기입 등이 있다(황매향·고홍월, 2010). 특히, 한국어가 미숙한 학생은 선생님의 지시사항을 이해하지 못하여 숙제를 놓치거나 학습도구를 챙겨 오지 않는 경우가 많다. 이런 경우에는 교사와 교우에게 부정적인 피드백을 받게 되므로 학업상의 문제뿐만 아니라 심리적으로도 부정적인 영향을 받을 수 있다.

4) 낮은 학업성취도

일반적으로 다문화가정 자녀들은 일반가정의 또래보다 낮은 학업성취도를 나타내는 경우가 많다(교육인적자원부, 2007; 김경란, 2006; 설동훈, 2005; 오성배, 2005; 조영달 외 2006; 홍영숙, 2007). 다문화가정의 자녀의 학습부진은 주로 빈곤한 가정환경이나 부모의 지원 및 학습자료 부족 등의 환경적인 요인에 의한 경우가 많다(오성배, 2007). 다문화가정의 자녀들 중 특히 경제적으로 어렵고, 어머니가 한국사회 문화와 한국어에 익숙하지 못할수록 학업 수행에 어려움을 겪는 것으로 나타났다(조혜영·서덕희·권순희, 2008).

2. 다문화가정 자녀의 학습부진 현황

다문화가정의 자녀는 일반가정 자녀보다 학습부진율이 더 높게 나타났다(<표 4-32>; 안혜령·이순형, 2009). 2006년 교육인적자원부의 조사 결과, 다문화가정 자녀들의 초등학생 기초학력 미달자는 전체 초등학생의 기초학력 미달 비율인 1.45% 보다 4배가 높은 7.5%로 나타났다.

〈표 4-32〉 여성결혼이민자 가정 아동과 일반 가정 아동의 학업성취 비교

범주	학업성취		지능		지능을 통제한 후 교정된 학업성취	
	이민자 가정	일반 가정	이민자 가정	일반 가정	이민자 가정	일반 가정
	M(SD)	M(SD)	M(SD)	M(SD)	M(SE)	M(SE)
학업성취	3.29 (1.09)	4.02 (1.09)	106.51 (12.94)	113.52 (16.31)	3.44 .10	3.88 .10
국어	3.33 (1.21)	4.09 (1.15)	52.00 (8.79)	57.38 (9.84)	3.49 .12	3.94 .11
수학	3.21 (1.20)	3.98 (1.20)	55.22 (7.75)	58.50 (9.23)	3.37 .11	3.82 .11
사회	3.26 (1.07)	3.98 (1.15)	51.96 (8.44)	55.95 (12.22)	3.41 .11	3.83 .10
과학	3.35 (1.20)	4.06 (1.07)	53.44 (9.28)	55.17 (9.41)	3.50 .11	3.92 .11

출처: 안혜령·이순형(2009). 「여성결혼이민자 가정 아동과 일반 가정 아동의 학업성취 비교」.

3. 학업부진에 영향을 미치는 주요 요인

1) 문화적 요인

(1) 한국어 능력 부족

언어는 의사소통의 수단이자 모든 학습능력의 기초가 되는 것으로(김경자, 2008), 한국어가 부진한 다문화가정 자녀들은 학업 수행에 많은 어려움을 보인다. 실제로, 다문화가정 아동의 한국어 능력과 학교생활 적응에 관한 조사에서 아동의 한국어 실력에 따라 학업 수행에 큰 차이를 보였다(김기덕·박민서, 2009; 조혜영·서덕희·권순희, 2008). 현재 다문화가정 자녀의 10명

중 4명 정도가 또래보다 6개월 이상 한국어발달이 늦은 것으로 나타났다(보건복지가족부, 2009). 대구시 교육청(2009)의 다문화가정 자녀의 언어실태에 관한 조사에 의하면, 초등학생 중 35.2%, 중학생 중 18.9%, 고교생 중 0.4%가 한국어 구사에 불편을 겪고 있다고 보고되었다. 다문화가정 자녀 중 84.2%가 6세 미만과 초등학교 취학 연령인 점을 감안할 때(김승권 외, 2010), 다문화가정 아동의 한글교육에 주력해야 한다.

(2) 부모의 학습 지원 부족

자녀의 올바른 학습태도 형성과 학업성취도 향상을 위해서는 부모의 역할이 중요하다(변수용·김경근, 2008). 부모의 도움을 받는 자녀는 긍정적인 인생관, 높은 학구열과 보다 나은 학업 성취도를 보이기 때문이다(Wang, Matthew, Bellamy & James, 2005). 부모의 학습지원이 자녀의 학업성취에 어떠한 영향을 미치는지 조사한 연구 결과에 의하면, 과제에 대한 설명, 문제해결과정 조절, 자녀의 자율성과 독립성 존중 등과 같은 부모의 적극적인 학습지원은 자녀의 자기 주도적 학습능력과 성적을 향상시키는 데 매우 긍정적인 영향을 미친다고 보고되었다(남필교, 2008). 결혼이민자들은 한국의 교육시스템에 대한 경험이 없을 뿐 아니라, 말하기 실력에 비해 읽기와 쓰기 실력이 더 부족한 경우가 많아 자녀의 학업을 도와주는 것은 쉽지 않은 일이다(오성배, 2007). 다문화가정 부모의 이러한 취약점은 자녀의 공부에 대한 가치관 형성과 학습 동기 및 학습태도에 부정적인 영향을 미칠 뿐 아니라, 결과적으로 자녀의 학업성취도를 저하시키는 주요한 원인이 된다.

<사례>
다음은 '호프 키즈 서울(Hope Kids Seoul)'에서 봉사활동을 하고 있는 고등학생을 인터뷰한 내용이다. "다문화가정의 자녀들을 보면서 어떤 점을 느끼게 되었나요?"라는 질문에 봉사자들은 다음과 같이 대답했다.

김○○: 필리핀에서 온 엄마를 둔 초등학생 형제를 가르쳤어요. 부모님은 일 때문에 집을 자주 비우셔서, 아이들을 많이 돌보지 못하고 계신 것 같아요. 엄마가 필리핀에서 오셨지만 아이들은 영어를 전혀 이해하지 못해요. 성격이 밝고 좋긴 하지만, 자신들이 소외된다고 느끼기 때문에, 처음 수업을 할 때 아이들의 마음을 여는 것이 어려웠어요.

오○○: 저도 엄마가 필리핀에서 온 가정을 맡았는데, 어쩌다 어머니께 아이가 학교에서 어떻게 생활하느냐고 물었을 때, 아이가 먼저 "우리 엄만 그런 거 잘 몰라요"라고 대답하더군요. 그 모습을 보면서 아이와 엄마 사이에 대화가 별로 없다는 걸 알았어요. 엄마는 한국말을 잘 몰라서 가정통신문을 못 읽으니까 아이에 대한 관심이 아예 사라진 거예요. 세대 차이에 문화적 차이까지 겹치니까 어려움이 크더라고요. 저는 초등학생 아이가 투정 부리는 정도를 넘어서 중학교에 가면 정체성에 대한 고민을 할 거라고 생각했어요.

출처: "방과 후 '다문화가정' 찾는 외국어고 학생들 만나보니"
http://blog.daum.net/hellopolicy/6980107

2) 정신보건적 요인

(1) 문화적응 스트레스

다문화가정 자녀들은 자신에 대한 주변의 인식과 차별을 경험하는 과정에서 문화적응 스트레스를 경험할 수 있다(Chavez, Moran, Reid & Lope, 1997). 주로 문화적응에 대한 스트레스가 높을수록 학교 적응에 부정적인 영향을 미치게 된다(노충래·홍진주, 2006; 신윤진·윤창영, 2010). 다문화가정 자녀들은 학교에 입학하면서부터 언어 문제, 교사와 또래와의 상호작용 문제, 학업부진 등의 다양한 학교적응 문제에 직면하게 된다(은성경, 2010). 이러한 과정에서 교사 및 교우로부터 인식되어지는 차별은 우울 및 분노를 느끼게 할 뿐 아니라 학업동기, 학업수행, 자아존중감 및 또래 관계 등에 나쁜 영향을 미친다(Wong, Eccles & Sameroff, 2003). 따라서 다문화가정 자녀가 학교에서 겪는 문화적응 스트레스는 학습부진의 주요한 원인이 된다고 볼 수 있다.

(2) 자아정체성 혼란

자아정체성은 학습활동, 교사 및 교우 간의 관계, 학교규칙 준수 등 학교적응에 중요한 영향을 미친다(이현림·천미숙, 2003; 박아청, 2005; 이종연·이제신, 2000). 실제로, 다문화가정 자녀의 자아정체성이 높을수록 학교적응도가 함께 높아지는 것으로 나타났다(박샤론, 2010). 일반적으로, 다문화가정 자녀들은 태어나면서부터 한국 국적을 취득함에도 불구하고, 남들과 다른 외모, 차별과 편견, 언어문제 등으로 인해 한국인으로서 뚜렷한 자아정체성을 가지기 쉽지 않다. 또한 이중문화가 혼재된 가정과 학교 교육을 동시에 경험하는 과정에서 정체성의 혼란을 경험하게 된다(오성배, 2006).

(3) 낮은 자아존중감

아동의 자아존중감은 긍정적 성격 발달과 대인관계뿐만 아니라, 학업성취나 학습동기에도 영향을 미친다(조성자·서명진, 1997; 박희숙·이승은, 2007; Wendy, 1989; Baumeister, 1994; 신진희, 2005). 정미라·장영숙·김순규(2011)의 자아존중감과 학습동기 간의 상관관계에 관한 연구에서는 자아존중감이 높을수록 학습동기, 수업참여도, 학습 지속도가 높으며, 자아존중감이 낮을수록 불확실성, 열등감, 무력감 등을 갖게 되고, 자신을 부정적으로 지각하는 경향이 높아서 학습에 소극적인 태도를 갖기 쉽다는 결과를 보여 주었다.

(4) 부모의 불화

다문화가정의 부부관계는 연애가 아닌 결혼 목적, 언어와 문화의 장벽, 경제적 어려움 등으로 인해 가정폭력과 불화로 이어지기 쉬우며, 이는 무엇보다 자녀의 학습문제에도 영향을 미칠 수 있다. 부부간의 갈등은 자녀의 사회적 능력, 인지적 능력, 학업성취 등에 부정적인 영향을 미치기 때문이다(Emery & O'Leary, 1984; Long, Forehand, Fauber & Brody, 1987). 여성결혼이민자들이 구성하는 다문화가정의 경우, 연애가 아닌 계약 관계에 의해 성립된 경우가 대부분이며, 한국인 남성배우자들과 그 가족들은 경제적 약소국에서 온 결혼이민자에 대해 부정적인 시각을 가지는 경우가 많다. 이러한 결혼이민자에 대한 비하의식이나 문화적 차이는 물론 의사소통이나 경제적 어려움 등으로 인해 가정폭력은 물론 이혼 등의 사례가 급증하고 있다. 통계청(2010)에서 발표한 다문화가정의 이혼율에 의하면, 2000년에는 연간 1,500여 건에 불과했던 다문화가정의 이혼율은 2008년 이후부터는 매년 1만 건을 넘어, 2010년에는 11,245건에 이르렀다고 보고되었다. 이러한 다문화가정의 부부갈등으로 인해 발생하는 이혼과 같은 불안정한 가정환경은 다문화가정 자녀의 심리적 불안을 야기하고 학교적응과 학습 성과에 부정적인 영향을 미친다(박솔지, 2010).

3) 사회환경적 요인

(1) 경제적 어려움

다문화가정의 경제적 어려움 또한 다문화가정 자녀의 학습부진을 심화시키는 요소이다(김이선·김민정·한건수, 2006; 정기선 외, 2007; 설동훈 외, 2005). 2005년 보건복지부는 결혼이민자 가정의 52.9%가 저소득층이며, 기초생활보장 수급가구는 13.7%에 불과하여 자녀의 언어발달이나 교과 보충을 위한 사교육을 부담할 수 있는 여건이 되지 않는 경우가 많다고 보고하였다.

(2) 또래 및 교사의 지지 부족

학교에서의 또래와 교사의 지지는 다문화가정 초등학생의 학교적응에 큰 영향을 미친다(김기덕·박민서, 2009). 교우 관계는 학생의 학업수행에 직접적인 영향을 미치는 것으로 나타났는데(Mounts & Steinberg, 1995), 교우관계가 원활하지 못한 학생들은 학습동기와 자존감이 저하되어 학교에 잘 적응하지 못하거나 학습부진을 보인다(정미라·장영숙·김순규, 2011; 김경자, 2008). 다문화가정 자녀들은 학교에서 다문화를 포용하지 못하는 교사와 또래의 차별적인 태도 때문에 소외감을 경험하고(빈부격차·차별시정위원회, 2006), 교사와 친구로부터 부정적 평가를 받은 아동은 부정적 자아개념을 형성한다(차유림, 2000).

(3) 다문화가정에 대한 사회적 편견

다문화가정에 대한 관심과 관련 복지정책이 늘어 가면서 다문화가정을 바라보는 사회적 시선이 많이 개선되어 가고 있지만, 경제적 약소국에서 온 결혼이민자들과 그 자녀에 대한 편견은 여전하다. 2009년 국가인권위원회의 조사에 따르면, 광주지역에 거주하는 다문화가정 자녀의 28%, 결혼이민자의 47%가 차별대우를 경험한 것으로 나타났다(국가인권위원회 광주인권사무소·광주 YMCA, 2009).

4. 자녀의 학습부진 사례를 통한 Multi-CMS 접근

<사례> 학습부진을 보이는 결혼이민여성의 자녀

지원이는 9살, ○○초등학교 2학년 1학기째 재학 중이며, 한국인 아버지 김 씨와 베트남에서 10년 전에 결혼이민을 온 어머니 타오 낌렌(가명, 35) 씨, 여동생 지현이(6)와 함께 살고 있다. 김 씨는 농사를 주업으로 하고 있으나 계속되는 경제적 어려움으로 인해 저녁마다 택시운전을 하고 있어서 항상 피곤해하고 지원이와 보낼 수 있는 시간도 적은 편이다. 타오 씨 또한 넉넉지 못한 살림으로 인해 1년 전부터 식당에서 종업원으로 일하고 있으며 지원이에게 신경을 많이 써 주지 못해 미안한 마음을 갖고 있다.

지원이는 집에서 주로 한국어를 사용하긴 하지만, 엄마와 대화할 때는 베트남어를 사용하기도 한다. 지원이의 한글 언어능력은 또래 아이들에 비해 뒤처지는 편으로 일상 대화소통은 어느 정도 가능하지만 표현력이나 발음, 작문 등에서 어려움을 겪고 있다. 선생님이 수업 중에 질문을 해도 대답을 하지 못하고 머뭇거리거나 엉뚱한 대답을 할 때가 많다. 언어상의 문제로 인해 수업시간에 집중하지 못하고 딴짓을 자주 한다는 평가를 1학년 초부터 담임선생님께 받았지만, 지원이의 부모님은 "아직 아이가 어려서 그러겠지……" 하며 대수롭지 않게 생각해 왔다. 그러나 2학년이 되어서도 지원이의 학습태도는 크게 좋아지지 않았다. 여전히 수업시간에 집중을 잘 하지 못하고 있으며, 숙제를 성실히 해 오지 못하고, 학습준비물도 종종 챙겨 오지 않아서 적극적인 학습 참여가 이루어지지 않고 있다.

학교를 마치고 집으로 돌아오면 엄마가 식당에 나가기 전까지 하루 중 유일하게 엄마와 함께 보낼 수 있는 시간이 생긴다. 이때 지원이는 엄마와 학교에서 있었던 일들에 대해서 이야기하지만 공부나 숙제, 학습준비물 등 학업에 관련된 이야기는 거의 하지 않는다. 지원이 엄마는 베트남의 학교 문화와 한국의 학교 문화가 달라 지원이를 어떻게 도와주어야 할지 잘 모른다. 언어문제와 맞벌이로 인한 시간 부족으로 아이의 학업을 도와주기가 더 힘든 상황이다. 아빠는 생활고 때문에 늘 피곤에 지쳐 있어서 지원이의 학업에 관련된 것에는 도움을 주지 못하고 있다. 엄마와 아빠가 일하시는 저녁시간에 지원이와 지현이는 게임을 하거나 TV를 보다가 잠이 든다.

지원이는 작년 한 해 동안 하위권 성적을 이어 왔으며 얼마 전 교육청이 주관한 학업 성취도 평가에서도 평균보다 떨어지는 성적을 받았다. 타오 씨는 지원이가 또래친구들보다 뒤처지는 것 같아 걱정스럽기도 하지만 시간이 지나면 차차 좋아질 거라는 막연한 희망도 가지고 있다. 지원이의 담임교사 A씨는 "지원이가 사용하는 어휘량은 또래에 비해 상당히 부족하고, 맞춤법도 많이 틀린다"며 "가정통신문을 몇 차례 보냈지만 지원이 어머니가 별다른 반응을 보이지 않아 본인도 더 이상 어떻게 도와야 할지 잘 모르겠다"고 한다. 지원이의 동생 지현이도 한글이 아직 많이 서툰 편이다. 사교육비의 부담으로 유치원에도 나가지 못하고 있는 형편이다. 엄마는 지현이마저 또래친구들보다 언어습득이 늦을까 봐 걱정이 크지만 특별한 대안이 없다.

타오 씨는 일상의 의사소통에는 큰 어려움을 느끼지는 않지만, 한국에서 한글 교육을 정식으로 받은 적이 없어서 글을 읽을 수는 있지만 내용을 이해하지 못하는 경우가 많다. 마을에 한글학교가 있지만 오전에는 농사와 밭일을 돕고, 오후에 학교에서 돌아온 지원이를 보살피고 나면 이미 늦어서 한글학교에도 참석하기가 힘든 상황이다. 저녁시간에도 식당에서 일을 하기 때문에 한글을 체계적으로 배우기가 쉽지 않다.

1) 지원이의 학습부진에 대한 Multi-CMS적 접근의 요약

지원이의 학습부진 문제를 개입하는 데 있어 Multi-CMS적 접근을 다음과 같은 사정, 개입, 평가 단계로 크게 나누어 그 진행과정을 요약해 볼 수 있다. 사정단계에서 파악된 지원이의 학습부진의 주요 위험요인을 참고하여 개입에 대한 목표를 설정하고, 이를 기초로 평가에 대한 구체적인 틀을 잡았다. 그 내용은 다음 <표 4-33>과 같이 크게 요약될 수 있다.

〈표 4-33〉 지원이의 학습부진에 대한 Multi-CMS적 접근

	Assessment	Intervention	Evaluation
Multi-Cultural Approach 다중문화적 접근	• 첫 만남의 어색함과 긴장을 풀어 주기 위해 베트남과 관련된 시사나 경험을 나눔. • 베트남 또는 한국에서 이전에 사회복지사의 도움을 받은 적이 있는지, 받았다면 어떤 도움이었는지 확인 • 전반적인 도움과정 설명 및 클라이언트의 불안 제거 • 클라이언트와 신뢰감 형성 • 클라이언트에게 동기부여 및 기대감 제공 • 문화 적응의 정도 분석:Helms의 문화적응의 단계 중 어느 단계에 속하는지 파악 • 클라이언트의 개인 신상 파악 • 클라이언트의 문화와 관련된 주요 문제와 필요 파악 • 클라이언트와 함께 목표설정	〈지원〉 • 지원이의 학습부진의 주요 원인인 한국어 발달 지체를 해결하기 위해 다문화가정지원센터에서 운영하는 한글교육 프로그램에 참여시킴. • 한국과 베트남의 전통문화, 문화재, 역사, 지리, 명절 등의 정보를 담은 비디오 상영, 동화책 제공 • 학교 문화(숙제, 지각, 준비물, 복장 등) 교육 〈타오〉 • 한국어 방문교사와 남편의 도움을 통한 한국어 교육 • 결혼이민자 육아일기 & 생활체험담 수기집을 제공하여 문화적응을 도움. 〈지원 아버지〉 • 베트남 언어·문화 교육 프로그램에 참여시킴. 〈지현〉 • 한국어 방문교사와 시청각 자료를 이용한 언어·문화교육 〈교사/친구〉 • 지원이가 속한 학급에서 일일 '다문화의 날'을 선정하여 반 학생들이 다양한 문화를 접할 수 있도록 일일특강 및 문화체험 진행	• 한국어능력검사: 지원, 타오, 지현 • 한글교육 프로그램 참석 여부: 지원 • 한국/베트남 문화에 대한 이해와 적응 정도의 변화 측정: 지원, 타오, 지원아버지, 지현 • 문화 교육 수업 참석 여부: 지원아버지 • 담임교사와의 전화면담을 통해 학교 문화와 규칙 준수의 변화 여부 점검 • 프로그램 전/후 지원이의 학업성취도 비교 • 시청각 자료를 활용한 문화교육 여부 및 시간 점검: 지원, 지현 • 한국어 방문교사, 방문 횟수 및 시간 점검: 타오, 지현 • '다문화의 날' 일일특강 전/후 반 학생들의 다문화에 대한 인식 변화 측정

Multi-Modal Approach 다중정신보건적 접근	• 지원이의 심리적 상태(자아정체성 및 존중감, 스트레스, 학습동기)를 파악 • 지원이 엄마의 정서적, 심리적, 정신적 상태 파악 • 지원이 아버지의 정서적, 심리적, 정신적 상태 파악 • 지원이 학습부진의 심리적 원인 파악 및 분석 • 클라이언트와 함께 목표 설정	〈지원〉 • 자아존중감 향상 및 사회성 증진을 위한 집단미술치료 〈타오〉 • 문화적응스트레스와 자아존중감 향상을 위한 집단미술치료 〈지원아버지〉 • 스트레스 해소를 위한 미술치료와 명상훈련	• 자아존중감 척도를 이용한 지원이와 타오 씨의 자아존중감 변화 측정 • 사회기술 평정 척도(SSRS – 학생용)를 이용한 지원이의 사회성 변화 측정 • 문화적응 스트레스 척도를 이용한 타오 씨의 문화적응 스트레스 정도 변화 측정 • 스트레스 테스트를 이용한 지원아버지의 스트레스 정도 변화 여부
Multi-Systems Approach 다중사회지원체계적 접근	• 다문화가정 자녀들의 학습지원을 위한 지역사회의 지원 및 후원체계 파악(학교, 지역단체·기업, 다문화가정 관련 복지센터, 주민, 정부기관) • 클라이언트와 함께 목표설정	〈지원〉 • 지역교회에서 운영하는 학교 방과 후 프로그램 활용 • 1:1 대학생 온라인 멘토링 프로그램 활용 • 지역사회에서 모금된 장학금과 도서 세트 지원 • 다문화캠프 참가 〈타오〉 • 지원이 반 학부모와의 1:1 멘토링 프로그램 활용 • 결혼이민자 자조모임 참여 • 학교, 교육청, 기업, 복지기관 등에서 제공하는 자녀교육 세미나 연결 • 결혼이민자를 위한 웹사이트 활용(인터넷 네트워크 형성) 〈지원이 아빠〉 • 결혼이민자 배우자 자조모임 참석 〈지현〉 • 미취학 아동을 위한 1:1 방문학습지 지원 〈지원의 학교〉 • 학교 도서관에 다문화관련 도서와 시청각자료 후원 • 다문화 독서 캠페인 실시	• 지역교회에서 운영하는 방과 후 프로그램 활용 여부 확인 • 대학생 멘토링 시간, 횟수 파악 • 장학금 지원 여부 파악 • 다문화캠프 참가 여부 • 학부모와의 1:1 멘토링 프로그램 활용 파악 • 타오 씨 멘토와의 인터뷰를 통해 학교문화 숙지정도 평가 • 결혼이민자 자조모임 참석 여부 • 자녀교육 세미나 참석 여부 확인 • 인터넷 교육 전/후 인터넷 활용능력 비교 • 결혼이민자 인터넷 카페 활용 여부 파악 • 결혼이민자 배우자 자조모임 참석 여부 • 1:1 방문학습지 활용 여부 파악

〈지역 사회〉	
<ul><li>다문화가정에 대한 주민들의 공공인식 개선</li><li>다문화자녀의 학비·장학금 지원을 위한 각종 행사 기획</li><li>지역 다문화자녀에게 장학금 연결</li><li>다문화가정 지원을 위한 다문화 전문 봉사단 결성</li></ul>	<ul><li>1:1 방문학습지 활용 전후 지현이의 기초학습능력 비교</li><li>다문화관련 도서 및 시청각자료의 지원 현황 파악</li><li>다문화 독서 캠페인 실시와 효과 파악</li><li>설문지를 이용한 주민들의 공공인식 개선 변화 비교</li><li>다문화 관련 행사의 실행 여부 파악</li><li>학비·장학금 지원 여부 파악</li><li>다문화가정 전문 봉사단 결성 현황 파악</li></ul>

2) 사정 과정(Assessment Process)

타오 씨가 처음 다문화가정 지원센터를 방문했을 때, 그녀는 주위를 두리번거리며 다소 불안해하는 모습을 보였다. TV나 신문에서 다문화가정 지원센터에 대한 소식을 접해 보았지만 사회복지기관에 실제로 방문하는 것은 처음인 타오 씨에게 모든 것이 낯설게 느껴졌다. 사회복지 관련 지식이 있어야 하는 것은 아닌지, 한국말을 잘 못해서 의사소통이 잘 이루어지지 않는 것은 아닌지, 돈을 내야 하는 것은 아닌지 등 모르는 것이 많았기 때문이다.

타오 씨를 만난 사회복지사는 우선 그녀를 친절하게 맞아 주고 차를 드실 것인지 물으며 자리를 안내했다. 사회복지사는 자신의 이름과 역할을 간단히 소개하며 편안한 분위기를 만들기 위해 대학교 시절 자신이 베트남으로 배낭여행을 다녀왔던 이야기와 최근 본 베트남 영화에 대한 이야기를 나누었다. 타오 씨는 TV를 통해 다문화가정 지원센터라는 것을 처음 알게 되었고, 평소에 지원이 때문에 걱정을 많이 하고 있어 불쑥 찾아오긴 했지만 막상 무엇을 어떻게 해야 하는지 잘 모르겠다고 했다. 사회복지사는 다문화가정 지원센터의 취지와 목적, 특히 타오 씨가 가장 관심 있어 하는 자녀들의 학습문제에 관해 어떤 도움을 줄 수 있는지 간단히 설명해 주었다. 이어서 사회복지사는 앞으로 타오 씨의 세션이 어떻게 진행될 것인지에 대하여 설명했다(사정과정 – 과정에 대한 설명). 각 세션마다 진행되는 프로그램과 규칙, 과제와 기대되는 효과 등을 설명하면서 앞으로의 만남에 대한 기대 가질 수 있도록 도와주었다. 이를 통해, 타오 씨는 사회복지사를 찾아오길 잘한 것 같다며 사회복지사를 향한 '신뢰감'(1. 사정과정, Step 1-B '신뢰감 형성')을 보이기 시작했다.

타오 씨와의 첫 번째 만남은 앞으로의 세션의 방향과 효과 면에서 결정적인 영향을 미칠 수 있기 때문에 관계(Rapport) 형성이 매우 중요하다. 두렵고 막막한 심정으로 찾아왔던 타오 씨에게 사회복지사는 문화적인 공감대를 형성하고, 친절하고 적극적인 태도를 보임으로써 타오 씨로부터 신뢰를 얻게 되었다. 결혼이민자가정을 상담할 때에는 친문화적(culture-specific techniques)인 접근을 통한 신뢰감 형성과 사회복지사로부터 무엇인가 직접적인 선물(gift)을 받고 있다는 느낌을 갖게 해 주는 것이 중요하다.

> 사회복지사: 어머님, 어떤 부분을 가장 우선적으로 도움받길 원하시나요?
> 타오: 아까 말씀드린 지원이 문제가 가장 큰데요. 지원이가 다른 아이들보다 얼마나 뒤처져 있는 건지, 어떻게 해야 지원이가 더 공부를 잘할 수 있을지, 그리고 여기에서 어떤 도움을 받을 수 있을지…… 궁금한 게 많아요.
> 사회복지사: 그러시군요. 어머님 말씀처럼 지원이에 대한 이야기를 자세히 들어보고 저희가 제공해 드리는 서비스에 대해서 설명해 드리도록 하겠습니다. 그럼 지원이의 상황에 대해서 조금 더 자세히 말씀해 주시겠어요?(1. 사정과정, Step 2 '정보 수집')
> 타오: 네. 며칠 전 학교 선생님한테 전화가 왔는데, 한 달 전에 치렀던 학업성취도 평가에서 지원이의 성적이 좋지 않았고, 평소에 수업태도도 좋지 않아 지적을 많이 받는다고 하더군요. 부끄러운 얘기지만, 숙제도 잘 안 해 가고, 제가 학습준비물을 잘 못 챙겨 주는 것 같다는 말씀도 하시고…….
> 사회복지사: 그러니까 어머님 말씀은 지원이의 수업태도나 학업성적이 좋지 못하고, 과제나 준비물도 잘 챙겨 가지 못해서 선생님께 전화를 받았다는 말씀이시죠?

타오: 네……
사회복지사: 조금 전 어머님께서 지원이의 학업성적이 좋지 못하다고 하셨는데 혹시 어느 정도인지 설명해 주실 수 있으세요?
타오: 선생님 말씀에 제 아이가 2학년인데도 아직 글쓰기나 읽기 능력이 너무 부족해서 국어뿐만 아니라 다른 과목에서도 많이 힘들어한다고 하셨고 도움이 많이 필요할 것 같다고 말씀하셨어요. 그런데 사실 저희 집 형편상 저나 애 아빠가 공부를 도와주는 것도 쉽지 않고 남들처럼 학원이나 과외에 보낼 수 있는 형편도 아니라서요.
사회복지사: 그러시군요. 그럼, 지원이의 학습태도나 학교생활은 어떤가요?
타오: 선생님 말씀에는 주의가 산만해서 수업시간에 창밖을 내다보거나 딴짓을 자주 한다고 하시더라고요. 수업 중간에 사물함에 왔다 갔다 한다든지 시도 때도 없이 화장실에 가거나 종종 책상에 엎드려 자기도 한대요.

사회복지사는 타오 씨와의 면담을 통해 지원이의 전반적인 행동유형과 지원이의 주변상황 및 문제점을 파악할 수 있었다. 사회복지사는 지원이의 문제에 더 효과적으로 개입하기 위해서는 지원이가 세션에 동참해야 하며 상황에 따라 아버지, 여동생, 담임선생님이 동참해야 할 수도 있다고 설명했다. 타오 씨는 다음 세션 때 지원이와 함께 오겠다고 약속했다.

두 번째로 사회복지사를 방문한 타오 씨는 첫 번째 세션 때보다 안정된 모습을 보였다. 사회복지사는 지원이에게 과자를 건네며 지원이가 이해할 수 있는 쉬운 언어로 지난 시간 타오 씨와 나눈 대화에 대해 간단히 설명해 주었다('과정에 대한 설명'). 이어서 지원이의 주된 문제와 행동원인 및 유형을 파악하기 위해 질문하고 필요한 정보를 기록했다(1. 사정과정, Step 2 '정보수집'). 사회복지사는 클라이언트의 정보를 수집할 때 계획된 목적에 맞게 정보를 체계적으로 수집하고 분석하는 능력이 필요하다. 클라이언트의 표정과 말투를 통한 심리적인 사인(sign)이 있는지도 잘 관찰해야 한다. 대화 중 중요하거나 잊어버릴 수 있는 내용은 간략히 기록해 두고, 지속적으로 경청하고 공감하는 태도를 보여 주는 것이 중요하다.

정보수집 과정을 통해 지원이의 자세한 신상정보를 얻을 수 있었다. 초등학교 2학년에 재학 중인 지원이는 한국어 능력이 또래에 비해 낮으며, 학교생활과 친구들과의 관계에 흥미를 갖지 못한 것으로 보였다. 가정에서는 아빠가 제일 무섭고 항상 피곤해하신다고 말했으며, 엄마도 일 때문에 항상 밖에 계시고 자신의 학교생활에 대해서는 잘 모르신다고 했다. 사회복지사는 질문과 답변을 통해 지원이의 생태도(ecomap)를 그려 지원이의 관계적·상황적 특성을 시각화하여 보여 주었다.

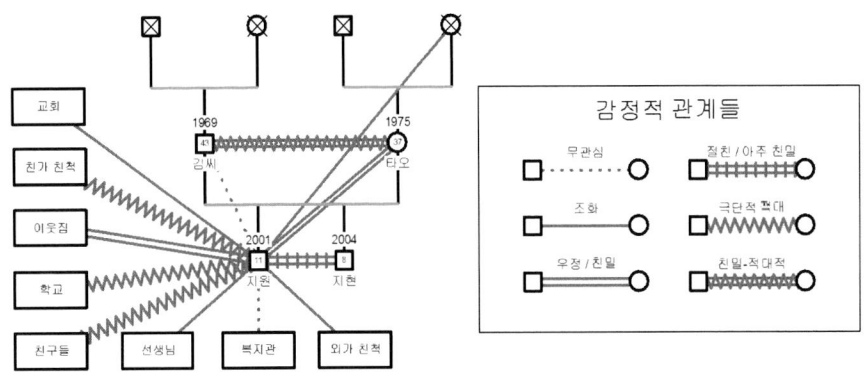

〈그림 4-4〉 지원이의 생태도

지원이의 생태도를 그려 본 결과, 지원이는 엄마와 여동생 지현이, 이웃집 친구와 친밀한 관계에 있는 반면, 아빠 김씨와는 교감이 잘 이루어 지지 않았다. 또한 지원이의 학교 친구들, 친가 친척과는 사이가 좋지 않고, 외할머니, 외가 친척, 선생님, 교회 사람들과는 비교적 친밀하였다.

사회복지사는 지원이의 문제점을 정확하게 진단하기 위하여 몇 가지 검사를 실시하였다. 심리와 학습장애를 감별할 수 있는 검사는 전문가가 실시하는 것이 좋다고 판단하여 심리 검사, 인지기능 검사, 학습기능 검사는 심리상담사에게 맡기고, 문화적응도 검사와 성적 분석은 사회복지사가 직접 실시하였다. 종합 검사 시간은 약 3시간이 소모되었으며, 중간에 휴식시간과 간식이 제공되었다. 검사자는 지원이의 한국어 능력을 고려하여 문항을 읽어 주었으며, 잘 이해하지 못하는 문항은 자세히 설명하여 지원이의 이해를 도왔다.

〈표 4-34〉 상담에 필요한 사전 검사 및 검사 결과

검사 및 진단	검사 결과	책임자
기초학습기능검사(KISE-BAAT): 60분	읽기/쓰기/수학장애를 보임.	심리상담사
정체성 테스트: 15분	정체성이 낮음.	심리상담사
웩슬러 아동 지능검사 (K-WISC-Ⅲ): 70분	IQ:105(평균)	심리상담사
자아존중감 검사: 15분	자아존중감이 낮음.	심리상담사
학업성취도 평가/시험	평균 이하	사회복지사
문화적응도 검사: 10분	다른 문화를 만나기 전 단계(pre-encounter stage)	사회복지사

심리상담사를 통해 지원이의 심리검사를 마친 후, 사회복지사는 지원이의 문화적응의 정도를 분석했다(1. 사정과정, Step 3 '문화적응의 정도 분석'). 지원이의 문화적응의 단계는 Helms의 문화적응과정에서의 문화적 정체성에 대한 세 단계를 기준으로 볼 때 다른 문화를 만나기 전 단계(pre-encounter stage)에 해당되었다. 지원이의 경우 베트남 엄마와 한국인 아빠 사이에서 태어나 친구들과 다른 외모로 인하여 정체성의 혼란을 느끼고 있다. 이뿐만 아니라 한국어 발음이 어눌하고 한국어 학습정도가 다른 아이들보다 뒤처져서 친구들의 놀림을 받아 자아존중감이 낮은 편이다. 지원이는 학교 일로 엄마가 학교에 방문하시는 날에는 스트레스를 많이 받는다고 한다. 아이들이 베트남 사람인 엄마를 보며 귓속말로 속닥거리고 웃기 때문이다. 엄마가 베트남에서 왔다는 이유로, 그리고 자신의 외모가 조금 다르다고 친구들에게 놀림의 대상이 되는 현실이 너무 싫다고 했다. 이에, 사회복지사는 지원이가 학교생활에 잘 적응하고 학습에 대한 동기를 높이기 위해서는 문화적응으로 인한 스트레스를 완화시켜야 한다고 판단하였다.

사회복지사는 지원이, 타오 씨와 함께 지원이의 학습부진을 효과적으로 해결하기 위한 장·단기적 목표를 설정하기로 했다(1. 사정과정, Step 4 '목표설정'). 목표를 설정함으로써 앞으로의 세션에 대한 큰 크림을 그리고, 각 세션의 효율성을 높일 수 있다고 설명했다. 목표는 사회복지사가 임의로 설정하기보다 지원이와 타오 씨가 자발적으로 참여하여 함께 설정하도록 하고, 사회복

지사는 옆에서 돕는 역할을 함으로써 클라이언트의 동기부여와 적극적 참여를 유도할 수 있다. 목표설정은 우선순위를 정하여 가장 시급한 것을 우선으로 하고, 지원이뿐만 아니라 지원이에게 영향을 미치는 가족과 중요한 주변인물들의 목표를 같이 설정하였다.

5. 개입과정(Intervention Process)

1) 다중문화적 접근(Multi-Cultural Approach)

다문화가정의 큰 특징 중 하나는 한 가정 안에 두 문화가 공존한다는 점이다. 결혼이민자의 문화와 한국의 문화는 한데 섞이면서 조화를 이루거나 충돌을 할 수도 있는데, 서로 다른 문화 간의 상호작용 과정에서의 갈등을 줄이기 위해서는 쌍방 간의 문화적 이해와 수용이 필요하다. 지원이의 경우, 양육과정에서 어머니로부터 교육받게 되는 베트남어와 베트남 문화의 고유성을 존중해 주며, 한국어와 한국문화에 대한 체계적인 교육을 제공받는다면 다문화역량을 갖춘 인재로 성장할 수 있다. 따라서 본 장에서는 통합적인 문화적접근방법을 통하여 지원이가 겪고 있는 문화적인 갈등을 극복하고 학업성취도를 향상시킬 수 있도록 도울 수 있는 방안을 제시하고자 한다.

(1) 지원이에 대한 문화적 개입

사회복지사는 사정과정에서 실시한 한국어 능력검사 결과를 종합해 본 결과, 지원이의 지능은 정상이나 또래에 비해 한국어 능력이 현저하게 낮으므로 학습 이해도가 낮다는 결론을 내렸다. 지원이는 한국어가 미숙한 어머니의 영향으로 집에서 베트남어와 한국어를 모두 사용한다. 집 안에서 이중 언어의 사용으로 언어 선택에 혼동을 보이고 한국어발달 능력이 지체됨에 따라, 지원이에게는 집에서 한국어 사용빈도를 증가시키고, 체계적인 한국어 교육이 필요하다고 판단하였다. 사회복지사는 지원이에게 다문화가족 지원센터에서 운영하고 있는 '다문화가정 자녀를 위한 한글 교육' 프로그램을 연결시켜 주고, 방과 후에 하루에 두 시간, 일주일 두 번씩 6개월간 한글교육에 참가하도록 하였다. 지원이가 참가한 한글교육 프로그램은 다문화가정 자녀 6∼7명으로 구성되었고, 한글교재 풀이, 동화구연, 독서, 받아쓰기, 낱말카드를 이용한 단어 암기 등의 교수법으로 진행되었다. 지원이는 한 달에 한 번씩 기초학습기능 수행평가체제인 BASA − 읽기/쓰기검사를 통해 한국어 수준을 측정하고, 수준별로 어휘력, 읽기, 쓰기, 발음 교정 등의 교육을 받게 될 것이다.

사회복지사는 한국과 엄마의 모국인 베트남에 대한 문화적 이해가 부족한 지원이를 위해 센터에서 실시하고 있는 문화교육을 연결시켜 주었다. 문화교육은 한국과 베트남 각각 2회씩 총 4회가 진행되었으며, 교육내용은 각 나라의 민속문화, 문화재, 역사, 지리, 명절, 전통음식 등으로 이루어졌다. 센터에서 실시되는 일정에 맞추어, 지원이와 같은 다문화자녀 친구들과 함께 월요일에는 한국문화 교육을 받고, 수요일에는 베트남 문화 교육을 받았다. 첫 번째 교육시간에는 문화를 소개하는 비디오를 상영하고, 민속놀이 체험을 하였다. 두 번째 교육시간에는 프레젠테이션용 학습자료를 이용한 강의를 들은 후 전통악기를 연주해 보는 시간을 가졌다. 사회복지사는 지원이에게 한국과 베트남을 소개하는 동화책 『안녕 베트남 신짜오 한국』, 『태권팥쥐와 베트콩쥐』와 교육시간에 상영한 DVD를 선물로 주어 집에서도 볼 수 있도록 했다.

언어와 문화교육 이외에, 지원이에게 학교문화와 규칙(숙제, 지각, 준비물, 복장 등)을 교육시켰다. 사회복지사는 사정 과정에서 지원이가 평소에 수업시간에 딴짓을 자주 하고 준비물과 숙제 준비에 소홀하였다는 것을 알 수 있었다. 지원이의 이러한 태도를 교정하기 위해 바람직한 학습태도와 바람직하지 않은 학습태도를 비교한 그림카드를 제시하여 학교규칙에 어긋난 행동을 교육시켰다. 또한 지원이에게 숙제와 학습준비가 습관화될 수 있도록 '학교에서 지켜야 할 약속' 리스트를 적게 하고, 강화물의 기준도 스스로 정하게 하였다. 사회복지사는 지원이가 학교규칙을 잘 지키거나 숙제나 예습·복습을 성실히 한 경우 지원이가 정한 스티커와 과자를 선물로 주어 지원이의 행동을 강화해 주었다.

〈표 4-35〉 지원이를 위한 문화적 개입

프로그램	지원이의 문제점	개입기간	기대 효과	평가	사회복지사 행동개입
한국어 교육	한국어발달 지체 (대화를 제외한 읽기, 쓰기, 어휘력, 발음 등의 언어력 부진)	6개월(하루에 2시간 일주일 2번)	학년별 수준에 적합한 어휘력 향상, 부정확한 한국어 발음교정, 독서, 발표력 향상	기초학습기능검사 (KISE-BAAT): 읽기/쓰기검사	센터에서 운영하는 한글교육 프로그램에 연결
한국과 베트남 문화교육	한국과 베트남 문화 이해 부족	4회(나라별 2회씩)	한국과 어머니의 나라 문화 이해	한국과 베트남 문화관련 Test	센터에서 운영하는 문화교육 프로그램에 연결 동화책/비디오 제공
학교문화 교육	학교문화 이해 부족, 산만한 수업태도, 학교규칙의 불이행 (과제 미수행 및 준비물 준비 부족)	1회	학교 문화와 규칙을 이해하고, 수업 준비를 철저히 하며(숙제, 준비물, 예습 등) 수업에 적극적으로 참여	학교 문화와 규칙 준수의 변화 여부 점검	1:1 교육, 교사와 전화 면담

(2) 타오 씨에 대한 문화적 개입

사회복지사는 타오 씨와의 상의하에 문화적 개입 목표를 한국어 향상과 결혼이민자들의 수기집을 통한 문화적응으로 정했다. 지원이의 한국어 발달에 크게 영향을 주는 타오 씨의 한국어 향상을 위해서 지역사회에서 운영하고 있는 한국어 방문교사를 연결시켜 주었다. 한국어 방문교사 서비스는 전문교육을 받은 방문교육지도사가 주 2차례 가정을 방문하여 한국어 교육을 제공하는 서비스이다. 교육은 화요일과 목요일, 매회 70분간 진행되었으며, 한국어 교재를 사용하여 독해와 작문을 위주로 실시되었다. 평소에 농사일과 자녀 양육 등의 이유로 한글 교육을 받을 수 없었던 타오 씨는 한국어 방문서비스를 통해 이민 이후 처음으로 체계적인 한국어 교육을 받을 수 있었다. 더욱이, 한국어 방문교사 서비스는 타오 씨에게 한국어 이외에도 문화이해교육 서비스를 제공하여 타오 씨의 문화적응을 도왔다.

또한 집합교육을 받기 힘든 여건에 있는 타오 씨를 위해 집에서 남편과 함께 한국어를 공부할 수 있도록 교재를 제공해 주었다. 『알콩달콩 한국어(베트남어 편)』(국립국어원)는 국제결혼을 한 부부가 공동으로 한국어와 베트남어를 학습할 수 있는 교재이다. 타오 씨는 다양한 일화들로 이루어진 이 책을 통해 평소에 궁금했던 한국어 표현과 한국문화를 배울 수 있었다.

사회복지사는 타오 씨에게 선배 결혼이민자의 육아일기와 체험담을 엮은 사례집을 읽도록 권유했다(『일기장에 그려진 한국에서의 나날: 여성결혼이민자 모국어로 쓰는 '나의 한국살이' 체험 사례』, 숙명여자대학교 아시아 여성연구소, 2008; 『특별한 며느리의 행복 찾는 농촌살이: 농촌여성 결혼이민자 정착 사례집』, 농촌정보문화센터, 2006). 타오 씨는 베트남어로 집필된 결혼이민자들의 육아일기와 체험수기집을 통해 한국문화 적응법과 한국에서의 자녀 양육법을 배울 수 있었다.

(3) 지원이 아버지에 대한 문화적 개입

사회복지사는 지원이 아버지가 베트남 언어와 문화를 배울 수 있도록 센터에서 실시하는 베트남 문화·언어 교육에 참여시켰다. 이 모임은 매주 금요

일마다 베트남에서 온 결혼이민자 배우자를 대상으로 하며, 4회가 한 코스로 구성되어 있다. 여러 가지 사정으로 장기 교육 프로그램의 참여가 어려운 결혼이민자 배우자들을 고려하여 참여의 폭을 넓히기 위해 단기 코스와 퇴근 이후 시간대로 구성되었다. 짧은 기간 안에 한 나라의 문화와 언어를 습득하는 것은 불가능한 일이지만, 총 4시간의 문화 수업과 4시간의 언어 수업은 그동안 겪었던 아내와의 문화 차이를 조금이나마 줄일 수 있도록 고안된 프로그램이다. 결혼이민자 배우자가 베트남 문화에 더욱 친숙해지고, 베트남어를 자가 학습할 수 있도록 동기를 부여하며 베트남어의 기초를 다지도록 하는 것이 이 프로그램의 목표이다.

〈표 4-36〉 결혼이민자 배우자를 위한 베트남 언어·문화 프로그램

	시간	교육 내용
첫째 주(1회)	6:00~6:50	베트남 알파벳 I
	7:00~7:50	베트남의 전통 문화
둘째 주(2회)	6:00~6:50	베트남 알파벳 II
	7:00~7:50	고유 명절과 민속놀이
셋째 주(3회)	6:00~6:50	인사말(안녕, 잘 가, 오랜만이야 등)
	7:00~7:50	베트남의 지리와 역사
넷째 주(4회)	6:00~6:50	감정표현(고마워, 미안해, 사랑해 등)
	7:00~7:50	아내들의 베트남 요리 시식

사회복지사는 지원 아버지의 프로그램 참여 여부를 매주 점검하며, 매주 참석할 수 있도록 꾸준히 동기를 부여해 주었다. 프로그램 이후에는 베트남 문화와 베트남어를 무료/유료로 배울 수 있는 인터넷 교육사이트(<표 4-42> 참고)를 소개시켜 주어 꾸준히 자가 학습할 수 있도록 하였다. 종종 문화적인 차이로 인해 아내와 갈등이 있었던 지원이 아버지는 프로그램 참석 이후 베트남을 경시하는 문화적 태도가 변화됨으로써 아내와의 갈등도 줄어들게 되었다. 이러한 부부관계의 개선은 지원이에게 심리적으로 안정적인 학습 환경을 제공하는 역할을 했다.

(4) 지원이 동생에 대한 문화적 개입

지원이의 동생을 위한 문화적 개입으로 지원이와 마찬가지로 한국어 교육과 문화 교육을 실시하였다. 지현이의 한국어 교육을 위해서 타오 씨와 동일한 한국어 방문지도사를 연결시켜 주어 40분씩 주 2회, 6개월간 한국어 교육을 받을 수 있도록 했다. 지원이의 동생은 자발적으로 치료활동을 할 수 없는 어린 나이이기 때문에 타오 씨의 역할이 무척 중요하다고 판단하고, 사회복지사는 지현이의 치료를 위해 타오 씨의 적극적인 도움을 요청하였다. 사회복지사는 타오 씨에게 지현이 연령에 맞는 한국어 교육 및 한국과 베트남 문화 관련영상 DVD와 동화책을 제공하여 지현이가 집에서 수시로 접할 수 있도록 부탁하였다.

(5) 교사 및 학생에 대한 문화적 개입

사회복지사는 사전에 지원이의 담임선생님께 협조를 구하고, 지원이의 반 학생들에게 다문화교육을 실시하였다. 교사와 학급 친구들의 다문화에 대한 충분한 이해와 도움이 없이는 다문화가정 자녀가 학교생활에 효과적으로 적응할 수 없기 때문이다. 사회복지사는 지원이가 속한 학급에서 일일 '다문화의 날'을 선정하여 반 학생들이 다양한 문화를 접할 수 있도록 일일특강 및 문화체험을 진행하였다.

'다문화의 날' 일정은 세 시간 동안 특강 및 활동을 하고, 마지막 점심시간에는 음식 체험을 하는 것으로 구성되었다. 1교시에는 다문화 인식 설문조사를 한 뒤 15분 상당의 다문화 소개 영상물을 상영했다. 2교시에는 사회복지사가 준비한 한복, 아오자이(베트남), 기모노(일본), 치파오 (중국), 바롱(필리핀), 총 5개국의 전통의상을 체험하였다. 3교시 전반부에는 '얼굴색은 달라도 우리는 하나'라는 주제의 조각그림을 조별로 나누어 완성한 후 이어 붙이는 집단 미술활동을 하였다. 3교시 후반부에는 다문화 관련 상식을 배우고, 다문화에 관련된 고정관념을 교정하기 위한 ○×퀴즈 게임을 하고 난 후, 다문화 캐릭터가 새겨진 스티커와 공책을 선물로 받았다. 점심시간에는 지원이 엄마가 준비해 온 베트남식 만두인 '짜조'를 시식하고 다문화 인식 설문조사를 다시 한 후 프로그램을 마쳤다. 사회복지사는 '다문화의 날' 일일특강 전과 후에 지원이 반 학생들의 설문지를 비교해 본 결과, 반 학생들의 다문화에 대한 인식이 긍정적으로 변화된 것을 확인할 수 있었다.

〈표 4-37〉 '다문화의 날' 일정

시간	프로그램 내용
9:00~9:50	강사 소개, 다문화 인식 설문조사, 다문화 소개 영상물 상영
10:00~10:50	강사가 준비한 세계 전통의상 체험
11:00~11:30	'얼굴색은 달라도 우리는 하나' 그림 이어붙이기 미술활동
11:30~12:00	○×퀴즈 후 선물 증정
12:00~1:00	베트남 음식 체험(지원 엄마의 도움), 다문화 인식 설문조사

2) 다중정신보건적 접근(Multi-Modal Approach)

다중정신보건적 접근에 있어서는 지원이와 지원이 부모님의 심리적 문제 해결을 중점적으로 다루었다. 앞에서 살펴보았듯이, 지원이와 같은 다문화가정 자녀들이 겪는 학습부진 문제는 단순히 지능 하나의 요인보다 낮은 자아존중감과 문화적응 스트레스, 관계에서 오는 소외감과 같은 부정적인 심리 요인이 복합적으로 작용하는 경우가 대부분이다. 국제결혼 부부 역시 심리적 어려움을 겪을 수 있는 환경적 요소에 많이 노출되어 있으며, 이러한 심리적 부적응은 본인뿐만 아니라, 가정 전체에 악영향을 미친다. 따라서 지원이와 지원이 부모님에 대한 정신보건적 개입으로 최근에 다문화가정을 대상으로 많이 시행되고 있는 집단 미술치료를 실시하였다.

• 집단미술치료의 정의 및 이점

미술치료(art therapy)는 미술과 심리학이 접목된 치료기법으로, 미술 활동을 통해 감정과 내면세계를 표현하고 심리적·정서적 갈등을 완화시켜 자아성장을 촉진시키는 심리 치료의 일종이다(한국미술치료학회, 2000). 미술치료는 말로 감정이나 경험을 표현하기 어려워하는 아동에서부터 우울증이나 외상 후 스트레스 증후군, 불안 등을 겪고 있는 성인 및 노인에 이르기까지 두루 사용되고 있다. 미술치료는 다음과 같은 이점을 지니고 있다. ① 미술은 심상(image)의 표현이다. ② 비언어적 수단이므로 의식의 통제를 적게 받아 내담자의 방어를 감소시킬 수 있다. ③ 구체적인 유형의 자료를 즉시 얻을 수 있다. ④ 자료의 영속성이 있어 필요한 시기에 재검토하여 치료 효과를 높일 수 있다. ⑤ 미술은 공간성을 지녀 개인과 집단의 성격을 이해하기 쉽다. 마지막으로, ⑥ 창조성과 신체적 에너지를 유발한다(송숙희, 2010).

집단미술치료(group art therapy)는 집단심리치료에 미술활동을 도입한 것으로 주로 '나'의 모습을 깨닫고, 사회적 상호작용 및 대인관계 개선을 위한 목적으로 실시된다(유미, 2010). 일반적으로 8명 정도의 인원으로 구성되며, 주 1회, 90분∼2시간가량 진행된다. 집단미술치료의 이점은 클라이언트가 집단의 한 일원으로서 개인적인 책임을 지며, 치료자와 내담자, 집단 상호 간의 교류를 통찰하고 자신을 객관적으로 시각화할 수 있다는 것이다(유미, 2010). 집단미술치료와 같은 집단치료에는 집단 내 상호작용을 유발할 수 있는 치료사가 요구되며, 치료사는 위축된 집단원을 적절히 격려 및 지지해 주는 역할을 한다. 여러 연구 결과에 의하면 집단미술치료를 받은 결혼이민자와 다문화가정 아동들은 자아존중감과 사회성이 증진되고(Jee Eun Lee, 장은진·한미령, 2010; 박수정·최연실, 2009; 임영아, 2011; 신민자·이진숙, 2008; 김혜진, 2009; 장혜경, 2009), 자아정체감이 향상되며(손혜진, 2010), 문화적응 스트레스가 감소되었다(이미승·김갑숙, 2008; 권유경, 2009).

① 지원이에 대한 정신보건적 개입

사회복지사는 다문화가정 아동의 자아존중감 향상과 사회성 증진을 위해 개발한 집단미술치료 프로그램(이지은·한미령·장은진, 2010)에 지원이를 참여시켰다. 지원이가 참여한 집단미술치료는 총 9세션으로 구성되었으며, 매주 금요일에 1시간 30분씩 실시되었다.

첫 번째 세션에서는 지원이를 비롯한 집단원들에게 프로그램의 취지와 규칙을 설명하고, '이름 꾸미기'를 실시하였다. '이름 꾸미기'는 이름을 그림으로 그려 집단원들에게 자신의 이름과 관련된 이야기 또는 상징하는 것을 그림과 연결해서 자신의 이름을 소개하고, 이름을 꾸미기 전과 후의 느낌 변화에 대해 나누는 것으로 진행되었다. 지원이는 활동을 통해 자신의 존재 의미와 소중함을 인식할 수 있었다.

두 번째 세션에서는 '그림 돌려 그리기'를 진행하였다. 이 활동은 집단원들이 각자 그림을 그리다가 그림을 옆 사람에게 돌리고, 그림을 받은 옆 사람은 받은 그림에 자신이 원하는 형태와 색깔을 추가하여 그림을 그려 옆으로 돌리기를 반복하다가 자신의 그림이 돌아오면 본인의 그림을 다시 받았을 때의 느낌을 나누는 식으로 진행되었다. 지원이는 친구들과 함께 완성시킨 그림을 보고 친구들과의 친밀감을 느낄 수 있었고, 지원이가 원래 의도했던 그림은 아니라고 했지만 다른 친구들의 생각을 존중해 주며 즐거움을 표현하였다.

세 번째 세션에서는 '사포를 이용한 집단난화'를 실시했다. 치료사는 사포 9장을 붙이고, 붙여 놓은 큰 사포 앞면에 사람을 그렸다. 사포를 다시 분리하여 집단원들에게 나눠 주고, 사포를 보고 각자 떠오르는 이미지를 그림으로 표현하도록 했다. 그림을 완성시킨 후 사포를 다시 연결시켜 자신이 그린 그림의 이유와 완성된 전체 작품의 느낌을 나누었다. 지원이는 이 활동을 통해 자신의 그림이 전체 그림에 꼭 필요하다는 점을 깨닫고, 자존감과 성취감, 소속감 등을 향상시킬 수 있었다.

네 번째 세션에서는 '밀가루 반죽을 통한 의사소통' 집단 활동을 진행하였다. 집단원들은 각각 밀가루와 물감을 섞어 반죽을 하여 자신이 원하는 것을 만들고 전지 위에 올려놓는다. 처음에는 말을 하지 않으면서 자기 작품을 원하는 위치에 옮기고, 이후에는 집단원끼리 서로 대화하면서 작품의 위치를 바꿨다. 활동을 마친 후에는 작품을 완성하는 과정과 활동 전·후, 대화를 할 때와 그렇지 않았을 때의 느낌을 나눴다. 활동을 하면서 자신이 얼마나 적극적으로 참가했는지 생각해 보고, 현재 학교와 가정에서 자신은 어떠한지를 표현했다. 지원이는 밀가루 반죽을 하면서 긴장이 이완되고 스트레스가 해소되었을 뿐만 아니라, 또래간의 상호작용 관계를 인식할 수 있었다.

다섯 번째 세션에서는 집단원들에게 응집력을 향상시켜 줄 수 있는 '우리 모두는 한 배를 타고 있어요'라는 활동을 실시하였다. 치료사는 먼저 이 제목이 의미하는 것에 대해 설명해 주고, 집단원들을 2~3명씩 나눠 배의 앞머리, 중간, 뒷부분을 맡도록 했다. 집단원들은 주어진 배 그림에 지금 자신이 겪고 있는 어려움을 그렸다. 치료사는 다 그려진 그림들을 차례대로 이어 붙이고, 집단원들이 공통적으로 겪고 있는 어려움과 그 문제를 해결하기 위한 방법은 무엇이 있는지 설명해 주었다. 치료사는 집단원 서로에게 공감과 지지적인 피드백을 주도록 격려했다. 지원이는 배에 그림을 그리고 생각을 나누면서 집단원들과 치료사에게 얻은 지지와 수용을 통해 집단정체성과 응집성을 향상시킬 수 있었다.

여섯 번째 세션에서는 '무인도 체험'을 진행했다. 치료사는 집단원들에게 미리 전지에 그려 놓은 무인도 그림을 보여 주며, 누구와 어떻게 살 것인지, 무엇이 필요한지 토의하도록 한 후 미술 활동으로 무인도와 주변을 꾸미게 하였다. 작품을 완성한 후에는 집단원끼리 작업 활동을 하면서 느낀 점을 나누도록 하였다. 지원이는 평소에 생각하지 못했던 주변사람과의 관계를 점검하고, 지원이에게 소중한 존재를 알게 됨으로써 자아정체감과 자아개념 확립에 도움을 받을 수 있었고, 동시에 집단원들을 이해하고 협동하는 경험을 할 수 있었다.

일곱 번째 세션에서는 '내가 되고 싶은 미래의 나'를 표현하도록 하였다. 집단원들은 자신이 미래에 되고 싶은 모습을 콜라주로 표현하고, 작품을 완성한 후에는 미래의 나를 소개했다. 지원이와 집단원들은 모두 서로의 미래의 모습을 격려해 주고 긍정적인 피드백을 주고받음으로써, 자아존중감을 향상시키고 타인에 대한 이해와 존중감을 형성시킬 수 있었다.

여덟 번째 세션에서는 '선물상자 만들어 나누기'를 실시했다. 집단원들은 다른 집단원의 이름이 적힌 종이를 선택하고, 그 친구에게 필요하거나 도움이 될 만한 선물을 스티커, 리본, 구슬, 방울 등 다양한 꾸미기 재료를 이용하여 만들었다. 선물을 만든 후에는 각자가 준비한 선물의 이유를 설명하고, 친구에게 전해 주었다. 지원이는 만들기 활동을 하고 친구와 선물을 주고받으면서 즐거움을 느꼈고, 타인에 대한 이해를 높일 수 있었다.

마지막인 아홉 번째 세션에서는 치료사가 그동안 실시하였던 전체 회기를 간단히 정리해 주고, 1회기에 정한 규칙에 따라 시상을 함으로써 규칙준수와 바람직한 행동에 대한 보상 경험을 할 수 있도록 하였다.

〈표 4-38〉 지원이의 학교생활적응 증진을 위한 집단미술치료

세션	날짜	활동내용	목표
1	8/5	오리엔테이션 & 이름 꾸미기	· 집단 참여 동기 높이기 · 집단 초기의 어색함 감소 · 자신의 존재 의미와 중요성의 인식
2	8/12	그림 돌려 그리기	· 집단원 간의 친밀감 도모 · 비언어적 의사소통의 상호작용 향상
3	8/19	사포 그림	· 자존감과 성취감 향상 · 협동심과 소속감 향상
4	8/26	밀가루 반죽	· 심리적 신체적 이완으로 스트레스 해소 · 집단원 간의 상호작용 관계 인식
5	9/2	우리 모두는 한 배를 타고 있어요	· 지지와 수용을 통한 집단 정체성 및 응집성 향상

6	9/9	무인도 체험	· 자아정체감 형성 · 집단원 간의 응집력 향상 · 상호작용 활성화
7	9/16	내가 되고 싶은 미래의 나	· 자기 이해와 자아존중감 향상 · 타인에 대한 이해와 존중감 형성
8	9/23	선물상자 만들어 나누기	· 다양한 표현을 통한 스트레스 해소 · 긍정적 에너지 경험 · 타인에 대한 이해와 지지 경험 증진
9	9/30	시상과 선물 주기	· 규칙점검을 통한 보상 제공

② 타오 씨에 대한 정신보건적 개입

사회복지사는 권유경과 정여주(2009)가 여성결혼이민자의 문화적응 스트레스와 자아존중감에 미치는 효과를 검증하기 위해 개발한 프로그램을 부분적으로 수정한 집단미술치료에 타오 씨를 참여시켰다. 타오 씨가 참여한 집단미술치료는 총 10세션으로 구성되었으며, 매주 금요일에 1시간 30분씩 실시되었다.

첫 번째 세션에서는 치료사와 집단원들 간에 라포(rapport)를 형성시키고, 두 번째와 세 번째 세션에서는 개별작업과 그룹활동을 병행하여 모국에 대한 감정을 미술활동으로 시각화함으로써 자연스럽게 표현하도록 했다. 네 번째부터 여덟 번째 세션까지는 집단 미술활동을 통해 한국에 대한 긍정적/부정적 감정을 표현하며 문화적응 스트레스를 해소시키고, 긍정적으로 자기를 표현하는 포스터를 제작하여 자아존중감이 향상되도록 하였다. 아홉 번째부터 열 번째 세션은 자신과 모두의 소망을 담은 양초와 집단원에게 줄 선물을 제작함으로써 집단의 응집력을 강화하고 자아존중감이 향상되도록 하였다. 각각의 세션의 과정은 주제 설명, 활동, 토론의 순서로 진행되었다.

타오 씨가 참석한 결혼이민자를 위한 집단미술치료 프로그램의 구체적인 내용은 다음과 같다.

<표 4-39> 문화적응 스트레스 해소와 자아존중감 향상을 위한 집단미술치료

세션	주제	활동내용	목표
1	나의 이름	각자 켄트지에 자신의 이름의 뜻을 그림으로 나타냄.	• 자기소개 • 라포(rapport) 형성
2	우리나라 베트남 (소집단)	두 사람이 짝이 되어 모국의 사진을 붙이고 소개	• 모국에 대한 그리움 표현 • 집단 응집력 향상
3	나의 고향	자신의 고향을 그림과 글로 표현	• 모국에 대한 그리움 표현 • 감정 표출
4	한국의 좋은 점 (소집단)	두 사람이 짝이 되어 한국의 좋은 점을 사진, 그림, 글 등으로 표현	• 한국에 대한 감정 표현
5	한국의 싫은 점	각자 한국의 싫은 점, 힘든 점을 사진, 그림, 글 등 으로 표현	• 한국에 대한 감정 표현 • 스트레스 해소
6	마음 풀기	신문지를 찢은 후 켄트지 위에 재구성	• 감정 표출 • 스트레스 해소
7	나의 자랑	자기 자랑을 사진, 그림, 글 등으로 나타냄.	• 자아존중감 향상 • 자기 표현 향상
8	미래의 내 모습	자신이 원하는 모습을 사진, 그림, 글 등으로 표현	• 자기 인식 • 자기 욕구 탐색
9	소망촛불 (집단)	자신과 모두의 소망을 담은 양초를 만들어서 촛불을 켜고 소망을 빔.	• 자기 욕구 인식과 표현 • 성취감 획득 • 집단응집력 강화
10	선물	집단원 중 한 사람에게 주고 싶은 선물을 비즈를 이 용하여 만듦.	• 자아존중감 증진 • 성취감 획득 • 집단응집력 강화

③ 지원이 아빠에 대한 정신보건적 개입

사회복지사는 김 씨에게 미술치료를 실시하고, 기공교실 프로그램에 참여하여 명상을 주기적으로 하도록 했다. 김 씨는 미술치료를 통해 그동안 억눌렸던 불만, 불안감, 분노, 울화, 낮은 자존감을 해소했다. 짜증과 화를 잘 내고 감정 기복이 심한 문제는 차분한 명상을 주로 실시하는 기공교실 프로그램에 참여하면서 스스로 감정을 조절하는 훈련을 병행했다. 김 씨는 3개월에 걸친 미술치료 후 심리적으로 큰 변화를 보였다. 치료 초반에는 아무 의욕이 없는 듯이 펜만 사용하여 마구 낙서하듯이 그림을 표현해 마음속의 분노를 드러냈었다. 그러나 치료가 거듭될수록 물감과 같은 새로운 소재를 적극 사용해 색상을 다양하게 표현하고, 맑고 밝은 느낌의 그림을 그리는 변화를 보였다.

사회복지사는 김 씨에게 사후 관리방법으로 운동, 미술, 명상, 음악 감상 등 취미생활을 계발하여 스트레스를 꾸준히 관리하도록 하였다.

3) 다중사회지원체계적 접근(Multi-Systems Approach)

앞서 살펴본 체계이론에 의하면, 인간은 환경과의 지속적인 상호적응과정을 통하여 그들의 물리적, 사회적 환경을 변화시키거나 환경에 의해서 변화된다. 따라서 사회복지사는 지원이의 학습부진 문제를 해결하는 데 있어서 지원이에게만 초점을 맞추기보다 그를 둘러싸고 있는 역기능적인 사회체계의 변화가 필요하다고 보고, 가족과 학교, 지역사회에 다각적인 문제접근을 시도하였다.

(1) 지원이에 대한 사회지원체계적 개입

지원이의 학습증진을 위한 사회지원체계적 접근방법으로, 사회복지사는 지원이에게 필요한 사회적 자원을 연결시켜 주고 6개월 동안 다양한 프로그램에 참석시켰다. 먼저, 숙제 및 학습지도를 받을 수 있는 방과 후 프로그램을 활용하도록 했다. 센터에서도 방과 후 프로그램을 운영하고 있지만, 지원이의 접근의 용이성을 위해 지원이의 집 근처에 있는 교회에서 저소득층 가정을 위해 시행하고 있는 방과 후 프로그램을 연결시켜 주었다. 지원이는 이 시간을 통해 숙제 관리 및 기초적인 학습 도움을 받을 수 있었다. 이 시간에 지원이는 학교수업을 들으면서 잘 이해가 되지 않았던 것과 숙제를 하면서 어려운 점을 질문했다. 학업적인 것 이외에도 친구들과 같이 게임을 하거나 동영상을 보는 등 방과 후 프로그램에서 제공되는 여가활동도 함께 즐기며 정서적인 안정을 얻을 수 있었다.

다음으로, 1:1 대학생 온라인 멘토링 프로그램에 참여하도록 하였다. 지원이는 대학생 형과 멘토(Mentor)−멘티(Mentee) 관계를 형성하여 일주일에 두 시간씩 도움을 받았다. 지원이의 멘토는 다문화가정 자녀는 아니지만, 교육대학교에 재학 중이며 평소에 다문화가정에 대한 관심이 많아 지원이의 부진한 기초학습을 도와줄 뿐만 아니라 대화상대도 돼 주었다. 사회복지사는 지원이의 멘토에게 특별히 학습지원을 부탁하였다. 멘토는 지원이에게 화상채팅으로 한국어 교육과 기초 교과교육, 문화·생활상담을 해 주었고, 주말에 운영되는 오프라인 현장학습 등을 함께 참여하였다. 6개월간 멘토링 프로그램에 참여하는 동안, 지원이는 어휘력과 학습태도가 많이 좋아졌을 뿐 아니라, 멘토와의 친밀한 관계를 통해 심리적인 안정감을 얻을 수 있었다.

사회복지사는 지원이의 가정형편이 넉넉지 않아 학습지나 도서 구비가 어렵고 학원에 등록할 수 없는 점을 고려하여 기업, 서민 등을 통해 모금된 장학금과 도서 세트를 지원해 주었다. 지원이는 후원받은 장학금으로 평소에 다니고 싶었던 태권도 학원에 등록할 수 있었다. 지원이는 태권도 학원에 다니고 나서부터 건강해졌을 뿐만 아니라 자기 통제력이 길러지고 스트레스가 해소되어 결과적으로 학업성취도가 향상되었다.

지원이는 여름방학에 대기업에서 후원하고 다문화가정지원센터에서 주최하는 다문화캠프에 참가하기도 했다. 지원이와 함께 캠프에 참가한 어린이들은 2박 3일 동안에 한국의 전통문화와 세계 여러 국가의 전통놀이, 음식, 역사 등 다문화 체험을 하였다. 캠프에 참가한 다문화가정 자녀들은 자신이 이중문화를 갖고 있는 것이 앞으로 글로벌 인재로서 큰 이점이 될 수 있음을 명심하고, 자신감을 회복할 수 있었다. 지원이는 이 캠프를 통해 정체성을 확립시키는 데 도움을 받을 수 있었으며, 다른 다문화가정 친구들과 어울리면서 평소 또래관계가 부실했던 지원이의 심리적인 외로움을 달래고 스트레스를 해소할 수 있었다.

다문화캠프의 주요 일정은 다음과 같다.

〈표 4-40〉 다문화캠프 주요 일정

시간	8월 1일(1일차)	8월 2일(2일차)	8월 3일(3일차)
~9:00	집결	기상	기상
09:00~10:00	조 편성, 티셔츠 배포, 주의사항 전달	아침식사	게임 및 레크리에이션
10:00~11:30	장소로 이동	용인민속촌 문화탐방(도자기 제작, 인절미 만들기 체험)	
11:30~12:00	캠프 OT 및 방 배정		캠프 퇴소식
12:00~13:00	점심 식사	점심 식사	점심 식사
13:00~17:00	워터파크 및 스파 이용	김치 담그기, 민속놀이 체험, 천연염색	해산 및 귀가
17:00~18:00	샤워 및 휴식		
18:00~19:00	저녁 식사	저녁 식사	
19:00~20:00	친구들과 함께 떠나는 세계 여행 Ⅰ	친구들과 함께 떠나는 세계 여행 Ⅱ	
20:00~21:30	다문화 영화 상영	캠프파이어	
21:30~	취침	취침	

(2) 타오씨에 대한 사회지원체계적 개입

타오 씨에게 학부모 1:1 멘토링 프로그램을 실시하였다. 자녀와 같은 반의 학부모 멘토링의 장점은 또래 학부모와 쉽게 공감대를 형성할 수 있고, 지원 이에게 필요한 반별 지도 사항에 대해 쉽게 도움받을 수 있다는 점이다. 사회 복지사는 담임선생님께 요청하여 지원이와 같은 반 학부모를 소개받고, 센터 에서 1시간 동안 교육시간을 가졌다. 1:1 멘토링 프로그램의 취지와 다문화가 정과 다문화 자녀의 특성, 멘토로서 지켜야 할 주의사항에 대해 설명하였다. 멘토링 프로그램은 한 달에 한 번씩 직접 만나고, 일주일에 한 번씩 이메일 또는 전화를 주고받는 식으로 진행되었다. 만약 알림장 내용을 이해하지 못한 경우에는 멘토에게 즉시 도움을 요청하여 다음 날 수업을 위한 준비물과 과 제를 놓치는 일이 없도록 하였다. 타오 씨는 학부모 멘토에게 숙제 및 공부 지도, 학습준비물 준비와 같은 학습 지원 방법과 학부모회의 참석, 급식 자원 봉사 등의 학교활동 등을 안내받을 수 있었다. 또한 멘토를 통해 다른 학부모 를 소개받고, 학부모들 간의 친목 모임에도 참여하면서 교육 관련 정보나 혜택을 제공받을 수 있었다.

사회복지사는 타오 씨에게 다문화지원센터에서 운영하고 있는 베트남에서 온 결혼이민자 자조모임을 연결시켜 주었다. 타오 씨는 한 달에 한 번씩 자조모임에 참석하여 타오 씨와 같이 국제결혼을 통해 한국에 온 이민자들과 일상 대화를 나누면서 스트레스를 풀거나, 한국문화와 음식, 취업 등 다양한 정보를 공유하였다. 가끔씩은 센터에서 만나지 않고 도시락을 싸서 소풍도 가고, 남편들과 동반 모임을 갖기도 하였다. 평소에 마음을 터놓고 대화를 나눌 사람이 없었던 타오 씨는 자조모임을 통해 정서를 환기시키고, 다양한 정보를 제공받을 수 있었다.

지원이의 학습증진을 위해 부모역할교육을 받을 수 있도록 타오 씨에게 지역사회나 학교에서 주최하는 자녀교육 세미나에 참여하도록 했다. 첫 번째 타오 씨가 참석한 세미나는 거주지역의 다문화가정 자녀교육의 현황과 과제, 현재 다문화가정 학생들을 위한 교육시책 등의 주제발표로 강의가 진행된 후 학부모 간 토론의 시간을 가졌다. 두 달 뒤에는 학교에서 주최하는 세미나를 통해 학령기 자녀양육 및 학년에 따른 부모 역할과 학습지도 방법을 교육받았다.

마지막으로, 다문화지원센터에서 결혼이민자를 위해 개설된 인터넷 교육에 참석하도록 했다. 타오 씨가 인터넷 하는 방법을 숙지한 후, 타오 씨에게 결혼이민자 또는 다문화가정을 위해 운영되고 있는 웹사이트와 블로그들을 소개시켜 주고 적극적으로 참여하도록 했다. 웹을 통한 네트워크 형성은 여러 가지로 이점이 많았다. 다문화가정을 위한 여러 행사나 복지적 혜택 정보를 실시간으로 제공받을 수 있었을 뿐 아니라, 생활정보를 나누거나 익명으로 고민상담을 하고, 자녀 교육에 필요한 책이나 학습지 등을 서로 교환하며 사용할 수 있었다.

〈표 4-41〉 다문화가정을 위한 웹사이트의 예

명칭	사이트 소개	주소
법무부 사회통합프로그램	결혼이민자의 한국생활에 필요한 한국어, 경제, 사회, 법률 등 기본소양을 습득할 수 있는 사회통합프로그램 제공	http://www.kiip.kr/
다문화가족 지원포털 다누리	한국생활사전, 생활정보, 학습마당, 대화마당 등 다문화가족의 한국생활에 필요한 다양한 정보와 서비스 통합제공. 여성가족부(다국어 지원)	http://liveinkorea.mogef.go.kr
다문화가정 e-배움	다문화가정을 대상으로 정보화 교육, 한국어, 문화 교육 제공	http://ecamp.kdu.edu/
결혼이민자 한국생활적용지원시스템	여성결혼이민자를 위한 한국생활적응지원시스템으로 한국어첫걸음, 한국의 문화/예절, 컴퓨터배우기 등 다양한 정보 제공	http://www.aic.go.kr/us/pages/education/submain.jsp
다문화가족 지원 사이트	다문화가족 지원서비스, 한국생활 적응 프로그램, 지역별 다문화가족 지원 사이트 소개, 보건복지부 운영	http://www.bokjiro.go.kr/user/female/culture01.do
이주여성긴급지원센터 1577 - 1366	가정폭력, 성폭력 등 어려움에 처하거나, 의료, 법률 등 정보가 필요한 이주여성들에게 한국어, 영어, 베트남어, 중국어 등 8개 국어 상담 지원	http://www.wm1366.or.kr/main.asp
망고넷	한국에서 살아가는 모든 이주여성들이 필요한 정보와 의견들을 마음껏 소통하는 공간, 쉬운 생활정보, 커뮤니티, 자료실 등으로 구성됨	http://www.mangonet.kr
출입국결혼이민자네트워크	결혼이민자들을 위한 공간으로 지역방, 자료실 경제활동 등으로 구성됨	http://cafe.daum.net/immigration
With Ua(위드 유아) 다문화가정 지원 포털	가사, 육아, 교육, 의학, 문화 등의 정보와 육아 및 가족지원상담 제공	http://family.withua.com/Family/FA_Main.aspx
다문화기획단	다문화사랑을 실천하고, 행사, 자료, 지역별 다문화 소식 등 제공	http://cafe.naver.com/multiculturalkorea.cafe

(3) 지원이 아빠에 대한 사회지원체계적 개입

자녀의 교육에 별로 관심이 없는 지원이 아빠에게 시청에서 운영하는 결혼이민자 배우자를 위한 자조모임에 참여하도록 했다. 8월부터 2월까지 6개월간 한 달에 한 번씩 모임을 가졌고, '바람직한 자녀 교육'이라는 주제로 진행되었다. 결혼이주여성의 배우자 10명으로 구성된 자조모임을 통해 서로의 문제를 나누고 공감하며 다문화가정의 특수성을 이해하고, 아버지로서의 역할과 바람직한 교육의 해법을 찾고자 노력했다. 사회복지사는 지원이 아빠가 모임에 빠지지 않도록 매번 전화로 점검하고 동기를 부여해 주었다.

8월	오리엔테이션 및 규칙정하기	12월	당근과 채찍(상과 벌)
9월	내 아이 이해하기	1월	우리나라 공교육과 사교육 짚어보기 & 외국 학교 엿보기
10월	자녀와의 세대차이 극복하기	2월	젊은 아빠로 거듭나기

출처: 오산시 배우자자조모임(http://osanv.blog.me/140126678848).

(4) 지현이에 대한 사회지원체계적 개입

사회복지사는 지현이에게 시청과 학습지 출판사에서 협력으로 주관하고 있는 '다문화가정 미취학 아동을 위한 1:1 방문학습지 지원 프로그램'을 신청해 주었다. 실제로 미취학 자녀에 대한 교육에는 엄마의 역할과 지도가 중요하나, 한국어에 서툰 타오 씨에게 자녀 교육을 한글로 시키는 것은 쉽지 않았다. 지현이는 1:1 맞춤식 방문학습지 서비스를 통하여 초등학교 입학 시 또래들과 같은 학습수준에 도달할 수 있도록 학습의 기초과정을 습득하였다.

(5) 학교에 대한 사회지원체계적 개입

사회복지사는 학교 관계자와의 상의하에 학생들의 다문화에 대한 관심을 고취시켜 주기 위한 '다문화 독서 캠페인'을 실시하였다. 학생들의 다문화교육을 위해 기업 및 정부로부터 다문화가정 지원센터에 기부된 다문화 관련 도서 100권과 50개의 시청각자료를 지원이의 학교 도서관에 지원해 주었다. 학교는 게시판에 다문화 코너를 만들어 다문화 관련 독서와 시청각자료를 시청한 후 제출한 독서감상문, 그림, 만화, 만들기 등을 게시하고, 한 달에 한 번씩 '다문화 도서왕'을 선정하여 시상하였다. 다문화 도서왕은 다문화 관련 도서 및 시청각자료를 최다로 대여한 학생 한 명, 책과 관련된 서평 또는 작품을 제출한 학생 중 한 명으로 선정되었다. 캠페인을 통해 다문화가정 학생들과 일반가정 학생들 모두 다문화에 관련된 책과 시청각자료들에 관심을 가지고 자연스럽게 다문화를 익힐 수 있었다.

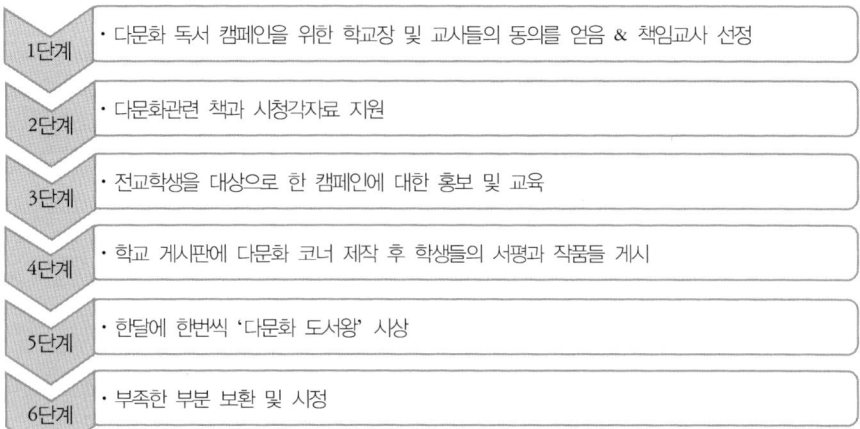

1단계	· 다문화 독서 캠페인을 위한 학교장 및 교사들의 동의를 얻음 & 책임교사 선정
2단계	· 다문화관련 책과 시청각자료 지원
3단계	· 전교학생을 대상으로 한 캠페인에 대한 홍보 및 교육
4단계	· 학교 게시판에 다문화 코너 제작 후 학생들의 서평과 작품들 게시
5단계	· 한달에 한번씩 '다문화 도서왕' 시상
6단계	· 부족한 부분 보환 및 시정

〈그림 4-5〉 다문화 독서 캠페인 흐름도

(6) 지역사회에 대한 사회지원체계적 개입

다문화가정 자녀들에게 안정된 학습환경을 제공해 주고, 일반인의 다문화 인식을 개선하기 위한 일환으로 지역사회 차원의 여러 개입을 시도하였다. 먼저, 다문화가정과 자녀 지원의 중요성과 관련된 교육용 팸플릿을 제작하여 학교와 백화점, 공원 등 공익장소에 배포하였다. 팸플릿을 이용한 광고 요법은 적은 비용으로 큰 효과성을 낼 수 있는 장점이 있으나, 효과를 극대화시키기 위해서는 주민들의 호응을 얻을 수 있는 디자인 개발이 중요했다. 사회복지사는 다문화가정 사업을 위해 후원받은 기금으로 디자인 공모전을 기획하여 다문화가정에 대한 인식개선을 위한 팸플릿을 제작할 수 있었다. 팸플릿 배포는 봉사단에 의해서 이루어졌으며, 총 12주간 1만 부의 팸플릿을 배포할 수 있었다.

다문화자녀의 학비·장학금 지원을 위한 각종 행사를 기획하고, 다문화 자녀들에게 장학금을 연결시켜 주었다. 연예인들과 패션 매거진의 후원으로 '레인보우' 캠페인을 실시할 수 있었다. 유명 연예인들의 화보가 담긴 잡지를 판매하고, 팬사인회와 메이크업 및 스타일링 클래스를 개최함으로써 얻은 수

익금을 다문화가정 학생들을 위한 장학금으로 사용하였다. 다문화 축제를 개최하여 세계 각국의 음식과 문화를 체험하는 먹거리장터와 벼룩시장, 공연 등의 수익금도 다문화가정에게 전달하였다. 어려운 가정형편 때문에 사교육이 힘든 다문화 자녀들을 위해 기업, 종교단체, 개인 차원의 장학금을 후원받아 다문화가정 학생들에게 학원비의 50%를 지원해 주었다. 여러 가수들의 후원으로 다문화가정 자녀를 위한 콘서트를 열 수 있었다. 생필품 회사의 후원을 받아 구입품 1%가 다문화가정 지원금으로 적립되는 캠페인도 마련하였다. 이러한 방식을 통해 주민들이 따로 기부금을 내지 않고 생필품을 구입하는 것만으로 다문화가정을 도울 수 게 되었다. 각종 행사를 통해 다문화가정과 자녀들에게 장학금 및 생활지원금을 마련했을 뿐 아니라, 주민들의 다문화가정에 대한 인식도 긍정적으로 변화되었다.

지역주민 중 다문화가정에 관심이 있는 전문인들을 중심으로 다문화 전문봉사단을 결성하였다. 봉사단은 건축가, 의사, 스포츠 강사, 교사, 심리치료사, 통역가, 음악가, 기계 기술자 등으로 구성되었으며, 방문팀과 현장팀으로 나뉘었다. 방문팀은 다문화가정을 방문해 집과 기계 등을 수리해 주고, 상담 및 심리치료 서비스를 제공하며, 자녀의 학업과 특기적성 계발을 도왔다. 현장팀은 다문화가정에게 무료 또는 저가로 의료 지원과 수리 서비스를 제공하였다. 사회복지사는 다문화 전문봉사단에게 체계적인 교육을 정기적으로 실시하고, 다문화가정의 만족도를 점검하여 전문봉사단 프로그램이 효율적으로 시행될 수 있도록 도왔다.

참고문헌

국회예산정책처(2010). 「다문화가족지원사업 문제점과 개선과제」.

권효진, 강영심, 김재은(2008). 「인지행동적 집단상담이 왕따 피해학생의 자아존중감과 대인기술에 미치는 효과」. 수산해양교육연구, 20(1), 46~57.

김석진(2000). 「초등학교 왕따 가해실태와 관련 요인 연구」. 한국청소년연구, 11(1), 111~142.

김송실(2010). 「다문화가족의 우울감 해소를 위한 예술치료 프로그램 연구: 가족유대관계 향상을 중심으로」. 한양대학교 교육대학원.

김영옥 외(2009). 『국경을 넘는 아시아 여성들』. 이화여자대학교 출판부.

김옥연(2009). 「결혼이주여성 가정폭력 피해현황과 지원방안 연구」. 대학과 복음 제14집. pp.93~121

김용태, 박한샘(1997). 「청소년 친구 따돌림의 실태조사: 따돌리는 아이들, 따돌림당하는 아이들」. 청소년 대화의 광장.

김창대(1999). 「대상관계이론의 관점에서 본 집단따돌림현상. 청소년상담연구」. 한국청소년 상담원, 7(1).

백용매(2001). 「사회공포증 환자의 인지행동치료 사례」. 한국동서정신과학회지, 4(1), 129~146.

보건복지부(2005). 「국제결혼 이주여성 실태조사 및 보건·복지 지원 정책방안」.

서미정, 김경연(2008). 「왕따 피해의 유발 및 지속요인」. 한국청소년연구, 19(2), 37~62.

여성가족부(2006). 「결혼이민자 가족실태조사 및 중장기 지원정책방안 연구」.

여성가족부(2010). 2010년 가정폭력 실태조사.

우룡(2007). 「도시와 농어촌지역 다문화청소년의 사회적응 실태분석」. 청소년보호지도연구, 11, 25~54.

이상윤(2008), 「집단따돌림현상의 헌법적 개념정의와 입법론적 과정」. 공법학연구, 9(2), 3~23.

장명선, 장은애(2010). 「다문화가족지원 서비스 전달체계의 효율화 방안 연구」, 서울시 여성가족재단.

전경숙, 임양미, 양정선, 이의정(2010). 「경기도 다문화가정 청소년 생활실태와 지원방안 연구」. 경기도가족여성연구원.

정보영(2010). 「한국 가정의 맏이문제와 치유에 관한 연구」. 상명대학교 복지상담대학원.

정은순, 김이순, 이화장, 김영혜, 송미경(2002). 「초등학생들의 집단따돌림에 관한 연구」. 아동간호학회지, 8(4), 422~444.

조준(2007). 「가정방문을 활용한 주의력결핍 – 과잉행동장애 아동의 Bowen 가족치료 사례 연구: 초등학생을 중심으로」. 아세아연합신학대학교 교육대학원.

한국보건사회연구원(2009). 『2009년 전국 다문화가족실태조사 연구』.

허미화(2008). 「한국사회의 다문화적 변화와 국제결혼가정 유아의 교육환경 고찰」. 유아교육연구, 28(1), 265~281.

Gopaul-McNicol, S. (1997). *A multicultural/multimodal/multisystems approach to working with culturally different families*. Westport: Praeger Publishers.

Olweus, D. (1995). Bullying or peer abuse at school: Facts and intervention. *Current Directions in Psychological Science, 4*(6), 196~200.

Strohmeier, D., Spiel C., & Gradinger, P. (2008). Social relationships in multicultural schools: Bullying and victimization. *Psychology Press, 5*(2), 262~285.

문성식

조지아 주립대학교(U. of Georgia) 사회복지학 박사(Ph.D.)
사우스캐롤라이나 주립대학교(U. of South Carolina) 사회복지학 석사(M.S.W.)
뉴올리언스 침례신학대학원 기독교교육학 석사(M.A.C.E.)
침례신학대학교 신학대학원 신학 석사(M.Div.)
현) 텍사스 주립대학교(알링턴 소재) 사회복지학과 교수
　재미 한인 사회복지 교육자 협의회(KASWEA) 회장
　미 사회복지 교육 협의회(CSWE) 다문화 연구 분과 위원

김이진

텍사스 주립대학교(알링턴 소재) 사회복지학 박사과정
텍사스 주립대학교(알링턴 소재) 사회복지학 석사
침례신학대학교 사회복지학 학사
'Tarrant County Public Health(Suicide Prevention Project)' 연구 참여
'달라스 한인 고령자의 우울증' 연구 참여
Mental Health Association(Fort Worth, TX) 인턴

김연경

텍사스 주립대학교(알링턴 소재) 사회복지학 석사과정
숙명여자대학교 정책대학원 사회복지학 석사
숙명여자대학교 문헌정보학과 학사
Catholic Charities와 Recovery Resource Council(Fort Worth, TX) 인턴
한국보건산업진흥원 고령친화산업팀 연구원
부평종합사회복지관 사회복지사

김민주

텍사스 주립대학교(알링턴 소재) 사회복지학 석사
침례신학대학교 상담심리학과 학사
Community Service Clinic 인턴
'Tarrant County Directions Home Evaluation' 연구 참여
'Tarrant County Education Initiative Evaluation' 연구 참여
'Veterans Project in University of Texas at Arlington' 연구 참여
'달라스 한인 고령자의 우울증' 연구 참여

다문화가정의 이해
결혼이민가정의 가정폭력, 자녀왕따, 학습부진

초판발행 2012년 6월 13일
초판 3쇄 2019년 1월 11일

지은이 문성식·김이진·김연경·김민주
펴낸이 채종준
펴낸곳 한국학술정보(주)
주소 경기도 파주시 회동길 230 (문발동)
전화 031 908 3181(대표)
팩스 031 908 3189
홈페이지 http://ebook.kstudy.com
E-mail 출판사업부 publish@kstudy.com
등록 제일산-115호(2000. 6. 19)

ISBN 978-89-268-3458-9 93330 (Paper Book)
        978-89-268-3459-6 98330 (e-Book)